JAGLANY DETOKS

Książkę dedykuję wszystkim, którzy wierzą, że naszym najważniejszym pokarmem i celem w życiu jest miłość.

MAREK ZAREMBA

Pascal

SPIS TREŚCI

OD AUTORA

Przekleństwem naszych czasów są przewlekłe dolegliwości oraz choroby cywilizacyjne spowodowane brakiem wiedzy o odżywianiu. Dręczą nas schorzenia ewidentnie związane ze współczesnym stylem życia i niewłaściwą dietą, a coraz częstszą przyczyną naszej zdrowotnej klęski jest zakwaszenie organizmu. Brak równowagi kwasowo-zasadowej jest prawdopodobnie jednym z głównych powodów choroby nowotworowej. Naprzeciw tym złożonym problemom zdrowotnym, kiedy zawodzi nawet niezwykle zaawansowana i nowoczesna farmakologia, wychodzi prosta i skuteczna medycyna naturalna – dieta oparta na naturalnym pożywieniu oraz oczyszczaniu organizmu staje się doskonałym i tanim remedium na wiele schorzeń. Dlatego właśnie kasza jaglana wzbudza coraz większe zainteresowanie. Dość szeroko i szczegółowo opisana już w mediach dzięki swoim odżywczym, prozdrowotnym, a szczególnie odkwaszającym właściwościom, słusznie uznawana jest za sprawdzoną drogę do zdrowia. Jednak aby tego doświadczyć, trzeba ją częściej kupować, gotować i jeść!

Jestem dietoterapeutą, mam 45 lat i od wielu lat wcinam jaglankę z wielką radością. Mając 23 lata, zachorowałem przewlekle, lekarze nie byli jednak w stanie wiele uczynić. Długie lata upłynęły, zanim odzyskałem zdrowie. Kiedy z Bożą pomocą zwalczyłem chorobę, zmiana stylu życia, odrodzenie duchowe i jaglana dieta okazały się krokiem milowym ku pełni zdrowia. Nie pisałbym niniejszej książki z taką świadomością, gdybym sam tego wszystkiego nie doświadczył. Każdego dnia przekonuję się, jak zbawienny wpływ na zdrowie moje, moich dzieci, przyjaciół oraz pacjentów ma kasza jaglana. Oprócz praktyki dietetycznej, wraz z żoną prowadzimy również kilka razy w roku turnusy postu jaglanego, połączone z rekolekcjami. Już podczas pierwszych kilku dni przekonujemy się, jak znacząco wpływa dieta warzywno-jaglana na zdrowie wszystkich uczestników. Jaglany Detoks to nie tylko program diety oczyszczającej, ale drogowskaz na niemal całe życie. Styl odżywiania oparty na kaszy jaglanej możemy z powodzeniem wpisać w codzienną profilaktykę zdrowia społecznego.

Książkę napisałem głównie na podstawie mojej praktyki dietetycznej, czytając tysiące e-maili, opinii oraz komentarzy od wielu uczestników programu. Moja publikacja oprócz autorskich przepisów z dużym udziałem kaszy jaglanej przedstawia zdrową kuchnię na co dzień. Odpowiada również na najczęściej zadawane

pytania dotyczące pewnych schorzeń oraz leczniczej natury pożywienia, pojawiające się na moim blogu gotujzdrowo.com, gdzie kaszy jaglanej poświęciłem bardzo dużo miejsca i czasu. W ostatnich latach informacji związanych z kaszą jaglaną szukały na moim blogu setki tysięcy osób.

Dieta lecznicza w codziennej profilaktyce, przy schorzeniach cywilizacyjnych, z chorobą nowotworową włącznie, jest zawsze indywidualnym procesem doradztwa. Tymczasem, aby nie doszło do zachorowania, wystarczy zatrzymać się i zmienić myślenie oraz nastawienie do jedzenia. Nie jest już tajemnicą, że nasz wybór żywieniowy ma ogromny wpływ na proces leczenia, więc potrzebujemy sprawdzonej i uporządkowanej diety. Organizm, kiedy jest w stanie równowagi, sam powinien podpowiadać, co i w jakiej ilości należy spożywać. Wiele osób gubi się jednak w gąszczu dostępnych poradników. Zdezorientowani brakiem autorytetów, podążając coraz częściej mglistym szlakiem wykluczających się wzajemnie porad, stawiamy sobie pytanie, kto ma rację? Stajemy przy tym często na krawędzi lęku przed jedzeniem nawet bardzo zdrowych produktów spożywczych. Określenie „zdrowa dieta" jest naszym wielkim utrapieniem. Lekarze niestety zbyt wiele na jej temat nie wiedzą, więc w temacie zdrowego odżywiania jesteśmy skazani na samokształcenie. *Jaglany Detoks* to publikacja, która w bardzo dużym stopniu może uporządkować wiedzę o tym, jak oczyścić i wzmocnić organizm oraz jak odżywiać się na co dzień z kaszą jaglaną jako podstawą diety.

Holistyczna medycyna detoksykacyjna nie jest żadnym nowym odkryciem. To znana nam już od wieków metoda usprawniania naturalnych funkcji organizmu, który dzięki odtruwaniu skuteczniej dochodzi do zdrowia. Nowe pokolenia, aby doświadczyć radości życia w zdrowiu, muszą mieć zdecydowanie szerszy wybór w leczeniu niż tylko farmakologia. Trzeba głębiej poznawać naturę pożywienia oraz sposoby gotowania, by uniknąć zbędnych frustracji w kwestii tego, co jeść, a czego nie jeść. Warto zapamiętać, że osoby, które zaczynają podchodzić do jedzenia zbyt restrykcyjnie, statystycznie chorują częściej niż te, które żyją racjonalnie, w równowadze i umiarkowaniu. Warto przy tym podkreślić, że droga do zdrowia powinna rozpocząć się od naszego wnętrza. Sama kasza jaglana jest w życiu jak przyprawa – owszem, jest bardzo ważna, ale samą, nawet najzdrowszą przyprawą człowiek się nie nasyci. Na dietę trzeba spojrzeć z pozycji holistycznej, czyli koncentrującej się na równowadze pomiędzy tym, co materialne i duchowe. Na nic nam choćby najzdrowsze nawyki żywieniowe, jeśli nie będziemy przestrzegać prawa wzajemnej miłości. Musimy być świadomi, że za każdą myślą podążają w naszym ciele miliony wiązań biochemicznych. Kiedy człowiek jest szczęśliwy, organizm lepiej trawi i przyswaja pokarm. Dokonując lepszych wyborów żywieniowych, zyskuje się wpływ również na otoczenie, w którym wszyscy żyjemy, na rodzinę, przyjaciół, a nawet sąsiadów. Natomiast detoksykacja poprzez właściwe odżywianie usprawnia te, często zakłócone, funkcje organizmu, przywracając znacząco siły do radzenia sobie z codziennym stresem.

Moim wielkim pragnieniem jest, aby Jaglany Detoks nie służył wyłącznie wsparciu procesów detoksykacyjnych, zwiększeniu aktywności oraz poruszeniu złogów jelitowych, które to kwestie są oczywiście niezwykle ważne dla odzyskania oraz zachowania zdrowia i są filarami tej metody. Zachęcam was szczególnie, aby ten kilkudniowy program był inspiracją do odbycia podróży do własnego wnętrza w poszukiwaniu tego, co jest dla was najważniejsze. Radości, spokoju serca i powrotu do harmonii. Poświeciłem temu osobny rozdział, w którym namawiam do radykalnego wybaczania i uczę umiejętności radzenia sobie z blokadą emocjonalną. W rozdziale **Świadomość** dowiecie się również, jak podczas

Jaglanego Detoksu zregenerować organizm wyczerpany stresem kulturowym. Jeśli w ciągu tych kilku dni staniecie się bardziej uważni i pomyślicie o tym, że dzięki modyfikacji diety można świadomie dotknąć subtelnych sfer istnienia, macie wielką szansę usłyszeć wewnętrzny szloch uwięzionej w was miłości. Tak wiele się mówi o globalnym ociepleniu, które zagraża naszemu istnieniu na Ziemi, ale mało kto wspomina o wewnętrznym wychłodzeniu człowieka, które coraz częściej i trwale odsuwa go od sfery duchowej, czystej i nieśmiertelnej, gwarantującej szczęśliwość bez względu na stan posiadania.

Zazwyczaj, kiedy na moich wykładach o odżywianiu poruszam temat braku wzajemnej miłości, wiele osób zaczyna patrzeć na mnie z pewnym zaskoczeniem. Po chwili jednak, gdy coraz częściej wypowiadam słowo **miłość**, twarze rozmówców zaczynają się wyraźnie rozweselać. Sygnały, które docierają do naszego wnętrza poprzez częste wypowiadanie tego magicznego słowa, stają się balsamem na wszelkie zło, chorobę i cierpienie. Głód miłości jest obecnie niewyobrażalny. Zachęcam zatem, aby podczas programu Jaglany Detoks każdego dnia zadawać sobie jak najczęściej to ważne – szczególnie w aspekcie zdrowia holistycznego – pytanie: czy potrafię kochać i czy pragnę miłości doświadczać? Jaglany Detoks to wspaniały czas, abyście już o poranku, tuż przed wypiciem ciepłej wody z wyciśniętym sokiem z cytryny, która rozpocznie wasze odkwaszanie, zadali sobie kilka kluczowych pytań dotyczących „odkwaszenia" waszego odczuwania i doświadczania miłości, która nie zrodzi się z niczego – nawet po zjedzeniu najzdrowszej kaszy.

Zdrowa wysokoenergetyczna jaglana dieta ma wielki potencjał, wzmaga energię do życia, oczyszcza, a co najważniejsze, odkwasza organizm. Zdrowy człowiek myśli o milionach przyjemności, chory o tym, aby być zdrowym. Jednym słowem schorowanemu społeczeństwu trudno wzajemnie pobudzać się do radosnego życia. W szczególny sposób chciałbym tą publikacją zachęcić wszystkich rodziców, aby pobudzili przyszłe pokolenie. Chciałbym też, żeby wzrosła świadomość, że nasz obecny system edukacyjny nie jest zainteresowany zdrowym społeczeństwem (gdyby tak było, to w szkołach podstawowych znalazłyby się chociaż broszury o zdrowym odżywianiu). Trzeba więc zakasać rękawy i zacząć gotować lepiej i zdrowiej. Statystyki są zatrważające! Polskie dzieci znajdują się w europejskiej czołówce najbardziej otyłych, natomiast choroby nowotworowe, często spowodowane złym stylem życia, z roku na rok zbierają swoje żniwo. Tylko w 2014 roku zachorowało na tę straszną chorobę prawie 400 tysięcy Polaków, z czego w tym samym roku zmarło blisko 100 tysięcy! W takim tempie

za kilka lat będzie rocznie chorować milion naszych rodaków. Nietrudno sobie wyobrazić, z jakim lękiem zaczyna żyć człowiek, słysząc na każdym kroku o kolejnym przypadku zachorowania na nowotwór. Jedyny ratunek w obecnej chwili to wprowadzenie zdrowszych nawyków żywieniowych, a także odnowa postu, kultury stołu i radosnej celebracji posiłku. W innym przypadku nasze wnuki mogą być skazane na nieustanne leczenie konwencjonalne i zasilanie głębokich kieszeni koncernów farmaceutycznych. Posiłki będą spożywać na klawiaturze komputera lub ekranie tabletu, czego już powoli doświadczamy.

Mama, żona i babcia to dzisiaj domowi ministrowie zdrowia. W ich rękach najczęściej jest przyszłe zdrowie dziecka. Dieta w naszych polskich domach powinna być mniej przetworzona, a mądrze prowadzona kuchnia jest błogosławieństwem dla całego domu.

We właściwej profilaktyce nie wystarczy szukać tego, co jeszcze do diety możemy dodać, lecz tego, co możemy z niej odjąć. To zresztą jedna z prastarych mądrości medycyny klasztornej, dziś zapomnianej, a jak przekonuje się wiele osób, niezwykle skutecznej. Dochodzimy więc do sedna medycyny detoksykacyjnej, czyli do odnowy postu. Choć słowo detoks jest bardziej nowoczesne, dotykamy jednak w gruncie rzeczy tej samej drogi do zdrowia. Oczyszczając organizm, jednocześnie regulujemy zakłócone funkcje w przestrzeniach emocjonalno-duchowych, ponieważ nasze ciało jest wypełnione duszą. Poprzez okresowe ograniczenie spożywania pokarmu, które łagodzi naszą wybujałą potrzebę zaspokajania nadmiernego apetytu na życie, nawet jednodniowy regularny post z kaszą jaglaną będzie doskonałym lekarstwem w drodze do życia w równowadze. Chciałbym nawiązać tutaj do *Compendium Ferculorum*, pierwszego zbioru potraw kuchni polskiej, wspaniałego dzieła prekursora naszej rodzimej kuchni Stanisława Czernieckiego, który już w 1654 roku podkreślał, jak ważny jest post. Polska szlachta – chociaż w tamtych czasach nie w pełni tego świadoma – mogła prawdopodobnie dziękować chrześcijaństwu za kilka lat życia więcej. Piątkowy post był wtedy bardzo przestrzegany. Jagła, dzisiaj nazywana kaszą jaglaną, była bardzo popularna, nawet na szlacheckich stołach. Dziś powraca z wielkim impetem do naszego menu, a dostępna jest już chyba w każdym supermarkecie. Nie ma w tym niczego nadzwyczajnego i warto przyjąć to z wielką radością, że nie wyważamy kolejnych drzwi do następnej szalonej diety, tylko odnawiamy stare sprawdzone tradycje, które przyniosą nam lepsze zdrowie.

Podczas moich warsztatów oraz na blogu dość często spotykam się z pytaniem, jak przeprowadzić skuteczny detoks, będąc w podróży służbowej, na uczelni lub w pracy. W książce znajdziecie odpowiedź na to pytanie, a także porady i przepisy. Przekonacie się, że przy odrobinie chęci oraz motywacji z powodzeniem można tego dokonać. Przy każdym przepisie znajdziecie ciekawe i pożyteczne informacje dotyczące wpływu danego dania na poszczególne narządy oraz wskazania do stosowania rozmaitych składników i przypraw.

W osobnym rozdziale poświęcam sporo uwagi właściwej aktywności oraz regeneracji podczas programu Jaglany Detoks. Poznacie niezwykle łatwe ćwiczenia oddechowe, które pomogą znacznie usprawnić proces odkwaszania organizmu. Jestem absolutnie przekonany, że każdy, kto zdecyduje się świadomie na chociaż jeden dzień Jaglanego Detoksu, z pewnością się nie rozczaruje.

Z radością oddaję w wasze ręce mój – sprawdzony już na tysiącach uczestników, w tym farmaceutach i lekarzach – autorski program diety oczyszczającej, której podstawowym składnikiem jest kasza jaglana. Dziękując Bogu, że poprzez jaglany detoks natchnął mnie i wręcz powołał do odnowy postu, pragnę znacząco podkreślić, że post uskrzydla naszą modlitwę, o czym przekonaliśmy się z żoną, dziećmi oraz przyjaciółmi już niejednokrotnie.

KOCHAJ! RUSZAJ SIĘ! GOTUJ ZDROWO!

Marek Zaremba

O KASZY JAGLANEJ SŁÓW KILKA...

Ktoś kiedyś powiedział, że moda jest jak karuzela. Wiemy przecież, że co pewien czas wracają te same lub bardzo podobne trendy. Tak właśnie dzieje się obecnie z powrotem na nasze stoły kaszy jaglanej, na który musieliśmy czekać od czasów wspomnianego już we wstępie prekursora kuchni polskiej, kuchmistrza Stanisława Czernieckiego. Kilkaset lat temu jagła była w Polsce królową kasz nie tylko wśród biedoty, ale również na szlacheckich stołach. Tym bardziej cieszę się, że dziś odnawiam naszą polską kulturę stołu z jej udziałem. Czytając uważnie zbiory o potrawach mistrza Czernieckiego, ujęte w piękny łaciński tytuł *Compendium Ferculorum,* dowiedziałem się, ku mojemu wielkiemu zadowoleniu, że jego pierwszy nadworny kuchmistrz miał to samo nazwisko, co ja! Pan Damian Zaremba nie tylko słynął z ubogacania stołu w potrawy, które do dziś stanowią wielkie dziedzictwo kuchni polskiej, ale zgodnie z ówczesnym zwyczajem realizował surową linię przepisów postnych. Bogactwo tamtej kuchni oraz inwencja kucharza pozwalały naszym przodkom cieszyć się dobrą strawą i znacznie łatwiej znosić trudy postu, którego w tamtych czasach przestrzegano niezwykle restrykcyjnie. Kasza jaglana była wyjątkowo cenionym produktem zbożowym, warto zatem poznać lepiej jej niezwykle właściwości.

Czuję w sercu szczerą radość, że to akurat mnie przypadło w udziale napisać książkę o kaszy jaglanej oraz o odnowie postu. Nasi antenaci nie posiadali jeszcze cienia wiedzy dietetycznej, nie znali składu chemicznego i wartości odżywczej pożywienia, jednak w pełni mogli odczuć dotyk tej jakże zdrowej kaszy. Sięgnijmy czasów nieco nam bliższych, a mianowicie roku 1935. Wiadomo, że w okresie międzywojennym kasza jaglana była również niezwykle popularna. Możemy o tym przeczytać u Marii Śleżańskiej w jej kulinarnym podręczniku *Co dziś na obiad.* Znajdziemy w nim nawet przepis na jaglankę z szafranem – dziś, jak wiemy, bardzo luksusową przyprawą. W obecnych czasach wielu ignorantów śmieje się, że proso to pokarm dla kanarków. Wierzę jednak głęboko, że moja książka przekona was, że warto jeść jagły częściej i z radością wprowadzić je do domowej kuchni, ponieważ są naprawdę wyjątkowo zdrowe! Popularne w staropolskiej kuchni powracają w wielkim stylu i najlepiej niech zagoszczą już na zawsze!

POCHODZENIE, SKŁAD I NATURA KASZY JAGLANEJ

Proso, jako roślina trawiasta, podczas wzrostu może osiągnąć wysokość nawet pięciu metrów. Same ziarenka, spoczywające w kolbach podobnych do kolb kukurydzy, mają średnicę zaledwie 4–8 mm. Proso jest jedynym zbożem, którego źdźbła i liście są nadal zielone, podczas gdy wiecha jest już w pełni dojrzała. W zależności od odmiany ziarenka mogą być białe, żółte, a nawet czerwone. Roślina jest wrażliwa na mróz, światło i temperaturę, ma za to bardzo wysoką odporność na suszę. Proso, z którego powstaje kasza jaglana, to jedno z najstarszych ziaren występujących powszechnie na całym świecie. Wczesna historia prosa nie jest w pełni znana. Uważa się jednak, że ponad 7000 lat temu roślina ta rosła w Europie Środkowej i we Wschodniej Azji, najczęściej uprawiana zaś była w północnych Chinach i Mongolii. W epoce brązu proso stało się jednym z najważniejszych zbóż na terenach dzisiejszej Europy Środkowej. Szczególnie w północnych Włoszech, na Bałkanach, a później na Bliskim Wschodzie. Było też jednym z głównych zbóż uprawianych przez Słowian. Do czasu wprowadzenia ziemniaka proso stanowiło główny pokarm biedniejszej ludności. W niektórych obszarach Afryki oraz w części Azji te niepozorne, ale jakże zdrowe ziarenka są nadal podstawą diety.

Tę dominującą pozycję prosa wśród zbóż potwierdzają w swoich dziełach cesarz Leon VI oraz perski pisarz Rosteh. Być może decydująca okazała się właśnie łatwość uprawy tego zboża. Nie wymagało bowiem zbyt dobrych warunków glebowych ani skomplikowanych technik uprawy. Proso mogło być wysiewane nawet w mało urodzajnej ziemi, wręcz bezpośrednio w popiele, który pozostawał po stosowanej wówczas tzw. żarowej technice uprawy.

Kasza jaglana otrzymywana z nasion prosa współcześnie jest jeszcze potrawą niemal egzotyczną, ale każdego dnia przybywa jej coraz więcej zwolenników. Dlaczego? Jest bezglutenowa, więc w czasach globalnej rewolucji antyglutenowej staje się filarem zdrowej kuchni. O ile kaszę mannę znamy z dzieciństwa, kaszę gryczaną z barów mlecznych, a kaszę perłową z krupniku, niewiele osób jeszcze wie, jak wygląda i jak smakuje kasza jaglana. Spoglądając jednak na jej historię i wartości prozdrowotne, można powiedzieć z pewną śmiałością, że to królowa kasz!

Jako nieliczna wśród produktów zbożowych ma właściwości zasadotwórcze, co jest bardzo korzystne dla naszego organizmu – zwłaszcza że obecna dieta najczęściej obfituje w pokarmy kwasotwórcze. Zasobna w witaminy z grupy B, lecytynę oraz substancje mineralne, zawiera również wapń, fosfor i potas. Jest najlepszym źródłem żelaza ze wszystkich kasz, a także naturalnym źródłem krzemu, który nie tylko zapewnia zdrowy wygląd skóry, włosów i paznokci, ale także utrzymuje elastyczność naczyń krwionośnych i zapobiega odkładaniu w nich związków tłuszczowych. Pomaga zatem w regulacji niewłaściwego poziomu złego cholesterolu. Krzem zawarty w kaszy jaglanej pełni też ważną funkcję w procesie mineralizacji kości, zapobiega ich odwapnianiu oraz przyśpiesza regenerację po urazach. Proso zawiera niepowtarzalną konfigurację aminokwasów, w tym tryptofan, niezbędny dla organizmu niedoborowy aminokwas, który znajduje się m.in. w białku mleka oraz białku krwi. Ponieważ nie może być w nim syntetyzowany, musi być dostarczany wraz z pożywieniem.

Ziarno prosa różni się od innych zbóż. Jego żółty kolor jest uwarunkowany zawartością karotenu, znanej nam prowitaminy A, zawartej również w marchwi. Niekiedy ziarna prosa bywają półprzezroczyste – taka odmiana posiada zwiększoną zawartość białka. Intensywność koloru żółtego lub szklistość ziaren zależy od jakości gleby oraz od klimatu, w jakim wzrasta i dojrzewa proso. Karotenoidy i silną szklistość ma roślina wzrastająca w suchym i gorącym klimacie. W chłodniejszym, bardziej wilgotnym, gromadzi mniejszą ilość karotenu, wzrasta w niej za to zawartość węglowodanów, a ziarno nabiera jaśniejszego koloru. Warto zapamiętać, że do lepszej regeneracji układu trawiennego, szczególnie żołądka, lepiej kupować odmianę bardziej żółtą. Karoten jest bowiem w dużej mierze odpowiedzialny za odbudowę podrażnionej śluzówki.

Kasza jaglana polecana jest w chorobach trzustki, wątroby, jelit i nerek oraz przy wyziębieniu organizmu. Należy do najbardziej lekkostrawnych produktów zbożowych. Zawiera rzadko występującą w produktach spożywczych krzemionkę, mającą często zbawienny i leczniczy wpływ na stawy, a także korzystnie wpływającą na wygląd skóry, paznokci oraz włosów.

WŁAŚCIWOŚCI ODŻYWCZE I DETOKSYKACYJNE KASZY JAGLANEJ

O WARTOŚCIACH ODŻYWCZYCH kaszy jaglanej można pisać wiele. Posiada mało skrobi, za to dużo – jak na produkt zbożowy – łatwo przyswajalnego białka. Wyróżnia się najwyższą zawartością witamin z grupy B, wyszczególniając B1, (tiaminy), B2 (ryboflawiny) i B6 (pirydoksyny). Jak na produkt roślinny, posiada także sporo żelaza i miedzi, a jej strukturę stanowią nienasycone kwasy tłuszczowe, niezbędne przy schorzeniach układu sercowo-naczyniowego. Wprowadzając kaszę jaglaną do naszej codziennej diety, możemy liczyć nie tylko na wartość energetyczną prosa, ale wykorzystać je jako wyjątkowo prozdrowotne źródło w wielu dolegliwościach cywilizacyjnych.

Wiemy, że zawarte w kaszy jaglanej witaminy z grupy D, E i K są rozpuszczalne w tłuszczach, warto zatem pamiętać o tym, aby spożywać ją wraz z dobrej jakości tłuszczem, najlepiej roślinnym tłoczonym na zimno. Analizując sam proces trawienia węglowodanów i tłuszczów, które są przetwarzane w jelicie cienkim, łatwo możemy zobaczyć, że ta tradycyjna prosta potrawa, czyli jagła z dodatkiem tłuszczu, sprzyja szybkiemu wytworzeniu sporej dawki energii. Jest zatem doskonała zarówno dla osób pracujących fizycznie i sportowców, jak i dla tych intensywnie pracujących umysłowo.

Kasza jaglana ma naturę neutralną, nieco ocieplającą. Polecana jest przy chorobach żołądka, przewodu pokarmowego, wątroby i śledziony. W połączeniu z warzywami jest doskonalą alternatywą dla zup w kuchni makrobiotycznej. Wzmacnia osłabiony i wychłodzony organizm. Niezawodnie wspomaga procesy detoksykacyjne organizmu, pomaga usuwać złogi, toksyny, metale ciężkie, zalegające pozostałości po antybiotykach i innych syntetycznych lekach. Oczyszczając skutecznie jelita, toruje nam drogę do skutecznej redukcji wagi. Proso

Składniki	Kasza jaglana łuskana	Pszenica pełnoziarnista	Owies łuskany	Żyto pełnoziarniste	Jęczmień pełnoziarnisty	Kukurydza pełnoziarnista	Ryż łuskany
Energia	354 kcal	330 kcal	353 kcal	293 kcal	319 kcal	327 kcal	349,7 kcal
Woda	12,1 g	13,2 g	13 g	13,7 g	11,5 g	12,5 g	13,1 g
Białko	9,84 g	11,73 g	11,69 g	8,82 g	9,8 g	8,54 g	7,2 g
Tłuszcz	3,9 g	2 g	7,09 g	1,7 g	2,1 g	3,8 g	2,2 g
Węglowodany	68,76 g	60,97 g	59,8 g	60,73 g	64,3 g	64,7 g	74,1 g
Błonnik	3,8 g	10,3 g	5,57 g	13,15 g	9,8 g	9,2 g	2,2 g
Minerały	1,6 g	1,8 g	2,85 g	1,9	k. A.	1,3 g	k. A.
Witamina A	0 µg	3 µg	0 µg	2 µg	0 µg	185 µg	0 µg
Karoten	5 µg	20 µg	0 µg	0 µg	0 µg	900 µg	0 µg
Witamina E	3,97 mg	4,05 mg	1,82 mg	4,01 mg	0,3 mg	6,61 mg	0,6 mg
Witamina B1	0,4 mg	0,46 mg	0,5 mg	0,35 mg	0,4 mg	0,36 mg	0,4 mg
Witamina B2	0,11 mg	0,12 mg	0,17 mg	0,17 mg	0,2 mg	0,2 mg	0,1 mg
Witamina B6	0,52 mg	0,27 mg	0,96 mg	0,23 mg	0,6 mg	0,4 mg	0,7 mg
Kwas foliowy	12 µg	30 µg	15 µg	38 µg	29 µg	17 µg	13 µg
Witamina C	0 mg	0 mg	0 mg	0 mg	0 mg	0 mg	0 mg
Sód	3 mg	8 mg	8 mg	3,8 mg	18 mg	6 mg	10 mg
Potas	163 mg	381 mg	355 mg	510 mg	444 mg	330 mg	150 mg
Wapń	20 mg	38 mg	80 mg	64 mg	38 mg	15 mg	23 mg
Magnez	170 mg	128 mg	129 mg	120 mg	114 mg	120 mg	1570 mg
Fosfor	310 mg	341 mg	342 mg	336 mg	342 mg	256 mg	325 mg
Żelazo	9 mg	3,3 mg	5,8 mg	4,9 mg	2,8 mg	1,5 mg	2,6 mg
Cynk	1,8 mg	2,7 mg	4,5 mg	3,9 mg	2,5 mg	2,5 mg	1,5 mg

Tekst źródłowy – http://www.hirsemuehle.de

jest oprócz orkiszu jednym z najlepszych zbóż w diecie oczyszczającej. Potrawy z kaszy jaglanej dostarczają doskonałego, pełnowartościowego białka. Jednak zawartość składników odżywczych nigdy nie jest stała, chociażby w przypadku tłuszczu może się wahać od 2 g do 5 g.

Kasza jaglana należy do grupy produktów o termice neutralnej, czyli takich, które najszybciej przywracają równowagę w organizmie i powinny być głównymi składnikami naszego pożywienia. Usuwa z organizmu nadmiar wilgoci oraz śluzu, które są przyczyną częstych stanów zapalnych, m.in. górnych dróg oddechowych. Proso jest również skuteczne w leczeniu grzybicy typu kandydoza.

Tradycyjny kleik z kaszy jaglanej jest optymalnym pożywieniem w wielu chorobach, nawet podczas przeziębień. Jaglane kleiki podawane są cierpiącym na choroby przewodu pokarmowego, wątroby, dróg żółciowych, nerek oraz rekonwalescentom po operacjach. Jaglany pudding połączony z warzywami, owocami lub orzechami jest wspaniałym i pełnowartościowym posiłkiem dla wszystkich dzieci. Do spożywania kaszy jaglanej trzeba bowiem zachęcać szczególnie maluchy – odkąd wprowadziliśmy w naszym domu jaglankę, nasze dzieci lepiej się uczą i mają większy apetyt na zdrowy i aktywny styl życia, praktycznie nie zapadają też na infekcje. Kasza jaglana ma bowiem właściwości antywirusowe, zmniejsza stan zapalny błon śluzowych i wysusza nadmiar wydzieliny, jest zatem dobrym lekarstwem na katar. Proso warto również polecić osobom chorującym na celiakię, a także cierpiącym na niedokrwistość.

Z uwagi na zawartość krzemu wpływa korzystnie na przemianę materii i ułatwia odchudzanie. Dzienne zapotrzebowanie człowieka na krzem wynosi 5–20 mg, to niewiele, a tak większość osób cierpi obecnie na niedobór tego pierwiastka. Przyczyna tkwi najczęściej w niewłaściwej, wysokobiałkowej diecie, składającej się z mięsa i jego przetworów, gdzie krzemu praktycznie nie ma – podobnie jak w rybach, drobiu i serach.

Dobrodziejstwo, jakim jest dla nas tak rzadko jeszcze gosząca na naszych stołach kasza jaglana, jest nieocenione. Najmniej mówi się o tym, że wspomaga ona przede wszystkim procesy detoksykacyjne w naszym organizmie. Niewłaściwe łączenie pokarmu w posiłku, ogromne ilości spożywanych masowo przetwarzanych produktów potęgują wzrost chorób cywilizacyjnych, których przyczyną są zalegające w jelitach toksyny. Warto nadmienić, że według przeprowadzonych badań, skuteczność działania chemioterapii w leczeniu chorób nowotworowych ocenia się obecnie na 2–3%. Natomiast zdrowsza dieta i regularne jaglane posty nie tylko rodzą nadzieję na skuteczniejsze leczenie, ale budują dla nowego pokolenia drogę do życia w lepszym zdrowiu.

JAK KUPOWAĆ, PRZECHOWYWAĆ I GOTOWAĆ KASZĘ JAGLANĄ, ABY BYŁA SMACZNA I ZDROWA

Ugotowałem jaglaną przez ostatnie lata na tyle sposobów, że mógłbym chyba o tym napisać doktorat. Kasza jaglana jest łatwo dostępna, ale z jej jakością bywa jeszcze różnie. Najtańsza nie zawsze będzie dobra, chociaż i ta znacznie droższa, nawet pochodzenia ekologicznego, po ugotowaniu czasem rozczarowuje.

PIERWSZY SPOSÓB GOTOWANIA KASZY JAGLANEJ

KROK 1
wypłucz kaszę w zimnej wodzie

KROK 2
kaszę należy płukać 2–3 razy tak, aby woda była klarowna

KROK 3
wlej wodę do gotowania w proporcji 2:1, dodaj tłuszcz roślinny

KROK 4
dopraw solą morską lub himalajską

KROK 5
gotuj pod przykryciem ok. 10 minut bez mieszania

KROK 6
ugotowana kasza jaglana

Najlepiej znaleźć sprawdzonego producenta i kupować kaszę pochodzącą właśnie od niego. Pamiętajmy jednak, że kupują oni proso w różnych gospodarstwach, więc ten sam producent może oferować kaszę różnej jakości. Na to niestety nie mamy większego wpływu. Najlepiej kupować polską jagłę z upraw ekologicznych. Jest już wiele naszych rodzimych odmian bez certyfikatu EKO, ale doskonałej jakości. Osobiście zwracam uwagę na czystość, kolor i oczywiście smak po ugotowaniu. Jakość rozpoznamy również podczas płukania ziaren. Im więcej szumowin, tym gorzej, ale i z tym można sobie szybko poradzić. Wystarczy kilkakrotne płukanie tuż przed ugotowaniem, najlepiej w zimnej wodzie. Przechowujcie kaszę jaglaną w szczelnie zamkniętych szklanych pojemnikach. Niewłaściwie przechowywana lubi chłonąć wilgoć, a wówczas, nawet po uprażeniu

DRUGI SPOSÓB GOTOWANIA KASZY JAGLANEJ

KROK 1
wsyp kaszę do rozgrzanego garnka

KROK 2
praż kaszę, stale mieszając aż poczujesz delikatny orzechowy zapach

KROK 3
wlej gorącą wodę, wypłucz kaszę, odlej wodę i wlej gorąca wodę w proporcji 2:1

KROK 4
dopraw solą morską lub himalajską

KROK 5
gotuj pod przykryciem ok. 10 minut bez mieszania

KROK 6
ugotowana kasza jaglana

może okazać się niezbyt smaczna. Aby się w niej rozsmakować, należy ją najpierw odpowiednio przygotować. Kaszę jaglaną można ugotować na wiele sposobów, jednak dwa podstawowe to tradycyjnie ugotowana w wodzie lub przed ugotowaniem uprażona.

Zanim ugotujemy kaszę w wodzie, trzeba ją dokładnie wypłukać w garnku. Wystarczy zrobić to 2–3 razy, za każdym razem odlewając wodę, aż przestanie być mętna. Można również płukać kaszę, przelewając na sitku strumieniem zimnej lub ciepłej wody. Następnie należy zalać wypłukane ziarna wodą, w proporcji ok. 2 do 1, lekko osolić i gotować pod przykryciem. Warto dodać do gotowania np. olej kokosowy, który poprawi smak i ułatwi wchłanianie zawartych w kaszy witamin. Jeśli zechcecie wzbogacić jej aromat, dodajcie 2–3 ziarna kardamonu, korę cynamonu lub plaster świeżego imbiru. Po doprowadzeniu do wrzenia należy zmniejszyć płomień na średni. Nie mieszając, gotujemy w ten sposób kaszę przez 8–15 minut, w zależności od producenta. Duże znaczenie ma także garnek – ten z cienkim dnem warto odstawić z palnika trochę wcześniej, aby kasza się nie przypaliła.

Drugi sposób to ugotowanie kaszy wcześniej uprażonej. Podgrzewana w suchym garnku lepiej energetycznie ogrzewa wychłodzone narządy i osusza wilgoć w organizmie. Szczególnie wzmacnia śledzionę, która jest często osłabiona w związku z nadmiernym spożywaniem przez nas śluzotwórczych i termicznie zimnych produktów spożywczych. Mam na myśli konsumpcję – szczególnie zimą – cukrów prostych, nabiału, bananów i lodów. Bardzo ważne jest, aby po uprażeniu zalać jaglankę małą ilością wrzątku, wypłukać i dopiero, zalewając jeszcze raz wrzątkiem, ugotować w lekko osolonej wodzie. To ważne, bo niestety czystość kaszy jaglanej dostępnej na polskim rynku jest jeszcze czasem dość wątpliwa. Warto wiedzieć, że kiedy wleje się do uprażonej kaszy zimną wodę, to utraci swój rozgrzewający charakter. Kaszę prażymy do momentu, kiedy zaczniemy czuć przyjemny lekko orzechowy zapach. W trakcie prażenia delikatnie poruszamy rondlem lub mieszamy kaszę drewnianą łyżką, natomiast w czasie gotowania już nie mieszamy. Lepiej trzymać garnek na mniejszym ogniu, bo wchłanianie wody będzie wtedy znacznie lepsze, a kasza się nam nie przypali.

Jeśli zaczynacie swoją jaglaną przygodę, to podczas pierwszego gotowania miejcie pod ręką trochę wrzątku, aby w razie zbyt szybkiego odparowania dolewać trochę gorącej wody. Trening czyni mistrza – jeżeli będziecie gotować kaszę często, z czasem zobaczycie, że nie musicie już odmierzać proporcji wody i z trwogą stać nad garnkiem. Sprawy potoczą się same. Staniecie się jaglanymi mistrzami.

ZAPAMIĘTAJ!

Kasza jaglana ma sporą zawartość węglowodanów złożonych, które w procesie trawienia powoli uwalniają energię. Często słyszę, że osoby, które rozpoczynają dzień od jaglanej, znacznie redukują spożycie kawy. Nie czują spadku energii aż do południa i kawa nie jest już konieczna. Nawyki zawsze można zmienić, a każdy krok w tył to najlepszy powód, aby zrobić dwa kolejne kroki do przodu. Nie warto się poddawać! Aby coś zmienić, trzeba wytrwale próbować! Rozpocznij jaglaną dietę, oczyszczaj organizm i ciesz się lepszym zdrowiem!

DLACZEGO JAGLANY DETOKS?

Kiedy na dobre rozpocząłem moją praktykę dietetyczną, zainteresowanie zdrową dietą dopiero się zaczynało, a kojarzyła się ona wówczas głównie z ekologiczną żywnością. Spożywałem z najbliższymi coraz więcej produktów lepszej jakości, na czele z moją ulubioną kaszą jaglaną. Nie było jej w supermarketach, więc często sprowadzałem jaglankę nawet z Niemiec. Pomimo wielu kontrowersji dotyczących pochodzenia produktów ekologicznych, przekonałem się, że z pewnością jest to bardzo dobra droga i nie warto zbyt pochopnie oceniać czy wręcz ignorować żywności z certyfikatem BIO. Po wprowadzeniu do diety większej ilości wysokoodżywczych i ekologicznych produktów, przeprowadzałem comiesięczne badania krwi. Obserwując poprawę wyników, przekonałem się, że żywność z upraw ekologicznych ma dla nas wielkie znaczenie. Dość szybko zorientowałem się również, że zarówno ja, moja żona, dzieci, jak i wielu moich przyjaciół oraz pacjentów, pomimo zwiększenia ilości spożywanych artykułów pochodzenia ekologicznego, wcale nie odzyskuje zdrowia w pełni.

Kilka lat temu przeczytałem ciekawą książkę dr. Alejandro Jungera, opatrzoną tytułem *Clean* i opisującą 21-dniowy program diety oczyszczającej. Publikacja ta szybko stała się bestsellerem „New York Timesa". Będąc pod jej wielkim wrażeniem, postanowiłem przeprowadzić swój pierwszy detoks! Jednak nie ten proponowany przez dr. Jungera, gdyż opierał się w pewnej mierze na produktach spożywczych i suplementach, które były wtedy w Polsce dość trudno dostępne. Dobrze znając leczniczą naturę pożywienia oraz stan mojego zdrowia, stwierdziłem zresztą, że nie będą one dla mnie konieczne. Kiedy porównałem ogromną wiedzę autora oraz własne doświadczenie dietoterapeutyczne, opracowałem mój pierwszy Jaglany Detoks, oparty właśnie na dobrze mi już wtedy znanej królowej kasz. Szczególnie ceniłem jej właściwości odkwaszająco-detoksykacyjne – sam często zalecałem ją w przypadkach wielu schorzeń wynikających z zakwaszenia organizmu, w chorobach układu trawienia oraz problemach skórnych.

Nad moim programem spędziłem kilka dobrych miesięcy i w końcu, z nadejściem wiosny 2011, wystartowałem. Już po zaledwie trzech dniach detoksu, który zaplanowałem na tydzień, doświadczyłem wyjątkowego samopoczucia, którego wcześniej nie znałem. Nie zdawałem sobie jeszcze wtedy sprawy, że w kolejnych latach mojego życia i w obecnej praktyce dietetycznej medycyna detoksykacyjna stanie się moją specjalizacją i wielką pasją. Od lat prowadziłem aktywny i zdrowy styl życia, a mimo to, zaledwie po kilku dniach Jaglanego Detoksu, otworzyłem szeroko oczy, dostrzegając, jak wiele można jeszcze osiągnąć w dietetyce. Zwłaszcza, kiedy zdałem sobie sprawę, że zamiast zastanawiać się, co dodać do diety, aby być zdrowym, wystarczy odstawić produkty obciążające nasz układ detoksykacyjny. Przetestowałem na sobie działanie programów oczyszczających i wyleczyłem się z dolegliwości, które mnie wtedy trapiły – miałem bowiem przez wiele lat przewlekłe zapalenie prostaty. Zdrowa dieta okazała się w tej chorobie niezwykle pomocna, ale dopiero detoks wyleczył mnie skutecznie. Dzisiaj mam 45 lat i, stosując regularne posty, czuję się naprawdę wyjątkowo, pomimo że od 23. roku życia przez bardzo długie lata byłem przewlekle chory.

Po moim pierwszym Jaglanym Detoksie natychmiast zaproponowałem ten program wielu moim pacjentom, którzy również potwierdzili jego niezwykłą skuteczność. Jeszcze tego samego roku przeprowadziłem kolejne kilkudniowe jaglane posty, aby sprawdzić, jak funkcjonuje i reaguje mój organizm, kiedy oczyszczam go latem, jesienią, a nawet zimą. Zapraszałem do wspólnych detoksów żonę i znajomych, obserwując, że dużo łatwiej zmotywować się do programu oczyszczania, kiedy stanowimy kilkuosobową grupę. Wybrałem się również w podróż, aby na własnej skórze przekonać się, czy Jaglany Detoks można z powodzeniem wdrożyć, będąc poza domem. Podczas lunchu, w kilku losowo wybranych restauracjach, prosiłem obsługę o przygotowanie dla mnie dania z karty, ale nieco zmodyfikowanego pod kątem mojego detoksu. Nigdy nie spotkałem się z odmową. Wtedy wspominałem jeszcze, że jestem na specjalnej diecie zdrowotnej, bo detoks bardziej kojarzył się z tym alkoholowym. Oczywiście starałem się wybierać miejsca posiłków, gdzie prawdopodobieństwo zjedzenia zdrowszego dania było znacznie większe niż w przypadku klasycznej pierogarni, w której trudno byłoby mi znaleźć warzywną zupę lub sałatkę. Dlatego, Drodzy Czytelnicy, z radością oznajmiam, że jeśli tak jak ja – choć nie jestem zbyt urodziwy – użyjecie swojego uroku osobistego, możecie z powodzeniem liczyć na przychylność obsługi. Sprawdziłem to wielokrotnie.

Jak już zapewne zauważyliście, Jaglany Detoks jest doskonałym antidotum na obecny styl życia i stan zdrowia społecznego. Żyjemy szybko, a na każdym kroku dotyka nas stres kulturowy. Z uwagi na to, że większość osób jest po prostu niedożywiona, ekstremalne głodówki są często wręcz niebezpieczne. Przy naszych codziennych obowiązkach bezpieczny może być jedynie zorganizowany wyjazd do specjalnego miejsca i przeprowadzenie postu pod opieką terapeuty lub

lekarza. Aby uruchomić procesy uwalniania toksyn i przekonać się w kilka dni, jak działa dieta bezglutenowa z eliminacją produktów znacznie obciążających układ detoksykacyjny, nie trzeba jednak koniecznie wyjeżdżać. Warto rozpocząć nowe odżywianie i poczuć się lepiej, dzięki programowi Jaglany Detoks, który można przeprowadzić zarówno w warunkach domowych, jak i w podróży, na uczelni lub w pracy.

Człowiek dobrze odżywiony, który ma świadomość, jak ważny dla zdrowia jest detoks, o wiele lepiej radzi sobie z problemami dnia codziennego, a co najważniejsze potrafi również cieszyć się życiem. Toksyny zalegające w jelitach, złe łączenie produktów, co we współczesnej kulturze stołu jest codziennością, spożywanie ogromnych ilości produktów masowo przetwarzanych – oto przyczyny wzrostu chorób cywilizacyjnych, w tym choroby nowotworowej. Zresztą powstała już na ten temat ogromna ilość opasłych publikacji, a każdego dnia pojawiają się w internecie kolejne szeroko rozpisane strony. Jednocześnie każdego roku przybywa chorych, a statystyki na przyszłość są jeszcze gorsze. Zdrowsza dieta i regularne posty nie tylko dają nadzieję na skuteczniejsze leczenie, ale budują dla nowego pokolenia drogę do życia w lepszym zdrowiu, bez tak znaczącego udziału farmakologii, a więc i bez dodatkowych nakładów finansowych.

Oprócz wspomnianej książki *Clean*, która była dla mnie wielkim krokiem ku medycynie oczyszczającej, przeczytałem w ostatnich latach i sprawdziłem mnóstwo kolejnych publikacji o detoksykacji organizmu. Większość z nich – choć są z pewnością niezwykle skuteczne i naukowo potwierdzone badaniami – niestety nie nadaje się, by przeprowadził je przeciętny Kowalski. Dlaczego? Odpowiedź jest bardzo prosta. Czasochłonność, zawarte w planach żywienia trudno dostępne produkty spożywcze oraz zbyt często zalecane przez autorów suplementy, które są po prostu za drogie.

Komuś, kto żyje w szybkim tempie, ma wiele obowiązków, w tym rodzinę i dzieci, którym w ciągu dnia trzeba przygotowywać różne potrawy, ciężko będzie znaleźć czas na poświęcenie choćby kilku dni, aby całkowicie odłączyć się od rytmu pozostałych domowników i przeprowadzić oczyszczanie organizmu. Oczywiście można wybrać się na turnus z dietą oczyszczającą i faktycznie przeprowadzić rzetelny detoks, jednak poza restrykcyjną dietą i głodówkami nie ma jeszcze zbyt wielu ofert z dietą makrobiotyczną, najbardziej odpowiednią dla naszego zdrowia. Kilkudniowe głodzenie się nie jest wskazane dla każdego – coraz częściej zgłaszają się do mnie zupełnie wychłodzeni pacjenci, którzy surowym jedzeniem jeszcze bardziej sobie zaszkodzili. Wielodniowe głodówki, obecnie bardzo modne i – trzeba przyznać – skuteczne, są optymalne wyłącznie dla niektórych osób z konkretnymi nadmiarami. Bez kontroli lekarza lub wykwalifikowanego terapeuty nieumiejętne głodzenie się może być bardzo niebezpieczne. Wiele błędów popełnia się szczególnie wtedy, gdy po typowych postach głodowych zbyt szybko i niewłaściwie wprowadza się ciężkostrawne produkty oraz odżywki. Metabolizm może wówczas zostać poważnie zachwiany,

o czym zresztą sam przekonałem się po pięciodniowym poście na sokach.

Odżywiając się przetworzonym jedzeniem, mamy coraz większe niedobory – z powodu złego trawienia i przyswajania, nawet pomimo sporej nadwagi, często jesteśmy wręcz niedożywieni. Spożywamy wielkie, ponadprzeciętne ilości wysokokalorycznego pokarmu o niskiej wartości odżywczej. Brakuje nam więc równowagi w diecie oraz regularnych programów detoksykacji.

Chociaż znany już dobrze „Post Daniela" dr Ewy Dąbrowskiej jest wyjątkowo skuteczny w wielu dolegliwościach, to spotykam coraz więcej osób, które już po kilku dniach zakończonego turnusu – w doskonałym zdrowiu – wracają zbyt szybko do starych, często złych nawyków. Euforia znika, często niwecząc wielkie kilkutygodniowe poświęcenie. W dalszym ciągu brakuje nam determinacji, aby na co dzień gotować lepiej, zdrowiej i z radością, poznając leczniczą naturę pożywienia, a co najważniejsze stosując choć jednodniowe posty raz na kilka tygodni. Choć coraz więcej jest książek na temat zdrowego żywienia, w dalszym ciągu nie wiemy dokładnie, jak jeść, kiedy mamy wychłodzony organizm, jak pozbyć się dolegliwości jelita drażliwego, co zrobić z uporczywym refluksem, a w końcu, jak poradzić sobie z przewlekłymi zaparciami. Na przeciw temu wychodzi Jaglany Detoks!

Powszechne wychłodzenie organizmu, nagłe spadki energii, bezsenność, anemia, alergie pokarmowe, egzemy, mięśniaki, torbiele, cysty oraz choroby układu pokarmowego – to objawy, z którymi spotykamy się coraz częściej. Powtarzające się infekcje z nadmiarem śluzu, które już w coraz młodszym wieku prowadzą do poważnych i chronicznych chorób, stały się czymś wręcz naturalnym, a to zmusza nas do regularnego odwiedzania apteki. Częstą przyczyną tego stanu rzeczy jest wspomniane już niedożywienie organizmu, spowodowane złym trawieniem i nieprawidłowym wchłanianiem pokarmu, które z kolei są efektem niewłaściwych nawyków żywieniowych, zalegających toksyn, braku aktywności oraz przewlekłego zakwaszenia organizmu. Zapominamy, że nie jest istotne to, co zjemy, tylko to, co strawimy, a z powodu złego łączenia produktów o zimnej termice w naszych jelitach zachodzą procesy gnilne i zapalne, hamujące wchłanianie pokarmu. Kwaśne środowisko jest idealną strukturą do powstania grzybicy ogólnoustrojowej, która również dotyka coraz więcej osób. Aby zyskać więcej zdrowia, należy zatem wykorzenić stare przyzwyczajenia, zacząć spoglądać częściej na jedzenie jak na lekarstwo, zadbać bardziej o naturę pożywienia, a nie wyłącznie o jego skład. No i przynajmniej raz lub dwa razy w roku oczyścić organizm bez głodzenia się, korzystając chociażby z dobrodziejstwa naszej wspaniałej kaszy jaglanej.

W następnych pokoleniach tradycyjna polska dieta będzie się całkowicie odmieniać, gdyż to, co nas wynosi na szczyty doznań smakowych, coraz częściej staje się niestety przyczyną naszej zdrowotnej klęski. W kolejce na chemioterapię można spotkać pacjentów pochłaniających coca-colę lub czipsy! Natomiast podstawą leczenia większości chorób jest zdrowa dieta i apteka Pana Boga. Kropka!

Stoimy więc dzisiaj przed konkretnym wyborem: mieć czy być zdrowym? Coraz częściej spędza nam sen z powiek pogoń za pieniędzmi, kiedy jednak pewnego dnia dowiadujemy się o ciężkiej chorobie, wszystkie nasze dotychczasowe marzenia przestają mieć jakiekolwiek znaczenie. Latami szastamy zdrowiem, aby pewnego dnia stanąć zagubieni w kilkumiesięcznej kolejce do lekarza oraz przed labiryntem sprzecznych informacji podawanych przez „dr. Google'a", w naiwnej ufności, że tylko chemia nas wyleczy. Trzeba to zmienić!

Żyjemy w czasach oferujących nam natychmiastowy dostęp do wiedzy – poprzez książki, internet, radio i telewizję. Jednak pomimo tak wielkiego postępu w przekazywaniu informacji brakuje nam autorytetów. Stajemy coraz częściej przed dylematem, co jest prawdziwe, a co wymyślone, co jest dobre dla nas, naszej rodziny, co będzie zdrowe zarówno dla naszego ciała, jak i ducha. Nadmiar zawsze prowadzi do zakłopotania i zamętu, a z nadmiarem wiadomości żyje się jeszcze ciężej, gdyż umysł musi stale coś analizować. Wiedza, nauka i bogactwo wcale nie gwarantują szczęścia, wręcz przeciwnie – widać wyraźnie, że brak najcenniejszego skarbu na ziemi, czyli czasu, zapętlił się wokół naszego życia na dobre, a stres kulturowy, który nas z tego powodu coraz mocniej dotyka, staje się naszym największym demonem. Każdy z nas ma tyle samo czasu, ale każdy inaczej nim dysponuje. Kiedy jednak doprowadzamy się do wyczerpania, zbieramy po drodze chroniczne schorzenia i nagle, nie mając już wyjścia, musimy znaleźć czas na odzyskanie zdrowia, wydając ostatni grosz na nieskuteczne leczenie. Zdrowy człowiek myśli o tysiącach przyjemności, a chory wyłącznie o jednym. Być zdrowym!

Co możemy więc zrobić, aby choć na chwilę się zatrzymać i zajrzeć we własne serce, sumienie, zapytać siebie, dokąd zmierzamy i czy faktycznie musimy wykonywać te wszystkie rzeczy. Czy trzeba przeczytać wszystkie e-maile, odpowiedzieć na wszystkie SMS-y, czy trzeba rozmawiać godzinę przez telefon, czy trzeba być nieustannie nasyconym jedzeniem, kawą, alkoholem, słodyczami, muzyką, czy trzeba pójść do kina na każdy nowy film? Odpowiedź brzmi... nie trzeba! Wcale nie musimy tego wszystkiego robić, aby być szczęśliwymi. Aby doświadczyć pełni szczęścia, musimy kochać, a kiedy jesteśmy zdrowi i witalni, łatwiej jest ten wielki dar poczuć, zrozumieć i, co najważniejsze, dzielić się nim z wielką radością. Miłość to pokarm, którego nikt nam nie zagwarantuje, nikt nam miłości nie sprzeda, więc aby kochać, należy tylko tego zapragnąć – ten głodzony ptaszek w złotej klatce bez przerwy woła o pokarm! My natomiast nieustannie dbamy o klatkę i jej wyposażenie. Nawet jeśli zaczynamy zdrowy styl życia, zbyt powierzchownie koncentrujemy się wyłącznie na składzie pożywienia lub na suplementacji bez umiaru, a często wręcz na lęku przed tym, co jeść, a czego unikać. Tymczasem kluczem do zdrowia jest synergia pomiędzy sferą materialną i duchową. Wspólne gotowanie, celebracja posiłku i poszczenie to najprostsza droga do zdrowia doskonałego.

W świecie panuje obecnie wielka nierównowaga żywnościowa. Jedni ludzie głodują, a inni się przejadają. Produkujemy, kupujemy, a w końcu marnujemy tony jedzenia i mamy jego tak wielki nadmiar, że zaczynamy chorować z przejedzenia. Post, czyli detoks, mówiąc bardziej nowocześnie, kojarzy się nam z czymś niepotrzebnym, wręcz obciachowym i przeznaczonym dla osób starszych lub chorych. A tymczasem świadome ograniczenie sobie jedzenia – szczególnie w dobrobycie – może okazać się niezwykłym doznaniem wewnętrznym, które uskrzydli nasze uczucia i oczyści nasze najskrytsze naczynie – duszę. W sercu bowiem rozgrywa się całe spektrum doznań i pragnień, coraz częściej przez nas ignorowanych. Gdybyście posiedzieli ze mną w gabinecie przez kilka dni i posłuchali, z czym przychodzi każdy kolejny potrzebujący wsparcia dietetycznego pacjent – często już poważnie chory – to mielibyście obraz tego, jak ogromną przyczyną większości chorób jest brak miłości i przebaczenia oraz nieustanna frustracja wynikająca z różnicy pomiędzy tym, co jest i tym, co być

powinno. Frustracja ta sieje zamęt w umyśle i prowadzi do choroby, z której czasami trudno wyjść, nawet pomimo suplementacji i radykalnej zmiany diety. Już w średniowiecznej medycynie klasztornej było niezwykle oczywiste, że choroba ciała ma ścisły związek z chorobą duszy. Pisze o tym w swoich dziełach benedyktynka św. Hildegarda z Bingen. Dzisiejsza medycyna rozrywa ten związek. Lekarze, którzy myślą odmiennie, są przez establishment medyczny potępiani i odrzucani. Pozostali trzymają się przekonania, że ludzki organizm jest całkowicie wyodrębnioną z otoczenia autonomiczną maszynerią. My natomiast coraz częściej chorujemy na raka, a onkologia w dalszym ciągu nie postrzega człowieka jako ciała zjednoczonego z duchem oraz lekceważy wpływ, jaki ma na nasze zdrowie środowisko, w którym żyjemy. W tym samym zaś czasie, pod wpływem genetycznej diagnozy, znana aktorka Angelina Jolie dała odciąć sobie zdrowe piersi! Niemiecki mechanik samochodowy rumuńskiego pochodzenia niejaki Rober Franz wyleczył natomiast chorobę nowotworową swojej żony zmianą stylu życia, pestkami moreli i witaminą C! Obecnie, z zafarbowanymi na fioletowo włosami, aby był lepiej widoczny, jeździ na kongresy onkologiczne, a większość lekarzy bije mu brawa!

Zachęcam was szczególnie, abyście podczas programu Jaglany Detoks odbyli podróż do swojego wnętrza, gdyż tylko tam możecie znaleźć prawdziwą odpowiedź na pytanie, dlaczego wasze ciało się często buntuje, manifestując to chorobą. Warto uświadomić sobie, że bez radykalnego odrodzenia wewnętrznego nie osiągniemy poczucia pełnej radości. Żadne diety i ćwiczenia nie zagwarantują wam takiej pełni jak zrozumienie naszej prawdziwej natury. Rodząca się w ten sposób medycyna holistyczna może być przełomem w skutecznej profilaktyce dla nas i naszych dzieci.

Nie przeczę, że medycyna konwencjonalna bywa potrzebna, sam codziennie zażywam leki związane z autoimmunologiczną chorobą tarczycy typu Hashimoto. Cierpię na nią od ponad 14 lat. Zachorowałem z braku wiedzy, będąc od urodzenia przekonanym, że to, co smaczne, jest zdrowe. Podobnie myśleli o odżywianiu moi rodzice, którzy zmarli na choroby cywilizacyjne, mając po 60 lat. Tata odszedł w moje urodziny. To był dla mnie dramat życiowy oraz gong do wielkiej zmiany oraz edukacji! Ale u Boga nie ma rzeczy niemożliwych. Najpierw były wielkie pragnienie zmiany oraz marzenia, a od ponad siedmiu lat jestem wykładowcą we własnej akademii kulinarnej. Poznałem kuchnie niemal całego świata, a w ostatnich latach miałem szczęście gotować z bardzo znanymi szefami kuchni, chociaż od urodzenia byłem klasycznym zjadaczem jajecznicy, schabowego z ziemniakami oraz szarlotki. To dowód, że każdy z was może dokonać tego samego!

Często żyłem wbrew temu, o czym dzisiaj piszę, ale kiedy postawiłem na właściwą dietę i regularną aktywność, zyskałem świadomość tego, dokąd zmierzam i obecnie czuję się naprawdę fantastycznie. Głęboko wierzę, że z Bożą pomocą zostanę uzdrowiony nawet ze wspomnianej choroby Hashimoto! Pamiętajmy, że medycyna ratuje nasze życie, ale całkowite zaufanie do farmakologii już nam nie wystarcza. Jeśli nie zadbamy o codzienną profilaktykę i powierzymy nasze zdrowie wyłącznie przygodnym barom czy restauracjom, to niestety nie będziemy w pełni decydować o własnym życiu.

Jeżeli po przeczytaniu powyższego tekstu czujecie, że zabraknie wam motywacji, to sygnał, że szczególnie musicie zrobić detoks! Jeżeli pomyślisz, że nie macie po co tego robić, skoro przecież dobrze się odżywiacie, a lekarze twierdzą, że organizm sam się świetnie oczyszcza, to zastanówcie się, jak oceniacie obecny stan zdrowia społecznego. Jakie wiadomości nieustannie podaje się w mediach i co najczęściej pojawia się w spotach reklamowych? Przejrzyjcie strony internetowe poświęcone zdrowiu, a szybko przekonacie się, że pomimo rozwoju farmakologii i medycyny akademickiej z roku na rok coraz więcej młodych ludzi zapada na przeróżne, także niezbadane jeszcze schorzenia. Często nasze dzieci, już w okresie dojrzewania, cierpią na dolegliwości, które kiedyś dotykały wyłącznie ludzi w podeszłym wieku. Niestety na czele z chorobą nowotworową, której jedną z głównych przyczyn jest niewłaściwy styl życia, stres kulturowy, a szczególnie niewłaściwa dieta i zakwaszenie organizmu.

Jeżeli macie już świadomość, że jesteście tym, co jecie i zdecydujecie się na program Jaglany Detoks, to z pewnością w najprostszy i przyjemny sposób zaczniecie zmierzać ku dobremu. Dokonując właściwych wyborów żywieniowych, sami będziecie bowiem decydować o swoim zdrowiu. Jeżeli będziecie zaś żyć tak jak wszyscy i jeść to, co większość społeczeństwa, mając ufność, że kiedy zachorujecie, to lekarz znajdzie sposób, abyście rano obudzili się zdrowi, to niestety jesteście poza zasięgiem profilaktyki stanowiącej prawdziwą drogę do zdrowia. Pamiętajcie, że jeżeli zdecydujecie się na kilka dni diety oczyszczającej i zrezygnujecie z pewnych przyzwyczajeń, to zobaczycie, jaka jest kondycja waszego organizmu, a szczególnie, jaką macie motywację i jak wpływa to na wasze obecne życie.

ZAPAMIĘTAJ!

Stosując program Jaglany Detoks można się przekonać, jak wiele czasu dziennie marnuje się na nieistotne czynności, a to właśnie mógłby być czas przeznaczony na zatrzymanie się oraz uważne planowanie posiłków połączonych z radosnym odczuwaniem szczęścia. W ciągu tych kilku dni możecie zauważyć, że waszą przyszłością i najlepszą polisą na życie jest wzajemna miłość oraz zdrowsza dieta.

NIEZBĘDNIK DETOKSU

Do przeprowadzenia skutecznej diety oczyszczającej nie potrzeba wyszukanych produktów spożywczych i specjalnego kuchennego arsenału gadżetów. Nasze kuchnie są wystarczająco wyposażone, a podczas programu decydujemy się w pewnym sensie na eliminację. Kaszę jaglaną można kupić praktycznie w każdym supermarkecie, warzywa i owoce są łatwo dostępne, a sklepy ze zdrową żywnością stają się powszechne nawet w mniejszych miejscowościach. Na targowiskach – w sezonie – mamy jeszcze na nasze szczęście bogactwo świeżych i lokalnych produktów. Wystarczy się tam wybrać, aby zaopatrzyć się w dobrej jakości warzywa i owoce. Jeżeli w waszej okolicy nie znajdziecie jakieś konkretnej przyprawy lub innych produktów spożywczych, które warto wprowadzić w programie Jaglany Detoks, bez większego problemu możecie zamówić wszystko przez internet. Moja książka nie jest wyłącznie opisem, jak przeprowadzić kilkudniowy detoks – każdemu, kto ją uważnie przeczyta, otwiera również drogę do zdrowej diety, opartej na leczniczej naturze pożywienia i właściwych sposobach gotowania. Pozwala zatem znaleźć indywidualny styl odżywiania się na co dzień i otwiera drogę do skutecznej diety koniecznej w leczeniu wielu schorzeń. Dlatego w tym rozdziale opisałem więcej produktów, nie wszystkie muszą się znaleźć w samym programie Jaglany Detoks, ale warto je poznać i włączyć do codziennego menu.

Kiedy spoglądam na statystyki, najczęstszą przyczyną, dla której pacjenci zgłaszają się do mnie na pierwszy Jaglany Detoks, są określone dolegliwości, a nawet wieloletnie i uporczywe schorzenia. Wiele z tych osób, ku mojemu największemu zadowoleniu, traktuje Jaglany Detoks jako początek radykalnej zmiany stylu życia, porzuca dawne nawyki i kontynuuje świadomą podróż do dalszych zmian. Po takim kilkudniowym programie zaczynają bardziej interesować się odnową kultury stołu oraz aktywnością, a znaczna poprawa samopoczucia sprawia, że w przyszłości z większą powagą traktują zdrowe gotowanie, często wprowadzając regularny jednodniowy Jaglany Detoks nawet raz w tygodniu.

Aby osiągnąć konkretne rezultaty, trzeba więc podjąć starania, zmienić nawyki, zwiększyć aktywność fizyczną, mając przy tym świadomość, że ta nowa inwestycja w zdrowie to najlepsza polisa na lepsze i radośniejsze życie. Kiedy rodzice zaczynają odnowę na talerzu, to zawsze korzystają przy tym dzieci. Żyjemy w czasach nadmiaru informacji i natłoku reklam, które najczęściej kształtują nasze codzienne wybory. Wydajemy sporo pieniędzy na wiele niepotrzebnych rzeczy, a tymczasem choroba zagnieżdża się w naszym życiu coraz bardziej. Warto więc dokonywać bardziej przemyślanych zakupów, inwestować w lepsze produkty spożywcze i radośniej gotować w domu, kierując się umiarkowaniem. Musimy być świadomi, że jesteśmy dziś nie tylko ofiarami, ale też sprawcami choroby, warto więc baczniej zatroszczyć się o własne zdrowie, nie czekając na pomoc z zewnątrz. Dokonując wyborów, na które nie zawsze mamy ochotę, a które jednak są naprawdę pomocne w leczeniu oraz profilaktyce, możemy się szybko przekonać, że to właśnie od naszego sposobu myślenia i naszych decyzji zależy wszystko. Aby więc skuteczniej przeprowadzić Jaglany Detoks, który będzie początkiem nowego zdrowszego stylu życia, warto odnowić nasze spojrzenie na pokarm i choć na chwilę się zatrzymać. Wykonanie badań laboratoryjnych i zaopatrzenie się w lekarstwa lub suplementy to za mało, by – pędząc przed siebie na oślep – odzyskać zdrowie w spektakularny sposób. Warto jak najszybciej sprawdzić stan kuchni, lodówki oraz kuchennych szafek, ponieważ tam najprawdopodobniej znajdziecie przyczynę swoich dolegliwości.

Do gotowania podczas detoksu potrzebny jest dobry garnek, patelnia i ręczny blender. Jeżeli chcecie zainwestować w zdrowie na długie lata i cieszyć się źródłem naturalnych witamin, warto posiadać dobrą wyciskarkę ślimakową lub chociaż znacznie tańszą tradycyjną sokowirówkę. Nie jest to jednak warunek konieczny, ponieważ zdrowe owocowo-warzywne koktajle można przygotować za pomocą blendera. Ludzie często pytają, w czym gotuję na co dzień. Od wielu lat jestem przekonany do garnków żeliwnych, mam również kilka dobrych stalowych naczyń do gotowania, ale ostatnio często używam też garnków i patelni z powłoką granitową – są niezwykle trwałe i o wiele lżejsze od żeliwnych. Kasza wspaniale się w nich gotuje, są łatwe w utrzymaniu i odporne na odpryski oraz zarysowania.

Bardzo często korzystam z blendera i warto mieć go do dyspozycji. Jakość i skuteczność ma duże znaczenie, więc polecam zaopatrzyć się w taki o mocy co najmniej 450 W. Zawsze mam też pod ręką dobrą tarkę i ręczną szatkownicę do warzyw. Lubię używać bambusowego parownika, w którym gotuję pierożki lub rybę z warzywami. Podczas programu Jaglany Detoks gotowanie na parze jest bardzo wskazane. Potrawy zachowują dużo wartości odżywczej i są lekkostrawne. Możecie jednak równie dobrze użyć nawet najprostszego naczynia do gotowania nad parą. Wystarczy jeszcze tylko dobry nóż, deska kuchenna i z radością możecie rozpocząć swój pierwszy Jaglany Detoks!

Na wynos też trzeba będzie podczas programu oczyszczania coś przygotować. Pomocne będą więc właściwe naczynia i akcesoria, aby w pracy, w podróży lub na uczelni zadbać o właściwy posiłek. Jeżeli zaplanujecie i przygotujecie sobie wszystko wcześniej, nie będziecie odczuwali frustracji w trakcie programu. Potrzebujecie na pewno dobry lunch box, szklany słoik z zakrętką oraz termos na danie jednogarnkowe lub zupę. Osoby wychłodzone, które szczególnie dużo podróżują służbowo, powinny zaopatrzyć się w termos na rozgrzewające napary i herbatki. Taka inwestycja przyniesie radość na długie lata, szczególne wszystkim tym, którzy w godzinach pracy nie mają szansy na dłuższą przerwę lunchową z możliwością gotowania. Nasze córki bardzo szybko przekonały się do nieco uciążliwych na początku, ale z czasem ważnych wyborów żywieniowych: co zjeść w szkole lub na uczelni? Dzisiaj termos z kaszą lub warzywną zupą i lunch box pełen zdrowia są przed wyjściem z domu najważniejsze!

PRODUKTY ZBOŻOWE W DIECIE OCZYSZCZAJĄCEJ

Produktów spożywczych, które możecie wykorzystać, aby przeprowadzić detoks we właściwy sposób, jest naprawdę sporo. Nie jest powiedziane, że aby skutecznie zastosować jaglaną dietę oczyszczającą, musicie wykorzystać wszystkie. Oczywiście przed przystąpieniem do programu zawsze warto uwzględnić indywidualne zapotrzebowanie organizmu, aktualną kondycję zdrowotną, a także dowiedzieć się więcej o właściwościach prozdrowotnych poszczególnych pokarmów. Uporządkowana i sprawdzona wiedza przyda się na całe życie, dlatego – poza kaszą jaglaną, którą opisałem już szerzej w osobnym rozdziale – chciałbym przedstawić inne produkty, które warto zastosować podczas programu, a także po jego zakończeniu. Jako dietoterapeuta, leczący nie tyle składem, co samą naturą pożywienia, zawsze podkreślam, że podstawową zasadą zdrowego odżywiania się jest dbałość o tłuszcze i przyprawy, które w procesie oczyszczania organizmu są równie istotne, co dieta warzywno-zbożowa.

Produkty zbożowe, z kaszą jaglaną na czele, stanowią, oprócz warzyw i wybranych owoców, podstawę diety oczyszczającej, warto więc wprowadzić do programu pewną różnorodność i zastosować gatunki zboża odpowiednie do naszych indywidualnych potrzeb. Jaglany Detoks, o czym warto pamiętać, to program diety bezglutenowej. Gluten znacznie obciąża układ trawienny, a coraz więcej osób go nie toleruje. Dobrze jest wykluczyć go całkowicie na kilka dni, dzięki czemu proces oczyszczania będzie znacznie skuteczniejszy. Osoby, które nie mają nietolerancji na gluten, zachęcam po programie do częstszego spożywania dobrej jakości produktów orkiszowych. Orkisz ma działanie delikatnie przeczyszczające, a jego kwaśny smak w procesie trawienia stymuluje poruszanie zastojów w wątrobie. Problemem jest jednak znalezienie na naszym rynku orkiszu dobrej jakości. Na szczęście pojawia się coraz więcej upraw jego pradawnej odmiany, która nie jest spokrewniona z pszenicą. Osobiście spożywam taki właśnie orkisz. To klasyczny składnik uwzględniony w medycynie holistycznej św. Hildegardy, którą jestem zafascynowany. Sama jej metoda zresztą – skutecznie przywracająca równowagę między duchem i ciałem – będzie w naszych czasach i przy współczesnym stylu życia coraz bardziej skuteczna.

Komosa ryżowa podczas programu Jaglany Detoks zasługuje na szczególną uwagę. Co prawda pochodzi z odległych stron świata i jest jeszcze stosunkowo drogim produktem, ale jej właściwości, skład i działanie, szczególnie podczas diety oczyszczającej, zdecydowanie rekompensują inwestycję. Komosa ryżowa, czyli inaczej *quinoa*, występuje w trzech odmianach: białej, czerwonej i czarnej. Jeżeli chodzi o skład oraz oddziaływanie na organizm, jej poszczególne gatunki niewiele się różnią. Najszybciej gotuje się biała odmiana i jest najbardziej miękka, czerwona oraz czarna są nieco twardsze i nadają się wspaniale do sałatek. Komosa ryżowa świetnie wzmacnia cały organizm, pobudza i rozgrzewa, szczególnie wspierając pracę osierdzia. Ma bardzo dobre działanie na cały układ sercowo-naczyniowy. Komosa wzmacnia wychłodzone nerki, uzupełniając przy okazji niedobory witamin, minerałów i pierwiastków śladowych. Dzięki wysokiej zawartości błonnika komosa przeciwdziała wszelkim zaparciom, oczyszcza z toksyn organizm, a szczególnie jelito grube. *Quinoa* zawiera więcej wapnia niż mleko! Wapń ten jest, co ciekawe, o wiele łatwiej przyswajalny niż pochodzący z mleka. Dlatego każdy posiłek z udziałem komosy będzie doskonały dla osób z nietolerancją kazeiny i laktozy, a także dla dzieci i osób starszych.

Komosa ryżowa, nazywana również prosem boliwijskim, uprawiana przez Azteków i Inków już kilka tysięcy lat temu, została nazwana „matką zbóż". Należy do tej samej rodziny co buraki oraz szpinak. Spokrewniona ze znanym nam coraz lepiej amarantusem, ma wiele wartości odżywczych i detoksykacyjnych, a jej nasiona są bogate w skrobię. *Quinoa* to jeden z najbardziej wysokobiałkowych produktów roślinnych. Zawiera wszystkie niezbędne aminokwasy, które odgrywają ważną rolę w przyswajaniu wapnia, posiada rzadko spotykaną w produktach zbożowych lizynę oraz niezwykle istotną w syntezie białka histydynę, a także argininę, która jest bardzo ważna dla rozwoju dziecka. Stymuluje bowiem hormon wzrostu, u osób dorosłych wspomaga zaś system immunologiczny. Komosa ma w sobie również metioninę, która działa ochronnie na komórki wątroby, jednocześnie pomagając w eliminacji tkanki tłuszczowej. Jest produktem bezglutenowym i wyróżnia się niskim indeksem gimnicznym (IG 35), będzie więc podczas programu Jaglany Detoks stanowiła dobry posiłek dla osób z podwyższonym poziomem cukru we krwi.

Komosa ze względu na bogaty skład i lekkostrawność jest szczególnie wskazana dla karmiącej mamy, która planuje kilkudniowy Jaglany Detoks. Ziarna komosy zawierają saponiny, będące naturalnym środkiem ochronnym, dlatego podczas uprawy tej rośliny nie stosuje się w zasadzie pestycydów lub innych chemicznych środków ochronnych. Dzięki obecności saponin komosa wykazuje działanie przeciwalergiczne, przeciwzapalne i immunostymulujące.

Amarantus staje się coraz bardziej popularny na naszych stołach, możemy więc podskoczyć z radością, bo od wielu lat jest uprawiany w naszym kraju. To kolejne zboże – obok kaszy jaglanej i komosy ryżowej, z którą jest zresztą spokrewniony – polecane przeze mnie podczas programu. Dla wielu z nas jeszcze zupełnie nieznany, w czasach diety bezglutenowej zdobywa coraz więcej zwolenników. Jest rośliną uprawną, której historia sięga ponad 5000 lat. Ziarna amarantusa są lekkostrawne, a jednocześnie zawierają dużą ilość błonnika pokarmowego, dlatego można stosować go w leczeniu zaparć. Badania nad amarantusem wykazują, że posiada niebagatelne znaczenie w obniżaniu wysokiego ciśnienia krwi, ryzyka zachorowań na cukrzycę, nowotwory oraz choroby serca. Dość wysoka zawartość żelaza sprawia, że jest doskonałym produktem w walce z anemią. Podczas programu Jaglany Detoks warto wykorzystać amarantus do puddingów, np. w połączeniu z kaszą jaglaną, która również posiada spory zasób żelaza. Koktajle zbożowe z udziałem amarantusa są wysokoodżywczym i łatwostrawnym posiłkiem, warto je więc spożywać w ramach diety oczyszczającej – najlepiej do południa.

Ryż pełnoziarnisty to chyba najbardziej znany produkt zbożowy na świecie. Bardzo często stosuję jego czarną odmianę, ale w programie oczyszczania warto sięgnąć po ryż brązowy i czerwony. Bogate w potas ziarenka ryżu pełnoziarnistego zapewniają organizmowi równowagę kwasowo-zasadową. Odmiany rafinowane, czyli ryż biały, są już bardziej kwasotwórcze, więc nie polecam ich w programie Jaglany Detoks. Ryż, usprawniając trawienie, jest dobrym i naturalnym lekarstwem dla osób cierpiących na schorzenia układu pokarmowego oraz układu krążenia, porusza też zastoje gorąca w nerkach.

Czarny ryż jest krwiotwórczy, więc ma doskonałe zastosowanie w leczeniu anemii – osoby, które są wątłe i brak im energii, powinny włączyć ten ryż jak najszybciej nie tylko do programu Jaglany Detoks, ale również do codziennej diety. Czarny ryż wzmacnia osłabione nerki – to z kolei ważna informacja dla wszystkich wyziębionych. Jeżeli często marzną komuś stopy, to znak, że nerki nie pracują na pełnych obrotach. Czarny ryż świetnie działa na żołądek, poprawiając

jego zdolności trawienne. Po strawieniu zaś jest lekko zasadotwórczy. Głęboka czerń, przechodząca w ciemną purpurę, po ugotowaniu dobrze łączy się na talerzu z jasnymi dodatkami. Można go połączyć doskonale z owocami morza lub z pieczonym łososiem. Ciemnopurpurowy kolor bierze się z wysokiej zawartości antocyjanów, czyli pigmentów roślinnych o silnych właściwościach antyoksydacyjnych. Antocyjany to takie same pigmenty, które zawiera wiele gatunków czerwonych i purpurowych jagód, czyli znane nam bardzo dobrze jeżyny, wiśnie, borówki, maliny i czerwone winogrona. W 2007 roku, podczas specjalnej konferencji medycznej, której celem było ogólne przybliżenie wiedzy na temat dobroczynnego wpływu antocyjanów, zebrani naukowcy jednogłośnie ogłosili, że ich spożywanie zapobiega rozwojowi nowotworów, opóźnia procesy neurodegeneracyjne, działa przeciwzapalnie, łagodzi objawy cukrzycy i hamuje mnożenie się niebezpiecznych dla zdrowia bakterii. Na poziomie molekularnym wykazano, że antocyjany „wyłączają" nowotworowe geny, sprzyjające wzrostowi guzów oraz tworzeniu się nowych naczyń krwionośnych, tzw. kanałów do tworzenia przerzutów. Jednocześnie związki te „włączają" ten rodzaj genów, który jest odpowiedzialny za szwankujący w rakowych komórkach proces apoptozy, tzw. śmierci komórkowej.

Warto dodać, że błonnik zawarty w ryżu poprawia pracę jelit i pomaga usuwać z organizmu toksyny. Ryż jest niskokaloryczny i ma niewielką ilość tłuszczu, daje więc na dłuższy czas uczucie sytości. Podczas programu Jaglany Detoks warto wprowadzić kilka dań z udziałem pełnoziarnistego ryżu dobrej jakości.

Kasza gryczana jest produktem doskonale znanym w naszej polskiej tradycji. Energetyzująca, pożywna i bezglutenowa jest łatwo dostępna, więc warto i ją zastosować w programie Jaglany Detoks. Wspaniale komponuje się w warzywnych daniach np. z burakiem, brokułem, kalafiorem i cukinią. Kasza gryczana zawiera sporo białka, w tym cenne aminokwasy, jest też doskonałym źródłem magnezu i żelaza. W programie diety oczyszczającej polecam wprowadzać częściej jej niepaloną odmianę. Po namoczeniu na noc, w połączeniu z przyprawami korzennymi, doskonale nadaje się na beztłuszczowe placuszki, które wraz z hummusem z pieczonego buraka stanowią podczas diety oczyszczającej wspaniałą przekąskę lub kolację.

Kasza kukurydziana to również produkt bezglutenowy, więc i ją można włączyć do programu oczyszczania. W procesie trawienia jest lekko schładzająca, więc osoby, które zmagają się z nadciśnieniem powinny kaszę kukurydzianą koniecznie uwzględnić. W programie diety oczyszczającej polecam jednak jeść ją sporadycznie – najlepiej pochodzenia ekologicznego, ponieważ często jest modyfikowana genetycznie.

Orkisz, o którym wspominałem już wcześniej, jest niezwykle zdrowy i – zgodnie z koncepcją medycyny holistycznej św. Hildegardy – stanowi podstawę skutecznej zdrowej diety. Doskonale wzmacnia organizm, pomaga budować zdrową krew oraz sprzyja leczeniu układu pokarmowego. Niestety jego pochodzenie i sposób uprawy budzą jeszcze wiele kontrowersji. Trzeba również pamiętać, że ziarna orkiszu zawierają gluten. Osoby, u których nie stwierdzono nietolerancji, a przystępują do programu Jaglany Detoks i mają dostęp do niemodyfikowanej odmiany orkiszu z upraw ekologicznych, mogą wprowadzić taką kaszę orkiszową na śniadanie, do zup makrobiotycznych lub dodawać ugotowane ziarna do sałatki. Spożywam z rodziną sporo orkiszu, jest on podstawą naszych domowych wypieków – chlebów, bułeczek i podpłomyków.

Dzięki współczesnym badaniom naukowym wiemy, że w porównaniu z innymi zbożami niemodyfikowany orkisz posiada optymalną zawartość wysokowartościowego białka o innej strukturze niż pszenica. Ma sporo węglowodanów, nienasyconych kwasów tłuszczowych, soli mineralnych oraz pierwiastków śladowych. Bogaty w żelazo, magnez, fosfor, wapno jest źródłem witamin A, E, D oraz

B1, B2, B6. Orkisz wzmacnia budowę mięśni oraz buduje zdrową krew. Ze względu na wyjątkowy, lekko orzechowy smak, doskonale wpisuje się w naszą tradycję kulinarną. Coraz częściej uprawiany bez modyfikacji, jest coraz łatwiej dostępny przez internet. Warto zapamiętać, że tylko pięć odmian ma właściwości prozdrowotne opisywane przez św. Hildegardę z Bingen. Odmiany najczystsze to: Schwabenkorn, Steiners Roter Tiroler, Frankenkorn, Ostro oraz Oberkulmer Rotkorn. Ta ostatnia najczęściej gości w mojej kuchni i polecam ją z czystym sumieniem. Jest już dostępna w Polsce i pochodzi z upraw ekologicznych!

STRĄCZKOWE I FASOLKI PODCZAS DETOKSU

Ze względu na problemy z układem pokarmowym wiele osób nie najlepiej trawi rośliny strączkowe. Faktem jest, że niewłaściwie ugotowane lub źle przyprawione mogą powodować wzdęcia i niestrawności. W dietach oczyszczających, które bazują głównie na daniach warzywno-zbożowych, warto jednak podkreślić duży potencjał odżywczy roślin strączkowych. Osoby, które ewidentnie mają problem trawienny z tą grupą produktów spożywczych, powinny zrezygnować lub znacząco zredukować ich udział w programie diety oczyszczającej. Przedstawiam trzy produkty, które warto zastosować podczas detoksu oraz wprowadzić na stałe w odżywianiu.

Cieciorka jest wyjątkowo wdzięcznym, łatwo dostępnym i odżywczym produktem, który warto zastosować podczas programu Jaglany Detoks. Wzmacnia śledzionę, nerki oraz osierdzie. Zawiera sporo białka o bardzo dobrym składzie aminokwasów, jest również bogata w fosfor i potas, większość witamin z grupy B oraz żelazo, którego ma w sobie więcej niż inne rośliny strączkowe. Podczas programu Jaglany Detoks polecam stosować dania z ciecierzycą przy niedoborach krwi oraz obfitych miesiączkach, a szczególnie przy diecie wegetariańskiej. W rozdziale **Przepisy** znajdziecie jedno z moich ulubionych jaglanych dań śniadaniowych z dodatkiem aromatyzowanej przyprawami cieciorki oraz ziarenek granatu – to coś, co z powodzeniem można sobie przygotować na wynos i z radością schrupać w podróży lub w pracy.

Soczewica – bardzo ceniona w wegetariańskiej kuchni ze względu na dość wysoką, jak na produkt zbożowy, zawartość białka – ma w sobie również wiele ważnych dla zdrowia minerałów. W procesie trawienia jest słona, więc działa stymulująco na nerki. Bogata w wapń, fosfor, żelazo, kwas foliowy, karoten i błonnik jest jednocześnie pozbawiona tłuszczów. W programie Jaglany Detoks występuje jako dodatek do zup warzywnych, wzbogacający ich odżywczą wartość. Soczewicę, a szczególnie jej czarną odmianę, polecam sportowcom oraz osobom, które prowadzą aktywny styl życia.

Fasolka adzuki w procesie trawienia jest termicznie neutralna, a w smaku słodka i lekko kwaśna. Ponieważ usuwa nadmiar gorąca i porusza zastoje krwi, polecana jest na serce i jelito cienkie, wzmacnia też funkcje nerek i nadnerczy. Odtruwa organizm, a działając moczopędnie, zmniejsza obrzęki. Może być stosowana nawet przy żółtaczce, puchlinie brzucha, biegunkach, obrzękach, czyrakach, wspomaga również utratę masy ciała. Picie wywaru z fasoli adzuki leczy zapalenie nerek i większość dolegliwości nerkowych, jest też zalecane przy leczeniu stanów przewlekłej wilgoci w organizmie. Polecam stosować fasolkę adzuki jako dodatek do zup, sałatek, pasztetów oraz dań na wynos. Osoby, które źle trawią rośliny strączkowe, powinny tę odmianę – przy właściwym doprawieniu i ugotowaniu – łatwo tolerować. Warto podkreślić i zapamiętać, że fasolka adzuki ma naprawdę wyjątkowe właściwości odtruwania nerek, które w obecnych czasach, kiedy spożywamy dużo dań słodkich i przetworzonych, są mocno obciążone.

PRZYPRAWY I ZIOŁA W DETOKSIE, CZYLI APTEKA PANA BOGA!

Czas oczyszczania organizmu warto wesprzeć właściwą dietą – tak, aby nasz organizm oprócz pozbywania się nadmiarów, przez cały czas otrzymywał również wszystkie niezbędne składniki odżywcze. Poranne posiłki warto znacznie zmodyfikować, aby wspomóc usuwanie toksyn pochodzących ze środowiska, dostarczanych w pożywieniu oraz lekach. Sprawne działanie wątroby, nerek i jelit to gwarancja prawidłowej pracy układu immunologicznego, a tym samym całego organizmu. Bogata natura daje nam niezwykłe dobrodziejstwo wspomagające nasze procesy trawienne i detoksykacyjne – nieocenione i niewyczerpane źródło ziół oraz przypraw z Bożej apteki.

Przedstawiam wybrane przyprawy oraz zioła, które najczęściej występują zarówno w mojej kuchni, jak i w programach dietetycznych. Właściwy dobór przypraw nie tylko gwarantuje, że danie będzie smaczne, ale także skutecznie porusza zastoje z niestrawionego pożywienia – poprawia trawienie oraz przyswajanie pokarmu. Musimy również zapamiętać, że przyprawy są niezwykle bogatym źródłem antyoksydantów, wiele zawartych w nich składników ma działanie przeciwnowotworowe – tak ważne w dzisiejszych czasach. Jeżeli pragniecie rozpocząć zdrowe gotowanie, zainwestujcie w przyprawy i radośniej odkrywajcie nowe smaki. Pragnę podkreślić, że jednym z największych problemów w diecie przeciętnego Kowalskiego jest nadmiar produktów śluzotwórczych. Przyprawy o działaniu poruszającym zastoje wilgoci są, wraz z właściwą dietą, najlepszym remedium na większość schorzeń spowodowanych niewłaściwym i zbyt jałowym odżywianiem się.

Curry to mieszanka przypraw pochodząca z Indii, od dawna popularna również w Europie. W jej skład wchodzą kozieradka, gałka muszkatołowa, pieprz, chili, czosnek, kardamon, goździki, kmin rzymski, cynamon oraz imbir. Dzięki tej kombinacji posiada właściwości ułatwiające wydzielanie żółci, wspomaga spalanie tłuszczu, poprawia także przemianę materii i perystaltykę jelit. Dzięki zawartości kurkuminy curry ma niezwykłe właściwości prozdrowotne. W mojej kuchni używam go bardzo często.

Cynamon to przyprawa o naturalnym smaku słodkim, która w naszej europejskiej kuchni kojarzy się raczej z deserami, natomiast niewiele słyszy się o tym, że od dawna stosowana jest w medycynie ludowej przy przeziębieniach, w stanach ogólnego osłabienia, bólach mięśni, biegunce, chorobach skóry oraz przy zakłóceniach rytmu serca. Cynamon działa wzmacniająco na nerki i obniża poziom złego cholesterolu.

Cząber wpływa bardzo korzystnie na układ pokarmowy. Polecany jest szczególnie do ciężkostrawnych dań. Ułatwia trawienie, posiada właściwości odkażające i antybakteryjne. Jego zapach pomaga zwalczać bóle głowy. Działa między innymi moczopędnie, pobudza czynności żołądka i pracę kory nadnerczy, dlatego szczególnie warto wprowadzić cząber w diecie detoksykacyjnej, jako dodatek do dań jednogarnkowych. Niewiele osób wie, że ta rzadko używana i niepopularna przyprawa przeciwdziała procesom gnilnym w jelitach, regulując ich perystaltykę, a dzięki właściwościom rozkurczowym dość szybko usuwa wzdęcia. Cząber jest doskonałym dodatkiem do zup.

Estragon jest źródłem wielu witamin, zawiera m.in. prowitaminę A i sporą, jak na przyprawę, ilość witaminy C. Posiada właściwości żółciopędne, rozkurczowe, wiatropędne, przeciwwzdęciowe i ogólnie poprawiają trawienie. Korzystnie działa przy cofaniu się żółci do żołądka oraz przy bólach wątrobowych. Działa wykrztuśnie, grzybobójczo i antybakteryjnie, szczególnie w formie nalewki i olejku eterycznego. Wcierany miejscowo zmniejsza dolegliwości bólowe. Pobudza miesiączkowanie, ale jednocześnie zmniejsza bóle menstruacyjne i łagodzi objawy zespołu napięcia przedmiesiączkowego. Estragon posiada też właściwości przeciwdepresyjne. Wzmaga ruch migawkowy nabłonka dróg oddechowych, co przynosi korzyści przy nieżycie układu oddechowego, w tym przy zapaleniu oskrzeli. Suszony estragon po roztarciu w dłoniach na drobny pyłek jest doskonałym dodatkiem do dressingów.

Bertram to przyprawa coraz bardziej popularna w zdrowej diecie i klasyczny dodatek w kuchni św. Hildegardy. Jest uniwersalna, o niezwykle szerokim spektrum działania – używam jej w mojej kuchni naprawdę sporo. Lekko ciepła w procesie trawienia, doskonale przekształca nadmiar śluzu, regeneruje cały organizm, poprawia trawienie oraz wchłanianie – zapobiega niedoborom, wspomagając przyswajanie potrzebnych do prawidłowego funkcjonowania składników, takich jak białka, tłuszcze, witaminy i węglowodany. Oczyszcza też jelita z resztek niestrawionego pokarmu. Doskonale pasuje do dań jednogarnkowych, porannej kaszy i zup. Najłatwiej kupić ją w internecie.

Galgant, lepiej znany pod nazwą alpinia lekarska, należy do grupy kłączy imbirowatych. W medycynie naturalnej św. Hildegardy należy do najważniejszych składników polecanych przy chorobach serca. Nie jest jednak środkiem leczniczym do stosowania przez dłuższy czas. Alpinia lekarska jest też pomocna w walce z chorobami wirusowymi, pomaga nawet przy bólach kręgosłupa. Działa świetnie przy skurczach żołądka i jelit, zmniejsza dolegliwości miesiączkowe, wspomaga organizm w stanach wyczerpania i przewlekłego osłabienia. Ma właściwości rozkurczowe. W koncepcji św. Hildegardy jest jednym z najskuteczniejszych środków na wzdęcia, mdłości i wsparcie układu krążenia. Dzięki swoim właściwościom przeciwzapalnym galgant pomaga w bólach reumatycznych i rwie kulszowej. Galgant jest bardzo ostry, więc warto używać go z umiarem. Wystarczy malutka szczypta dodana do zupy.

Gałka muszkatołowa to uniwersalna przyprawa wspomagająca układ nerwowy. Przeciwdziała melancholii, wspomaga oczyszczanie krwi, odtruwa. Korzystna przy zmęczeniu, ospałości oraz osłabieniu koncentracji. Podobnie jak wiele orientalnych przypraw, skutecznie reguluje trawienie. Niewiele osób wie, że posiada właściwości przeciwzapalne i przeciwzakrzepowe oraz przeciwbakteryjne. Poprawiając krążenie, stosowana regularnie i z umiarem działa lepiej niż leki na impotencję. Gałka muszkatołowa zwalcza wolne rodniki, przyczyniające się do uszkodzeń DNA i starzenia się komórek. Według badań, ta przyprawa może być dobrym źródłem antyoksydantów, korzystnie wpływających na zdrowie. Doskonale łączy się ze szpinakiem i brokułem.

Goździki to ususzone w odpowiednich warunkach pąki kwiatów goździkowca korzennego. Drzewo to rośnie w klimatach tropikalnych i, co ciekawe, jest wiecznie zielone. Goździki są prawdziwą leczniczą bombą atakującą wolne rodniki. Liczne związki przeciwutleniające bez wątpienia oczyszczają organizm z toksyn – udowodniono na przykład, że skutecznie eliminują z ustroju trucizny fenolowe i indolowe. Usuwają też wolne rodniki odpowiedzialne za proces starzenia się organizmu i powstawanie nowotworów. Dzięki własnościom dezynfekującym goździki wzmacniają układ odpornościowy i likwidują szerzące się w organizmie infekcje. Według św. Hildegardy z Bingen goździki są niezastąpione w profilaktyce dny moczanowej. Doskonale pasują do pieczonych jabłek i czerwonej kapusty.

Imbir jest termicznie rozgrzewający. Doskonały w poruszaniu zastojów jelitowych. Zmniejsza zlepianie płytek krwi, przez co hamuje powstawanie zakrzepów. Zawiera wapń, magnez oraz potas. Poprawia ukrwienie mózgu, a więc widocznie wpływa na zwiększenie wydajności umysłowej i koncentracji. Z tego względu jest doskonałym remedium na osłabienie w trakcie detoksu. Powinien również zagościć w diecie osób z podwyższonym cholesterolem, gdyż pobudza wydzielanie soków żołądkowych. Wzmaga apetyt i leczy wzdęcia, a działając rozkurczowo, porusza zastoje żółci. Imbir dobroczynnie wpływa na cały układ trawienny, a przy okazji polecany jest osobom z chorobą lokomocyjną. Imbir mocno rozgrzewa, przynosi ulgę chorym stawom, leczy migreny i ból mięśni. Doskonale nadaje się do stosowania przy pierwszych objawach przeziębienia, a także przy anginie i innych chorobach gardła, nie jest jednak wskazany w przypadku gorączki. Warto dodawać go do wielu dań jednogarnkowych oraz do zup. Często używam imbiru, ale wyłącznie świeżego, kłącza, ponieważ jego suszona odmiana jest bardzo mocno rozgrzewająca i jej nieumiejętne dozowanie może niekorzystnie wpływać na śledzionę oraz żołądek.

Kardamon charakteryzuje się niepowtarzalnym aromatem i w procesie trawienia jest gorzkawy. Dzięki temu dynamicznie porusza metabolizm, oswobadza zastoje w jelicie grubym, rozgrzewa nerki. Uwielbiam dodawać go do mojej porannej kawy orkiszowej z roślinnym mlekiem. Chińczycy znają kardamon już od prawie 3000 lat i stosują go szczególnie przy dolegliwościach ze strony układu pokarmowego, wszelkich niestrawnościach, wzdęciach oraz skurczach żołądkowych. W infekcjach, dodawany do napojów działa rozgrzewająco i przeciwbakteryjnie, natomiast ziarenka kardamonu dodane przy parzeniu kawy nadają jej cudownego smaku i aromatu. Często dodaję również rozgniecione ziarna kardamonu do gotującego się ryżu lub kaszy jaglanej. Kardamon warto dodawać do koktajli lub puddingów bananowych.

Kmin rzymski, znany również pod nazwą kumin, to dość charakterystyczna przyprawa, więc albo się go polubi od pierwszego razu, albo nie przypadnie nam do gustu. Pobudza procesy trawienne, działa przeciwgnilnie, przeciwzapalnie i rozkurczowo. Stosuję często kmin rzymski jako dodatek do burgerów, hummusu, a najczęściej do zup z dodatkiem soczewicy. Kumin zawiera żelazo, mangan, wapń i magnez. Bardzo dobrze wpływa na układ krwionośny i immunologiczny. Polecam go osobom cierpiącym na częste zaparcia.

Kolendra (a szczególnie jej nasiona) przyśpiesza trawienie i wchłanianie pokarmu, ma również działanie przeciwbakteryjne oraz przeciwgrzybiczne. Nadaje potrawom niepowtarzalny smak, a w połączeniu z nasionami kopru włoskiego doskonale pasuje do pieczonej dyni, zup i dań jednogarnkowych.

Koper włoski w procesie trawienia jest termicznie ciepły. W diecie oczyszczającej ma wyjątkową wartość. Nasiona kopru włoskiego zawierają olejek eteryczny o nazwie anetol, który pobudza wydzielanie soków trawiennych i zmniejsza stany zapalne w żołądku i jelitach. Stosowany regularnie, ułatwia trawienie i niweluje wzdęcia. Można go parzyć i pić bez ograniczeń, ponieważ działa nawilżająco na organizm, a szczególnie na płuca. Mało kto wie, że zapobiega także

dolegliwościom zespołu napięć przedmiesiączkowych i działa rozkurczowo. Przy częstym stosowaniu znacznie niweluje te objawy. To jedna z moich ulubionych przypraw i doskonałe remedium na wiele schorzeń. Okłady z naparu są bardzo skuteczne na alergiczne podrażnienia oczu. Używam kopru do większości dań jednogarnkowych oraz do zup makrobiotycznych z dodatkiem dyni, szpinaku i jarmużu.

Kurkuma to niesamowita przyprawa, jedna z najlepszych naturalnych substancji przeciwnowotworowych. Skuteczna broń przeciwko grzybom i bakteriom. Hamuje procesy zapalne w organizmie i redukuje zły cholesterol. Uwzględnienie jej w codziennej diecie jest najprostszym sposobem, aby cieszyć się dobrym zdrowiem przez całe życie. Lista dobroczynnych właściwości kurkumy jest bardzo długa, ale mając na uwadze, że jednym z najczęstszych powodów chorób jest zaleganie toksyn w organizmie, pragnę szczególnie podkreślić jej działanie oczyszczające! Jak wiadomo, główne narządy detoksykacyjne to jelito grube, nerki oraz wątroba. Kurkuma doskonale chroni wątrobę przed czynnikami toksycznymi i wpływa na lepszą gospodarkę cholesterolową, ułatwia również usuwanie złogów oraz rozpuszcza kamienie żółciowe. Obecnie intensywnie badane jest też działanie kurkuminy przy leczeniu nowotworów jelita grubego. W ostatnich dziesięcioleciach kurkuma wzbudziła bowiem spore zainteresowanie firm farmaceutycznych. Dzięki odkryciom indyjskich naukowców wiemy już z pewnością, że zawarte w kurkumie substancje, a konkretnie kurkumina i jej pochodne, zwane kurkuminoidami, posiadają silne właściwości przeciwnowotworowe (blokujące przerzuty), a także antywirusowe, antybakteryjne i przeciwgrzybiczne. Ich działanie przeciwzapalne jest korzystne w leczeniu reumatoidalnego zapalenia stawów, cukrzycy oraz w profilaktyce choroby Alzheimera. To wszechstronna przyprawa o wyrazistym kolorze i gorzkawym posmaku. Kurkumę można dodawać nawet do jaglanych koktajli z owocami.

Słodka papryka zawiera witaminy C i B, sporą ilość beta-karotenu oraz olejki eteryczne, pobudza wydzielanie soku żołądkowego i poprawia apetyt, a oprócz tego posiada też właściwości przeciwzapalne i bakteriobójcze. Jest przyprawą wszechstronną i doskonale łączy się z daniami z nutą kuchni orientalnej lub śródziemnomorskiej.

Tymianek pobudza organizm zarówno fizycznie, jak i psychicznie, wpływa też na krążenie krwi w naczyniach włosowatych (kapilarach). Wzmacnia sprawność układu nerwowego i poprawi sprawność umysłową, zwiększa łaknienie, a więc i apetyt, powoduje wzrost ciśnienia krwi, działa moczopędnie, napotnie, wiatropędnie, ale również zwalcza pasożyty jelitowe. Wywołuje miesiączkowanie. W przypadku chorób zakaźnych pobudza układ odpornościowy, ponieważ zwiększa liczbę leukocytów, czyli białych ciałek krwi. Działa dezynfekująco, znieczulająco, przeciwzakrzepowo, przeciwkaszlowo, przeciwbólowo, ściągająco, przeciwzdęciowo. Konserwuje żywność, więc wspaniale nadaje się do marynowania potraw. Szczególnie wskazany jest przy ogólnej słabości fizycznej i psychicznej, niepokojach, lękach, osłabieniu i wyczerpaniu nerwowym, anemii u dzieci, niskim ciśnieniu krwi i dolegliwościach ze strony płuc. To jedna z moich ulubionych przypraw – zawsze mam pod ręką doniczkę ze świeżym tymiankiem.

Oregano jest kolejną niezwykle ważną przyprawą w diecie oczyszczającej. Wspaniale pasuje do naszej kultury kulinarnej. Jest termicznie ogrzewające, dlatego optymalnie równoważy schładzające działanie wielu potraw. Według badań posiada silne właściwości przeciwgrzybiczne. Bardzo często zalecam olejek z oregano w leczeniu kandydozy, o ile układ trawienny – a konkretnie żołądek – nie jest zbytnio wysuszony. Olejki eteryczne zawarte w oregano rozluźniają mięśnie gładkie i mogą być pomocne przy skurczach mięśni, nawet w układnie pokarmowym. Oregano warto stosować jak najczęściej do dań jednogarnkowych z sosem pomidorowym oraz do zup.

Czarnuszka, zwana kolendrą siewną lub „złotem faraonów", stosowana była już w starożytności. Ta wyjątkowa przyprawa, którą osobiście uwielbiam, ma działanie przeciwirusowe, przeciwgrzybiczne i bakteriobójcze. Napar stosowany zewnętrznie na skórę pomaga w leczeniu trądziku, atopowych zmian skórnych, a nawet grzybicy. Zaletą czarnuszki jest jej korzystny wpływ na układ odpornościowy, ponieważ zwiększa liczbę limfocytów we krwi. Osoby chore na astmę powinny często używać czarnuszki w swojej kuchni – szczególnie skuteczne są olej oraz wyciągi z jej nasion, które rozszerzają oskrzela i łagodzą objawy choroby. Badania pokazują, że nasiona czarnuszki mogą być pomocne w leczeniu raka trzustki. Wyizolowany ekstrakt może stać się istotnym elementem w profilaktyce tego nowotworu i być szansą dla chorych na skuteczne leczenie. Czarnuszka ma również bardzo pozytywny wpływ na wątrobę, ponieważ ochrania i odtruwa jej miąższ. Dlatego szczególnie polecam ją w diecie oczyszczającej i regenerującej wątrobę. Wspaniale pasuje jako dodatek do sałatek, pieczonego buraka oraz do hummusu.

ZDROWE TŁUSZCZE TO PODSTAWA!

Bardziej świadomi propagatorzy zdrowego stylu życia nie dostają już na szczęście mdłości na myśl o spożywaniu tłuszczów. Coraz więcej z nas wie, że tłuszcze są niezbędne do tego, aby nasz organizm mógł prawidłowo funkcjonować. To właśnie one dają nam siłę do codziennych czynności – tłuszcze, czyli lipidy, są bowiem głównym źródłem energii. Ich rola w organizmie jest niezwykle ważna. Lipidy są składnikiem błon komórkowych oraz podstawowym rozpuszczalnikiem dla biologicznie ważnych związków nierozpuszczalnych w wodzie, np. niektórych witamin (A, D, E, K). Wiemy też, że dzielą się one na dobre i złe. Dobre to tłuszcze roślinne, które zawierają nienasycone kwasy tłuszczowe. Złe to tanie i bezwartościowe tłuszcze z niektórych roślin oraz tłuszcze zwierzęce, spożywane przez nas niestety zbyt często. O wartości tłuszczów decydują zawarte w nich kwasy. Te cenne dla zdrowia to nienasycone kwasy tłuszczowe, obecne w rybach, nasionach roślin oleistych i w owocach morza. Te mniej korzystne to nasycone kwasy tłuszczowe, obecne na przykład w mięsie i mleku.

Tłuszcze nienasycone, a przede wszystkim niezbędne nienasycone kwasy tłuszczowe (NNKT) są konieczne dla prawidłowego funkcjonowania organizmu, trzeba jednak wiedzieć, że zdrowie dają nam tylko wtedy, gdy są używane na zimno, co znaczy, że nie powinno wykorzystywać się ich do smażenia i pieczenia potraw. Natomiast dobra informacja jest taka, że mamy alternatywę, która pozwala nam uniknąć tłuszczów pochodzenia zwierzęcego. W każdej regule jest bowiem wyjątek – tutaj dobrą nowinę obwieszcza nasza doktor Kościoła św. Hildegarda. Otóż olej kokosowy, który w regionie Południowego Pacyfiku stosowany jest jako artykuł spożywczy i leczniczy, może być używany do smażenia, duszenia i pieczenia. Ważne jest jednak, aby był tłoczony na zimno i nierafinowany – to zresztą dotyczy każdego tłuszczu roślinnego. I ważna uwaga: tutaj także obowiązuje nas zasada równowagi, a więc nawet najzdrowszych tłuszczów nie należy używać zbyt dużo, gdyż każdy nadmiar jest niekorzystny.

Tłuszcze nienasycone, a przede wszystkim niezbędne nienasycone kwasy tłuszczowe (NNKT), powinny stanowić co najmniej 3% całkowitej zawartości tłuszczy w zdrowej diecie!

Poniżej przedstawiam tłuszcze, które warto stosować w trakcie oraz po programie diety detoksykacyjnej. Zawsze mam wymienione oleje w moim kuchennym arsenale. Podczas programu Jaglany Detoks należy zwrócić uwagę, aby spożywać tłuszcze wraz z węglowodanami, czyli najczęściej z produktami zbożowymi, aby zawarte w nich witaminy zostały przyswojone. Bardzo wskazane są

NIEZBĘDNE TŁUSZCZE

Funkcje niezbędnych nienasyconych kwasów tłuszczowych (NNKT):

- budują błony komórkowe,
- uczestniczą w transporcie lipidów, w tym cholesterolu,
- hamują agregację płytek krwi, tym samym przeciwdziałają tworzeniu zakrzepów,
- regulują poziom cholesterolu we krwi (działają przeciwmiażdżycowo),
- hamują nadmierną kurczliwość naczyń krwionośnych, regulują ciśnienie tętnicze krwi,
- utrzymują prawidłowy stan skóry,
- regulują gospodarkę wodną organizmu,
- obniżają aktywność enzymów biorących udział w degradacji kolagenu,
- zmniejszają stany zapalne skóry oraz przyśpieszają gojenie się ran,
- zapobiegają występowaniu chorób nowotworowych, szczególnie raka sutka, prostaty oraz raka odcinka okrężniczo-odbytniczego.

Objawy niedoboru niezbędnych nienasyconych kwasów tłuszczowych (NNKT):

- zahamowanie wzrostu i spadek przyrostu masy ciała,
- zmiany skórne – sucha, łuszcząca się skóra,
- stany zapalne skóry, pogorszenie gojenia się ran,
- wypadanie włosów,
- zwiększona wrażliwość na alergeny,
- spadek odporności organizmu – zakażenia bakteryjne, wirusowe (przeziębienie, grypa),
- spadek napięcia mięśnia sercowego (mniejsza siła skurczu, słabe krążenie krwi, obrzęki),
- kruche naczynia krwionośne.

Źródło: Sikorski Z., *Chemia żywności*, Wydawnictwo Naukowo-Techniczne, Warszawa 2000.

również jako składnik dressingów do sałatek. Odpowiedni, dobry jakościowo tłuszcz poprawia trawienie oraz pracę jelit, usprawniając perystaltykę, jednak zjełczały i źle przechowywany jest dla organizmu wielkim ciężarem.

Niektóre tłuszcze mają korzystny wpływ na zwalczanie pasożytów oraz drożdżaków. Możemy tutaj wymienić olej z czarnuszki, olej z pestek dyni, olej z awokado, olejek z oregano – w przypadku leczenia wymienionych schorzeń, warto wprowadzić te tłuszcze również do codziennej diety. Osoby, które zmagają się z nadmierną wilgocią w organizmie oraz z nadmiarem śluzu i często mają infekcje oskrzelowe, powinny stosować tłuszcze z umiarem, najlepiej te o ciepłej termice w procesie trawienia. Należą do nich szczególnie olej kokosowy extra virgin, olej rzepakowy tłoczony na zimno i olej z orzechów włoskich. Osoby o słabej wątrobie powinny zainteresować się olejem z ostropestu i dodawać go częściej do sałatek oraz do soków warzywnych. W programie Jaglany Detoks warto również docenić olej lniany, który należy jednak właściwie przechowywać, najlepiej w ciemnym i chłodnym miejscu. Olej lniany jest termicznie zimny, więc osoby wychłodzone – szczególnie w okresie jesienno-zimowym – powinny go stosować z umiarem lub dodawać do ugotowanej kaszy. Olej lniany w połączeniu z czosnkiem, syropem daktylowym lub miodem i octem winnym doskonale pasuje do sałatek. Oliwa polecana jest do przygotowywania dressingów oraz domowego pesto, które warto jak najczęściej łączyć z ugotowaną kaszą jaglaną. Oprócz oleju kokosowego, który podczas programu detoksykacji wspaniale nadaje się do krótkiego blanszowania lub podsmażenia, do obróbki termicznej nadają się również dobrej jakości olej z pestek winogron lub olej rzepakowy (oba powinny być tłoczone na zimno). Najlepsze podczas programu Jaglany Detoks jest gotowanie tradycyjne lub na parze oraz pieczenie i krótkie grillowanie. W całodziennej diecie maksymalnie jeden posiłek może być smażony

Olej kokosowy to roślinny tłuszcz otrzymywany poprzez tłoczenie i rozgrzanie twardego miąższu orzechów palmy kokosowej. Spotykany najczęściej jako rafinowany, jest odkwaszany i wybielany, a w postaci płynnej lekko żółty. W temperaturze poniżej 25°C ścina się, stąd nazywany jest także masłem kokosowym. Rzadko występuje w sprzedaży jako olej tłoczony na zimno, który jest naturalny i ma typowy kokosowy zapach. Rafinowana wersja jest prawie bezzapachowa. Najzdrowszy jest oczywiście ekologiczny olej kokosowy, tłoczony na zimno i nierafinowany. Używam go nie tylko do gotowania, ale również jako naturalnego balsamu do ciała. Kokos posiada niezwykłe właściwości prozdrowotne, które zawdzięcza specyficznemu połączeniu kwasów tłuszczowych z innymi wartościowymi składnikami, takimi jak witaminy z grupy B1, B2, B3, B6, C, E, kwas foliowy, potas, wapń, magnez, żelazo, fosfor i cynk. Kokos odżywia i wzmacnia mięśnie, szczególnie sercowy. Poprawia wchłanianie wapnia i magnezu, wspomagając rozwój mocnych kości i zębów. Przyśpiesza gojenie się ran. Działa łagodząco przy chorobach dermatologicznych, spowalniając procesy starzenia się skóry. Polecam go jako dodatek do gotowania kasz lub ryżu oraz do krótkiego obsmażania.

Olej lniany ma szerokie zastosowanie i warto go używać nie tylko w codziennej diecie, ale szczególnie kiedy pragniemy wzmocnić proces odtruwania organizmu. Jest jednak chłodny termicznie – powinny o tym pamiętać osoby wychłodzone. Spożywanie oleju lnianego wyrównuje poziom kwasów tłuszczowych omega-6 i omega-3 do właściwych proporcji, obniżając ilość złego cholesterolu LDL, co zapobiega chorobom serca. Olej lniany skutecznie zapobiega miażdżycy, zawałowi serca i chorobie nadciśnieniowej. Wskazany przy leczeniu schorzeń skórnych, w tym łupieżu i łojotoku, przeciwdziała wysuszeniu skóry i nadmiernemu łuszczeniu, zmniejszając również objawy skórnych alergii. Korzystnie wpływa na cykl miesiączkowy, łagodząc objawy menopauzy oraz zespół napięcia przedmiesiączkowego. U mężczyzn wspomaga leczenie schorzeń prostaty. Wpływa wzmacniająco na syntezę tzw. hormonów szczęścia – serotoniny i dopaminy. Przeciwdziała rozwojowi schorzeń neurologicznych, takich jak choroba Alzheimera czy stwardnienie rozsiane, zapobiega neuropatii u chorych na cukrzycę. Polepsza koncentrację oraz pamięć. Pomaga uniknąć chorób układu krążenia, hamując agregację płytek krwi i zwiększając poziom tzw. dobrego cholesterolu. Zwiększając siłę skurczu mięśnia sercowego, zapobiega arytmii. Warunkuje prawidłowy przebieg ciąży i rozwój płodu, buduje bowiem tkankę nerwową mózgu dziecka. Jest doskonałym dodatkiem do ugotowanej kaszy z warzywami.

Olej rzepakowy, nazywany „oliwą północy”, stanowi bogate źródło witamin A, E, K oraz D2, która w organizmie przekształca się w D3. Ma najwięcej witaminy E z dostępnych na rynku olejów roślinnych – ok. 26 mg na 100 gramów oleju. Olej rzepakowy zawiera też niezbędne nienasycone kwasy tłuszczowe NNKT, głównie kwas oleinowy ok. 60%, linolowy ok. 20% (omega-6) i linolenowy 10% (omega-3), a więc w swym składzie jest bardzo podobny do oliwy, która jednak zawiera mniej NNKT. Przeciwdziała miażdżycy, zmniejsza prawdopodobieństwo wystąpienia choroby mięśnia sercowego i łagodzi objawy choroby zapalenia stawów. Jak większość olejów tłoczonych „na zimno”, reguluje przemianę materii. Ze względu na walory smakowe zyskuje uznanie w zdrowej kuchni. Doskonale nadaje się do pieczenia, duszenia lub krótkiego podsmażenia. Uwielbiam domowy sos musztardowy z olejem rzepakowym, który dodaję do gotowanych lub grillowanych szparagów.

Olej słonecznikowy jest termicznie neutralny. Zawarte w oleju słonecznikowym kwasy NNKT (Niezbędne Nienasycone Kwasy Tłuszczowe) oraz witamina E wspomagają nasz układ odpornościowy. Olej słonecznikowy przedłuża żywotność plemników i obniża poziom cholesterolu. Znajdziemy w nim ponadto mnóstwo kwasów tłuszczowych omega-6, które niestety łatwo utleniają się w wysokich temperaturach, dlatego oleju słonecznikowego raczej nie powinniśmy stosować do smażenia. Podgrzany do temperatury ok. 170°C zaczyna dymić, a wówczas jest toksyczny dla organizmu. Z powodzeniem możemy go jednak spożywać jako dodatek do sałatek lub domowego pesto. Warto kupować jak najczęściej olej słonecznikowy tłoczony na zimno.

Aby w pełni wykorzystać jego wartość oczyszczającą w trakcie programu Jaglany Detoks, warto płukać nim jamę ustną. Nasze usta są siedliskiem dla wielu bakterii, wirusów, grzybów oraz pasożytów, natomiast poprzez umiejętne płukanie olejem, możemy zatrzymać wiele procesów chorobotwórczych. Olej słonecznikowy doskonale pochłania toksyny, ale należy korzystać wyłącznie z tego tłoczonego na zimno i nierafinowanego. Do takiego zabiegu nadają się również olej sezamowy lub kokosowy, które działają przeciwzapalnie. Jak to zrobić? Na czczo, najlepiej chwilę po przebudzeniu, należy dokładnie przez 15 minut płukać jamę ustną 1–2 łyżkami oleju. Nie można go połykać! Takie ssanie oleju pomaga skutecznie oczyścić zatoki, pozbyć się uciążliwego kataru, a nawet bólu gardła. Olej łączy się w ten sposób ze śliną, co aktywuje enzymy odpowiedzialne za pochłanianie toksyn z krwi, ułatwiając proces oczyszczania. Po zabiegu należy wypłukać usta kilkakrotnie czystą wodą i po chwili dokładnie umyć zęby.

Olej z pestek winogron ma szerokie właściwości lecznicze. Na pierwszy plan wysuwają się zawarte w nim wielonienasycone kwasy tłuszczowe, które sprawiają, że olej ten w naturalny sposób przeciwdziała chorobom układu krążenia i miażdżycy. Obecny w nim kwas linolowy obniża poziom złego cholesterolu we krwi. Nasz organizm nie wytwarza tego kwasu, a jest on niezbędny dla jego prawidłowego funkcjonowania. Olej z pestek winogron ma go zaś najwięcej. Jest także cennym źródłem witaminy E, korzystnie wpływającej na serce i urodę, zapewniając witalność i zatrzymując młodość. Olej z pestek winogron to także jeden z najsilniejszych antyoksydantów (przeciwutleniaczy) – redukuje liczbę wolnych rodników w organizmie, przez co wzmacnia jego odporność. Swoje zdrowotne i pielęgnacyjne działanie zawdzięcza sposobowi przetwarzania. Tłuszcz ten jest bowiem tłoczony na zimno z pestek winogron, dzięki czemu zachowuje swoje naturalne właściwości. W jego skład wchodzi także wiele witamin, które rozpuszczają się w tłuszczach, a część z nich – A, E, K i D – nazywana jest witaminami młodości. Winogrona zawdzięczają swoje przeciw nowotworowe właściwości flawonoidom, które znajdują się w pestkach, skórkach i szypułkach, a także witaminom C i A. Jak wynika z dotychczasowych badań naukowców, wyciąg z nasion winogron skutecznie niszczy komórki nowotworowe, m.in. raka skóry, sutka, jelita, płuc, żołądka i prostaty. Olej z pestek winogron ma wysoki poziom dymienia, więc warto stosować go do obsmażania.

Olej z czarnuszki popularny jest w świecie arabskim, gdzie roślina ta uznawana jest za panaceum na wiele schorzeń. Można tam często spotkać się ze stwierdzeniem, że „czarnuszka leczy wszystko – oprócz śmierci". Do dziś mówi się o niej „złoto faraonów". Uważa się, że jest jednym z najefektywniejszych antybiotyków, środków przeciwzapalnych i uodparniających. Olej z czarnuszki ma również właściwości bakteriobójcze, wspomaga czynności trawienne, jest pomocny przy wzdęciach, nadkwasocie i nieświeżym oddechu. Usprawnia działanie układu sercowo-naczyniowego, gdyż przeciwdziała odkładaniu się lipidów w naczyniach krwionośnych. Reguluje ciśnienie tętnicze. Bierze udział w tworzeniu nowych komórek organizmu oraz w regeneracji organów. Wspiera nasz układ immunologiczny. Wspomaga leczenie alergii i wzmacnia odporność. Pomocny w astmie, zapaleniu oskrzeli, kaszlu, katarze siennym, liszajach, łuszczycy, trądziku, bólach głowy, stawów i zębów.

Olej z ostropestu jest pozyskiwany z ostropestu plamistego. Posiada właściwości przeciwzapalne, stabilizujące, stymulujące rozwój i regenerację komórek wątrobowych. Jest też silnym przeciwutleniaczem, przeciwdziała uszkadzaniu komórek przez wolne rodniki. Wspomaga leczenie zaburzeń funkcji wątroby oraz dróg żółciowych, tj. marskość wątroby, zapalenie wątroby, stłuszczenie wątroby, alkoholowe zapalenie wątroby, zapalenie jamy ustnej, zapalenie dziąseł, zapalenie krtani. Wspomaga wydalanie substancji toksycznych z organizmu, obniża poziom cholesterolu, normalizuje procesy trawienia, wzmacnia i uelastycznia naczynia włosowate, polepsza wzrok, obniża ryzyko chorób serca i naczyń, wzmacnia system odpornościowy. Polecam stosować dobry olej z ostropestu nie tylko podczas diety oczyszczającej, ale przez cały rok. Nic bowiem tak dobrze nie wspomaga naturalnej regeneracji wątroby. Olej z ostropestu warto przechowywać w lodówce. Dodaję go często do sałatek i soków warzywnych.

Olej z awokado o nieco schładzającej termice jest bardzo cennym tłuszczem, ma bowiem w sobie dużą zawartość witamin A, D, E, H, K, PP, F, witamin z grupy B, nienasyconych kwasów tłuszczowych, aminokwasów i protein. Posiada również dużą ilość naturalnych fitosteroli. Drzewa, na których rosną owoce awokado są wiecznie zielone i nie tolerują niskich temperatur, dlatego mogą być uprawiane tylko w ciepłym klimacie. Olej pozyskiwany jest z miąższu owoców.

Pestka zawiera tylko 2% tłuszczów. Olej z awokado jest doskonałym źródłem kwasów omega-3 i omega-9 i przypomina składem oliwę.

Ma także właściwości zmiękczające i odżywcze, to czyni z niego idealny składnik w pielęgnacji skóry suchej, odwodnionej i zniszczonej, a także w leczeniu egzemy i łuszczycy. Doskonale stymuluje metabolizm kolagenu, wspomaga regenerację tkanki łącznej i łagodzi stany zapalne. Działa antybakteryjnie, przyśpiesza proces gojenia ran i oparzeń. Absorbuje promieniowanie UV.

Olej z pestek dyni jest termicznie ciepły. Zawiera głównie kwasy nienasycone z grupy omega-6 – aż 40% w postaci kwasu linolowego (LA) – oraz omega-3 – około 15% w postaci kwasu linolenowego (ALA). Ponadto olej z dyni ma w sobie także około 35% jednonienasyconych kwasów tłuszczowych, potocznie zwanych kwasami omega-9. Posiada mnóstwo substancji odżywczych, witaminy E, B1, B2 i B6, dużą ilość witamin A, C i D, potas, selen i cynk, a przede wszystkim fitosterole. Normalizuje pracę gruczołu krokowego, dlatego stosowany jest przy wszelkich jego schorzeniach (także jako środek wspomagający w leczeniu raka prostaty) oraz przy stanach zapalnych układu płciowego. Zaleca się go do regulacji poziomu cholesterolu, w profilaktyce miażdżycy i w schorzeniach wątroby. Dzięki zawartości skwalenu sprawdza się też przy chorobach pasożytniczych. Polecam go szczególnie do sałatek, kaszy gryczanej i pieczonych buraków.

Olej z orzechów włoskich tłoczony na zimno zawiera nienasycone kwasy tłuszczowe NNKT, które są niezbędnym elementem naszej diety. Obniżają one bowiem poziom złego cholesterolu LDL, bez równoczesnego redukowania poziomu HDL. Jedna łyżka oleju orzechowego pokrywa nasze dzienne zapotrzebowanie na kwasy omega-3. Jest on również bogaty w witaminy A, B i E. Ta druga odpowiedzialna jest za regenerację układu nerwowego, dlatego olej ten ma działanie przeciwstresowe. Co więcej, obniża ciśnienie i cholesterol, dlatego poleca się go osobom, które mają problemy z sercem. Olej z orzechów włoskich korzystnie wpływa na mózg, pobudza umysł, poprawia kondycję skóry, działa przeciw egzemom, opryszczce, łuszczycy, wpływa na układ pokarmowy, posiada właściwości przeciwpasożytnicze i przeciwgrzybiczne. Ma w sobie również kwas elagowy, który unieszkodliwia substancje rakotwórcze. Jest idealnym źródłem młodości, opóźnia bowiem procesy starzenia, a dzięki wysokiej zawartości witaminy E sprzyja zmniejszeniu ilości wolnych rodników. Olej orzechowy stosuje się często do leczenia bezpłodności, miażdżycy oraz w zaburzeniach pracy mięśni. Jest wyjątkowo polecany jako dodatek do sałatek lub dressingów. Ugotowana kasza jaglana, podprażona na oleju z orzechów włoskich, jest wyborna.

Oliwa z pierwszego tłoczenia cechuje się przewagą kwasu oleinowego, który jest kwasem tłuszczowym jednonienasyconym (MUFA). Kwasy z tej grupy mogą pełnić ochronną rolę w profilaktyce miażdżycy i chorób serca, jako składnik zastępujący tłuszcze nasycone. Za korzystnym działaniem kwasów jednonienasyconych przemawiają niskie wskaźniki zachorowalności na chorobę wieńcową i miażdżycę wśród mieszkańców basenu Morza Śródziemnego. Liczne badania wskazują, że dieta bogata w oliwę hamuje rozwój miażdżycy tętnic i obniża cholesterol w surowicy krwi. Oliwa ma w sobie prowitaminę A, witaminy C i E oraz te z grupy B. Zawarte w niej minerały – jak fosfor, potas i żelazo – obniżają ciśnienie tętnicze, działają rozkurczowo i regulują pracę serca. Regularne przyjmowanie dobrej jakości oliwy extra vergin chroni nasz organizm przed nowotworami i spowalnia starzenie się. Spożywanie na czczo łyżeczki dobrej oliwy, popitej szklanką ciepłej wody, wypływa na wzmocnienie skóry, włosów i paznokci. Oliwa ma również działanie oczyszczające, dlatego stosuje się ją podczas ziołowych kuracji przy kamicy żółciowej. Pomaga w przypadu stwardnienia tętnic, w nieżytach i owrzodzeniach żołądka oraz łagodzi zaparcia.

Olej sezamowy tłoczony na zimno jest doskonałym remedium na niedoborowe zaparcia. Ma dość charakterystyczne walory aromatyczne i smakowe. Bogaty w kwasy tłuszczowe wielonienasycone, głównie kwas linolowy oraz kwasy tłuszczowe jednonienasycone, pomaga obniżyć ciśnienie tętnicze krwi. Zawiera również duże ilości witaminy E, która jest naturalnym przeciwutleniaczem oraz działającą przeciwkrwotocznie i uczestniczącą w formowaniu tkanki kostnej witaminę K. Z uwagi na intensywny zapach i ostry posmak wspaniale komponuje się w orientalnych dressingach lub z gotowanymi na parze pierożkami.

NATURALNE SŁODZIKI W PROGRAMIE OCZYSZCZANIA ORGANIZMU

Często jestem pytany o słodziki podczas programu Jaglany Detoks. Oczywiście jesteśmy przyzwyczajeni, że cukier i jego przetwory towarzyszą nam przez niemal całe życie i wielu osobom trudno sobie wyobrazić choć jeden dzień bez czegoś słodkiego. Nie muszę tutaj pisać długich wywodów, że nadmiar cukru jest przyczyną większości naszych problemów zdrowotnych – o tym, że jest szkodliwy dla zdrowia i zakwasza organizm, słyszymy niemal każdego dnia w mediach. Niewiele osób redukuje jednak jego spożycie choćby na tyle, aby lepiej się poczuć, a co dopiero, żeby całkiem o nim zapomnieć. W końcu chodzi nam jednak

wyłącznie o umiarkowanie – to ono jest naszym wyzwaniem – dlatego kilkudniowy program diety detoksykacyjnej, w którym dość radykalnie wykluczamy cukier, pozwoli przekonać się, jak reaguje wasz organizm. Szybko doświadczycie, jak wzrośnie wasza motywacja do zmiany nawyków na zdrowsze, ale przede wszystkim, po zakończeniu programu, prawdopodobnie doznacie olśnienia, że to właśnie ograniczenie cukru pozwoliło wam w ciągu tych kilku dni zyskać wspaniałe samopoczucie i cieszyć się przypływem witalności. Po zakończonym programie już na zawsze zapamiętacie ten stan i nawet, jeśli zgubicie się na chwilę w gąszczu łakoci, sugestywne wspomnienie sprawi, o czym jestem przekonany, że szybko zapragniecie kolejnej odnowy z programem Jaglany Detoks!

Podczas diety detoksykacyjnej można wprowadzić stewię i ksylitol jako naturalne słodziki. Do porannej zbożowej kawy oraz do dressingów polecam dodać odrobinę melasy z karobu, syrop z brązowego ryżu, łagodny miód akacjowy, syrop klonowy, z daktyli albo syrop z agawy, ale w niewielkiej ilości. Tutaj jednak drobna uwaga: ten ostatni ma wprawdzie niski indeks glikemiczny, ale niestety zawiera najwięcej fruktozy. Naturalny słodzik, który dodajemy w trakcie programu do dressingu, zrównoważy jego kwaśny smak i zostanie lepiej strawiony niż w przypadku, kiedy spożylibyśmy go oddzielnie. To klasyczna zasada kuchni wschodniej, która podkreśla, że w posiłku musi być równowaga smaków.

Osoby, które podczas detoksu mogą odczuwać gwałtowny spadek cukru, co zdarza się raczej sporadycznie, powinny mieć pod ręką np. daktyla. Zjedzcie go, kiedy poczujecie, że nadchodzi kryzys. Oczywiście możecie się pomylić, myśląc, że spada cukier, podczas gdy odczuwacie po prostu odpływ energii spowodowany procesem odtruwania – wtedy lepiej jest wypić napar z pokrzywy lub ciepłą wodę z cytryną. Warto zapamiętać, że wytrwałość i determinacja przyniosą wspaniałe efekty, które zaprocentują w przyszłej diecie, albowiem regularne posty redukują apetyt na słodycze. Wiem coś na ten temat, ponieważ sam przeszedłem tę drogę. Dzisiaj, owszem, popełniam czasem słodkie grzeszki, ale mam nad tym pełną kontrolę!

Stewia to roślina, w której poza wyjątkowo skoncentrowanym słodkim smakiem drzemie konkretny potencjał leczniczy. Osobiście nie przepadam za jej charakterystycznym smakiem i skoncentrowaną słodyczą. Zawiera białka, substancje tłuszczowe, cenne minerały i mikroelementy. Wapń, potas, magnez, żelazo, chrom, mangan, selen, krzem, kobalt oraz cynk wynoszą stewię na wyżyny zdrowej słodyczy. Zasobna w witaminę C, wzmacnia układ odpornościowy. Dzięki silnym właściwościom przeciwbakteryjnym, sprawdza się też doskonale w leczeniu oparzeń, skaleczeń i trudno gojących się ran. Od dawna zalecana jest do pielęgnacji skóry. Podczas programu szczególnie polecam stewię osobom o bardzo szczupłej konstytucji, jako dodatek do naparów o intensywnym gorzkim smaku, takich jak szałwia. Sprawdzi się również w domowych kompotach.

Ksylitol, w czasach wręcz globalnego zakwaszenia i zagrzybienia spowodowanego nadmiernym spożyciem cukru, stał się niezwykle popularnym słodzikiem, a jego dostępność stale wzrasta. Nie jestem zwolennikiem ksylitolu ze względu na jego bardzo wychładzającą naturę w procesie trawienia. Osoby z permanentnym uczuciem chłodu powinny stosować ten słodzik z umiarem, najlepiej jako dodatek do korzennej, rozgrzewającej kawy lub wypieków z nutą imbiru. O ile cukier sieje spustoszenie w naszym organizmie, ksylitol – według przeprowadzonych badań – wzmacnia nasz układ immunologiczny, broni nas przed chronicznymi chorobami i ma właściwości opóźniające proces starzenia się. Ksylitol jest cukrem pięciowęglowym, co oznacza, że posiada także własności bakteriobójcze. Co najważniejsze, w przeciwieństwie do kwasotwórczego cukru, ksylitol ma charakter bardziej zasadowy, poza tym nie posiada właściwości toksycznych w procesie trawienia, więc można go włączyć do diety oczyszczającej lub przeciwgrzybicznej.

Syrop z brązowego ryżu, z daktyli, syrop klonowy oraz miód idealnie nadają się w trakcie diety oczyszczającej do wspomnianych wcześniej dressingów. Podczas detoksu nie polecam używać ich w żadnym innym celu, warto natomiast wprowadzić je w codziennej diecie do równoważenia smaków w jednogarnkowych daniach z sosem pomidorowym oraz do deserów. Najbardziej lubię suszone daktyle, które po namoczeniu nadają się świetnie do puddingów i wypieków. Znajdziecie je w moim ulubionym przepisie na jaglaną szarlotkę. Nie zapominajcie również o dobrym miodzie. W medycynie holistycznej natura pożywienia oparta jest na złożonym i ścisłym związku człowieka z przyrodą. Jeżeli postrzegacie miód tak samo jak zwykły biały cukier, niestety jeszcze nie w pełni rozumiecie, czym jest lecznicza natura pożywienia oraz równowaga smaków.

Nasi przodkowie bardzo często sięgali po miód, który zawiera wiele cennych witamin, naturalnych składników mineralnych, olejków eterycznych i kwasów organicznych. Cholina, która się w nim znajduje, ma działanie ochronne na wątrobę, więc z radością dodawajcie do swoich sałatkowych dressingów dobrej jakości miód. W diecie detoksykacyjnej polecam szczególnie miód akacjowy, ze względu na jego łagodność w procesie trawienia. Warto inwestować w naturalne słodziki dobrej jakości, najlepiej z upraw ekologicznych, i pamiętać o tym, by używać ich z umiarem!

SÓL MORSKA, KUCHENNA CZY HIMALAJSKA?

Coraz częściej słyszymy, że sól jest bardzo szkodliwa, a nie jest to w pełni prawda i na pewno nie dotyczy nas wszystkich. Radykalne wykluczanie dobrej jakości soli nie ma sensu. Oczywiście, kiedy stołujecie się od lat w restauracjach i często spożywacie gotowe, przetworzone dania, musicie być świadomi, że kryje się w nich ogromna ilość soli. Jeżeli gotujecie w domu, to dobra sól jest niezwykle ważna. Zarówno w programie Jaglany Detoks, jak i w kontynuacji zdrowej diety, warto wprowadzić sól himalajską, która jest już dostępna bez problemu. Oczywiście, jeżeli macie dobrej jakości sól morską, możecie jej śmiało używać, ja jestem jednak zwolennikiem wspaniałej i niezwykle bogatej soli himalajskiej, którą stosuję zarówno w trakcie programów detoksykacyjnych, jak i w mojej codziennej diecie.

Sól himalajska jest najzdrowszą i najczystszą solą dostępną na Ziemi. Pochodzi z czasów, gdy Ziemia była jeszcze idealnie czysta, więc nie ma w niej żadnych zanieczyszczeń ze środowiska. Himalajska sól krystaliczna wydobywana jest na głębokości 400–600 metrów. W przeciwieństwie do powszechnie używanego szkodliwego chlorku sodu, himalajska sól wykazuje niezwykłe właściwości prozdrowotne. Zawiera aż 84 minerały w formie koloidalnej, które są niezbędne do prawidłowego funkcjonowania organizmu. Mikroelementy mają postać drobnych cząsteczek, dzięki czemu mogą być z łatwością absorbowane przez komórki ludzkiego ciała. Stosowana z umiarem w naszej kuchni, uzupełnia niedobory w codziennej diecie. Jest lekko zasadotwórcza.

Sól himalajska ma biało-różowe zabarwienie, jest ono zależne od koloru skały, z której pochodzi. Im bardziej różowy kolor, tym więcej w niej żelaza. Nie jest produktem rafinowanym, nie ma też żadnych chemicznych dodatków. Nie jest wybielana.

NAPARY I HERBATKI W DRODZE DO SKUTECZNEJ DETOKSYKACJI

Podczas diety oczyszczającej warto wprowadzić napary i herbatki o delikatnym działaniu oczyszczającym, moczopędnym i poruszającym złogi niestrawionych resztek pokarmowych. Poniżej przedstawiam łatwo dostępne i wielu z nas dobrze znane zioła, które wspaniale wspierają proces detoksykacji oraz trawienia pokarmów spożywanych podczas programu Jaglany Detoks. Jeżeli zdecydujecie się na program jaglanej diety, a często podróżujecie lub wiele godzin pracujecie w terenie bez możliwości ugotowania wody, zatroszczcie się, aby każdego dnia o poranku przygotować sobie solidny termos ulubionej herbatki detoksykacyjnej. Starajcie się nie popijać posiłku, tylko jak najczęściej wypić coś ciepłego przed jedzeniem, co najmniej 15–30 minut lub godzinę po posiłkach. Podczas programu Jaglany Detoks polecam szczególnie napar z nasion kopru włoskiego, który warto wypić każdego dnia, nawet na czczo, z dodatkiem soku z cytryny.

Melisa lekarska to zioło stosowane w medycynie jako lek uspokajający, a w kuchni jako przyprawa. Melisa ma właściwości rozkurczające, dlatego jest zalecana w dolegliwościach układu pokarmowego – wzdęciach, niestrawności i zaparciach, ale również w bólach miesiączkowych.

Badania kliniczne i epidemiologiczne dowiodły, że melisa lekarska wykazuje działanie przeciwwirusowe. Zawarte w wodnych wyciągach z liści melisy taniny oraz kwasy fenolowe przeciwdziałają wirusom, m.in. opryszczki wargowej *Herpes simplex*. Picie naparów oraz przemywanie zmian chorobowych na skórze zmniejsza pęcherzyki oraz znacznie skraca proces gojenia. Jednakże skuteczność terapii wirusa opryszczki uzależniona jest od rozpoczęcia leczenia na wczesnym etapie. Olejki z liści melisy wykazują działanie przeciwbakteryjne. Płukanie jamy ustnej wyciągiem z liści melisy hamuje rozwój drobnoustrojów i powodujących zapalenie dziąseł. Ponadto wykazano, że melisa hamuje rozwój bakterii *Helicobacter pylori*, będących jedną z przyczyn występowania choroby wrzodowej żołądka. Picie herbatki z melisy zmniejsza poziom cholesterolu we krwi, a więc przeciwdziała miażdżycy, hamuje także peroksydację lipidów w wątrobie, zapobiegając jej stłuszczeniu oraz innym jej schorzeniom. Liście melisy zawierają substancje, które wykazują działanie przeciwutleniające. Należą do nich polifenole oraz witamina E i beta-karoten.

Mięta jest schładzająca, działa pobudzająco na układ nerwowy i wzmaga czynność wydzielniczą żołądka oraz wątroby. Pobudza wydzielanie soku żołądkowego i żółci w wątrobie, ułatwia trawienie, umożliwia prawidłowy pasaż treści jelitowych, przeciwdziała zastojom żółci. Jest przeciwskurczowa i antyseptyczna. Przy dużych dawkach hamuje senność. Liście mięty i ich wyciągi poleca się na zaburzenia trawienne, np. bóle brzucha, wzdęcia, utratę łaknienia. Olejek miętowy stosuje się doustnie tylko przy bakteryjnym zapaleniu dróg żółciowych, jest on natomiast składnikiem złożonych preparatów ziołowych zalecanych w schorzeniach wątroby, jelit i pęcherzyka żółciowego.

Natka pietruszki, prócz niewątpliwych walorów smakowych, ma bardzo szerokie spektrum działania. Przede wszystkim oczyszcza krew z toksyn, dzięki czemu organizm staje się wydolniejszy i zaczyna sprawniej pracować. Pietruszka ma również intensywne działanie przeciwzapalne, co pozwala zmniejszyć częstotliwość pojawiania się wyprysków i zmian trądzikowych na twarzy i plecach. Wzmaga wydalanie moczu, w tym szkodliwych substancji, metabolitów leków oraz innych toksyn. Działa napotnie i przeciwgorączkowo. Szczególnie dużo pietruszki warto spożywać w okresie zachorowań na przeziębienia i grypę, ponieważ jest bardzo cennym źródłem witaminy C. Zwiększa wydzielanie żółci, poprawia ukrwienie wszystkich tkanek. Łagodzi objawy choroby reumatycznej, tonizuje układ odpornościowy, wzmacnia i odkaża dziąsła, usuwa szumy w uszach i zawroty głowy.

Osoby wychłodzone powinny częściej wypijać napary z natki pietruszki, ze względu na jej rozgrzewające działanie.

Szałwia to roślina, której liście działają dezynfekująco, przeciwzapalnie, wykrztuśnie, rozkurczowo i ściągająco. Pobudzają serce i nerwy, wzmacniają żołądek, zmniejszają przekrwienie błon śluzowych i skóry oraz mikrokrwawienia z nadmiernie rozszerzonych lub uszkodzonych naczyń włosowatych. W przewodzie pokarmowym wyciągi z szałwii hamują intensywny wzrost saprofitycznej flory bakteryjnej, przeciwdziałają nadmiernej fermentacji i bolesnym wzdęciom spowodowanym stanem skurczowym w jelitach i gromadzeniem się gazów, zwiększają także ilość wydzielanej żółci. Napary z dodatkiem szałwii pobudzają miesiączkowanie w przypadkach, gdy jest ono zbyt skąpe. Nalewka lub wyciąg płynny hamuje wydzielanie potu, nadmierną laktację u karmiących matek, działa też moczopędnie, przeciwcukrzycowo, pobudza korę nadnerczy i podnosi ciśnienie krwi. Szałwia w tej postaci ma właściwości przeciwnowotworowe i antyseptyczne, oczyszcza krew, a także sprzyja zapłodnieniu. Warto ją również stosować przy skłonnościach do anemii oraz przy astmie.

Pokrzywa oczyszcza organizm ze złogów kwasu moczowego, zwęża naczynia krwionośne, hamuje krwawienie, odprowadza złogi z dróg żółciowych, poprawia pracę wątroby, dzięki czemu odtruwa organizm, wzmacnia żołądek i zmniejsza nadmierną potliwość. Ma działanie przeciwbiegunkowe, przeciwinfekcyjne, przeciwanemiczne, przeciwkrwotoczne i przeciwgośćcowe. Poprawia przemianę materii, pobudza wytwarzanie enzymów trzustkowych i zwiększa produkcję czerwonych krwinek oraz hemoglobiny. Pokrzywa jest środkiem wspomagającym w leczeniu różnego rodzaju krwawień (krwioplucie, wymioty krwawe, krwinkomocz, krwawienia maciczne, krwawienia z nosa, hemofilia, krwawiączka), a także anemii, krzywicy, ogólnego osłabienia, wyrzutów skórnych, ran oparzeniowych i zapalenia skóry, dolegliwości związanych z klimakterium, z gośćcowym zapaleniem stawów, zapaleniem pęcherza, nerek, kamicy wątroby, żółtaczki, wrzodów żołądka, stanów przedcukrzycowych, biegunki oraz wzdęć.

Można ją stosować również zewnętrznie przy łojotoku skóry głowy i łupieżu, w infekcji jamy ustnej, przy nadżerkach (aftach), grzybicy skóry, błon śluzowych, a także przy guzach, naroślach i nowotworach.

Koper włoski jako napar jest podczas programu Jaglany Detoks niezwykle wskazany. W postaci herbatki lub naparu jest jednym z najważniejszych pełnowartościowych środków leczniczych. W medycynie św. Hildegardy koper stanowi uniwersalny środek na wszystkie dolegliwości żołądkowo-jelitowe. Polecany w przypadku nieżytu żołądka, wrzodów żołądka oraz nadkwasoty, koper włoski jest szczególnie skuteczną alternatywą wobec tak zwanych blokerów kwasowych. Skutecznie usuwa z jelit gnijące substancje. Ma właściwości rozkurczowe, co usprawnia procesy trawienne. Podczas programu detoksykacji warto jak najczęściej sięgać po napary z nasion kopru włoskiego, można łączyć je z sokiem z cytryny, pokrzywą lub natką pietruszki.

SUPLEMENTY DIETY POD LUPĄ

Suplementacja to obecnie – w czasach „odnowy" zdrowia społecznego – jeden z najbardziej wrażliwych tematów. Wiadomo, że kiedy społeczeństwo choruje, najlepiej zarabia się właśnie na suplementach diety, pragniemy przecież odzyskać zdrowie jak najszybciej. Pod wpływem uporczywych dolegliwości kupujemy wiele środków farmaceutycznych oraz suplementów, które nie zawsze są skuteczne. Nie ma w tym oczywiście nic złego, żeby człowiek stosował właściwe suplementy diety profilaktycznie lub kiedy jest chory, jednak należy pamiętać, że kiedy nasz

organizm jest zanieczyszczony i obciążony toksynami, ma znacznie ograniczone możliwości wchłaniania oraz przyswajania. Skuteczna dieta detoksykacyjna może to znacznie poprawić, usprawniając nasz metabolizm, ale konieczne jest utrzymanie pewnych zdrowych nawyków. Wtedy naturalna, okresowa i przemyślana suplementacja może również znacznie poprawić nasze zdrowie.

Badania pokazują, że przy obecnym stylu życia wiele schorzeń cywilizacyjnych można leczyć, zwiększając poziom pewnych witamin i minerałów. Warto wymienić tutaj szczególnie magnez, selen, potas, jod, witaminę C, witaminę D oraz witaminy z grupy B. Wymienione substancje znajdują się oczywiście w pożywieniu, jednak na przestrzeni lat ich zawartość, ze względu na niewłaściwe eksploatowanie ziemi, nieetyczną hodowlę zwierząt i zanieczyszczenie środowiska, znacznie zubożała. Nasze organizmy ze względu na przewlekły stres kulturowy oraz nieodpowiednią dietę są mocno zakwaszone – warto więc zastosować dodatkową kurację naturalnymi preparatami, które regulują poziom pH organizmu. Efektem zagrzybienia organizmu oraz chorób układu pokarmowego są często pojawiające się przewlekle stany zapalne. Kiedy podejrzewamy lub mamy zdiagnozowaną grzybicę, możemy okresowo zastosować naturalne środki wspomagające, np. olejek z oregano lub srebro koloidalne. Musimy sobie jednak zdać sprawę, że bez odpowiedniej diety, aktywności oraz odnowy duchowej z udziałem apteki Pana Boga, trudno będzie dziś pokonać bardzo uciążliwe choroby. Powinniśmy więc stosować suplementy okresowo i z umiarem, pamiętając, że nie ilość jest istotna, ale właściwa kombinacja. Wiemy już bowiem, że przy leczeniu niedokrwistości żelazo bez udziału witaminy C nie będzie się właściwie wchłaniać, w chorobach tarczycy należy zadbać o właściwy poziom witaminy D3, selenu oraz witamin z grupy B, podczas suplementacji witaminy D ważne jest włączenie witaminy K, a kiedy potrzebujemy zwiększyć wchłanianie witaminy C, warto wprowadzić wyciąg z pestek winogron. Zamiast przyjmować bez zastanowienia wszystko, o czym akurat przeczytaliście lub usłyszeliście w mediach, zapotrzebowanie na suplementy trzeba zawsze rozpatrywać indywidualnie, najlepiej konsultując się z doświadczonym dietoterapeutą, który ma wiedzę o odżywianiu, a nie wyłącznie o składzie chemicznym suplementu. Pamiętajcie też, że zamiast faszerować się suplementami, można zwiększyć przyswajanie oraz odzyskać zdrowie i radość w bardziej naturalny sposób – wprowadzając okresowe diety detoksykacyjne i gotując zdrowiej! Sam wspomagam się sporadycznie i okresowo, szczególnie w okresie zimowym witaminą D, witaminą C oraz magnezem. W mojej praktyce dietetycznej stosuję suplementację u osób przewlekle chorych, często mocno zakwaszonych i zagrzybionych, zawsze jednak lecząc programem dietetycznym i uświadamiając, że przede wszystkim należy szukać przyczyny dolegliwości w braku równowagi emocjonalnej i duchowej. Medycyna holistyczna, połączona z programem diety oczyszczającej, przynosi często bardzo dobre i trwałe efekty.

ZAPAMIĘTAJ!

Decyzja o rozpoczęciu programu detoksykacji powinna być podjęta pod wpływem pierwszego impulsu. Nie zniechęcajcie się pochopnie! Pomyślcie, że za kilka dni możecie poczuć się o wiele lepiej. Kiedy wyruszycie w drogę po zdrowie z kilkudniowym programem Jaglany Detoks, macie wielką szansę, że już na zawsze zdobędziecie doświadczenie i wiedzę, dzięki którym będziecie – wraz z najbliższymi – żyli w zdrowiu i równowadze. Kiedy już zaplanujecie swój pierwszy detoks, nie zrażajcie się, że czegoś wam brakuje. Być może macie niezbyt ładny garnek, wasz blender jest zbyt głośny albo nie macie wystarczających środków finansowych, aby uzbroić się po zęby we wszystkie produkty. Pamiętajcie, że sekretem właściwej i skutecznej detoksykacji jest słowo „eliminacja". Wiele osób, nawet niezbyt zamożnych, przeszło już z powodzeniem swój Jaglany Detoks i dzisiaj cieszą się ze twojej decyzji.

DIETA

GOTUJ ZDROWO,
RADOŚNIE I TWÓRCZO,
CHWALĄC KAŻDY DZIEŃ!

DIETA

Dietę makrobiotyczną należy rozumieć jako naturalny sposób odżywiania się, zgodny z naturą pożywienia i prawami przyrody. Upraszczając, chodzi o to, aby świeży, względnie suszony lub pełnoziarnisty produkt stał się poprzez właściwe przygotowanie naszym zdrowym i smacznym posiłkiem. Makrobiotyka nie ma w zasadzie określonej definicji, ale możemy ją umieścić na trzech spójnych filarach: sztuce gotowania, stylu życia oraz nauce o żywieniu. Dlatego program Jaglany Detoks, który został opracowany w zgodzie z wymienionymi filarami, nie kończy się wyłącznie na kilku dniach diety oczyszczającej, ale staje się bramą do nowego spojrzenia na kulturę stołu i codzienną profilaktykę. Odnowa relacji z naszym pożywieniem gwarantuje również lepsze spojrzenie na głębsze potrzeby zdrowotne człowieka oraz zrozumienie innych niezwykle ważnych przestrzeni, bez których zaspokojenia trudno jest poczuć życiową obfitość.

Warto podkreślić, że dieta to styl życia, więc w moim programie łączę nie tylko sposób żywienia i radość gotowania, ale także higienę duszy, ciała oraz sen i regenerację. Taka konfiguracja pozwala nazwać program Jaglany Detoks w pełni holistycznym. Takie ujęcie naszego stylu życia w holistyczne ramy kojarzy nam się obecnie z filozofią Wschodu, tymczasem – trzeba to odważnie podkreślić – model ten był zawsze obecny także w zachodniej kulturze. Dowodem tego jest niezwykle bogata, ale zapomniana dziś medycyna klasztorna oraz dziedzictwo św. Hildegardy z Bingen, które na szczęście przeżywają ostatnio swój wielki renesans. Również ewangelia, przez wielu cenionych światowych lekarzy, psychologów i terapeutów coraz częściej uznawana za wzór do prowadzenia skutecznej terapii, stanowi nasze bogactwo medycyny holistycznej. Dowodem tego może być książka *Jezus, największy terapeuta wszech czasów*, w której uznany światowy psycholog Mark W. Baker dowodzi, że odkrycia psychologiczne absolutnie nie kłócą się z przesłaniem Jezusa, wręcz przeciwnie, czynią je bardziej zrozumiałym. Psychoterapeutyczna mądrość, o której pisze Baker, może pomóc w próbach zachowania zdrowia psychicznego, które warunkuje również nasze właściwe wybory żywieniowe, a zwłaszcza zdolność zachowania umiaru. Każdy, kto odkryje w sobie pragnienie życia w pełni, musi prędzej czy później zrozumieć wartość przemijania, zatrzymać się i stanąć przed pytaniem, czy dąży do harmonii ze Stwórcą, czy opiera swoje życie na samej diecie i farmakologii. Zerwanie

więzi z Bogiem doprowadziło według przeprowadzonych badań do tego, że co piąty europejczyk korzysta już z pomocy psychologa lub psychiatry.

Jeżeli wasze zainteresowanie dietą sprowadza się do podziału na tłuszcze, białka, węglowodany i witaminy, a czas spędzacie na liczeniu kalorii, to niestety, nawet przy często szalonej aktywności fizycznej, nie posmakujecie życia w pełni. Kiedy więc swoje zdrowie powierzacie wyłącznie przygodnym restauratorom, cateringom lub proteinowym napojom oraz suplementacji, to z takim założeniem naprawdę bardzo trudno będzie wam odkryć i poczuć radość gotowania, która jest niezwykle ważna w zrozumieniu, że jesteśmy tym, co jemy. Pamiętajmy, że podstawą zdrowia i szczęścia nie jest rywalizacja, tylko relacja. Dlatego warto zadać sobie jak najszybciej pytanie, jaki jest wasz stosunek do jedzenia?

Uzyskanie równowagi pokarmowej w programie Jaglany Detoks, zresztą zgodne z założeniem kuchni makrobiotycznej, jest ściśle związane ze stylem gotowania, przyrządzania posiłku oraz jego degustacją. Określone sposoby przygotowywania pożywienia zależą jednak od tego, w jakiej kondycji znajduje się obecnie nasz układ pokarmowy, a także ewentualnie od tego, czy i jak długo już chorujemy. Najważniejsze to rozpoznać samych siebie i określić, kiedy najlepiej się czujecie oraz po jakich produktach nie macie komfortu trawienia. Dlatego przed przystąpieniem do programu przeczytajcie dokładnie rozdział **Kiedy jelita strajkują**, w którym znajdziecie informacje cenne zwłaszcza wtedy, gdy trapią was już pewne dolegliwości jelitowe.

SPOSOBY GOTOWANIA I PRZYGOTOWANIA POTRAW

W PROGRAMIE JAGLANY Detoks obowiązują określone sposoby przygotowania pożywienia, które pragnę krótko opisać, byście nie tylko zapamiętali samą technikę, ale również poznali jej naturę, która wpływa na cały organizm.

POZYSKIWANIE SOKÓW to łatwy i prosty sposób, aby dostarczyć do organizmu skoncentrowaną dawkę witamin. Ostatnio wiele pisze się na temat wyciskarek ślimakowych, które dzięki specjalnej konstrukcji zapewniają większą wydajność podczas procesu tłoczenia soku. Jak sama nazwa podpowiada, sok w takiej obróbce jest tłoczony. Osobiście mogę potwierdzić, że warto zaopatrzyć się w dobrą wyciskarkę. Warzywa oraz owoce, które zostają przeciśnięte przez specjalny system ślimakowy, wchłaniają się bardzo szybko. Dzięki temu już po ok. piętnastu minutach odczuwamy ich odżywcze działanie. Oczywiście nie mam nic przeciwko jedzeniu surowych owoców, jednak surowe warzywa spożywane w tradycyjnej formie zajmują nasz układ pokarmowy nawet na pięć godzin. Podczas naszych turnusów postu jaglanego staramy się zawsze przygotować odpowiednie soki, dostosowane do pory roku oraz zdolności trawiennych każdego uczestnika. Trzeba pamiętać, że nie każdy z nas dobrze trawi surowe soki i przed zakupem wyciskarki warto się dobrze zastanowić. Moje córki, odkąd zaczęły częściej pić wyciskane soki, zauważyły bardzo szybką poprawę skóry, co dla nastolatek jest, jak wiadomo, niezwykle ważne. Przypomnę bowiem, że nasza skóra stanowi bardzo często obraz układu trawiennego.

Jeżeli nie macie wyciskarki ślimakowej, zawsze możecie zrobić sok w zwykłej sokowirówce lub przygotować w blenderze owocowe smoothie. Osoby, które nie trawią dobrze surowych produktów, powinny spożywać soki najlepiej w okresie letnim lub rozcieńczone ciepłą, przegotowaną wodą.

Surowe warzywa i owoce dostarczają do organizmu tzw. substancjonalną energię, najczęściej o zimnej naturze. Dlatego trzeba zapamiętać, aby w okresie od jesieni do wczesnej wiosny spożywać surowe produkty we właściwych ilościach. Osoby wychłodzone, na co może wskazywać osłabienie pracy nerek i słabsza praca śledziony, powinny szczególnie ostrożnie spożywać surowe produkty. Jeżeli smak kwaśny i zimne pokarmy powodują u was dyskomfort trawienny, to prawdopodobnie wasza śledziona wymaga solidnego wsparcia. Przy wychłodzonych znacznie stopach możemy natomiast podejrzewać znaczne osłabienie nerek. W obu przypadkach szczególnie warto stosować, jak najczęściej, ciepłą kuchnię makrobiotyczną.

Kiełkowanie to doskonały sposób na pełne wykorzystanie ekspansji życiodajnej energii zawartej w nasionach. Podczas wzrostu kiełkujące ziarno dostarcza niezwykle cenną i skoncentrowaną energię. Idealny czas na większe spożycie kiełków to wiosna i lato, ale nie zaszkodzi nam jedzenie kiełków w odpowiednich ilościach również zimą, zapewniają bowiem wyjątkowo dużo witamin. Warto kiełki macerować krótko w dobrej jakości oleju tłoczonym na zimno, gdyż wiele cennych witamin zawartych w kiełkującym ziarenku posiada rozpuszczalne w tłuszczach witaminy.

Kiszenie to kolejny sposób przygotowania potraw, na przykład znanych w naszej kuchni kwaszonek. Jako produkty podlegające procesowi fermentacji posiadają one delikatnie oczyszczającą energię oraz chłodną naturę w procesie trawienia. Bardzo polecam zarówno w trakcie, jak i po zakończeniu programu Jaglany Detoks, wykorzystać zakwas z buraków, który można z powodzeniem użyć do barszczu z kaszą jaglaną i kolendrą. *Przepis znajdziesz na s. 248.*

Bardzo dobry jest również ocet jabłkowy. Od wieków znany ze swoich prozdrowotnych właściwości, cieszy się ostatnio coraz większą popularnością. Regularne spożywanie niewielkich ilości octu jabłkowego poprawia metabolizm, reguluje pracę układu pokarmowego i znacznie przyśpiesza spalanie tkanki tłuszczowej. Jak wiadomo, toksyny są tłuszczolubne, zatem zastosowanie octu jabłkowego w trakcie programu Jaglany Detoks jest bardzo wskazane. Szczególnie polecam go jako dodatek do dressingów.

Gotowanie na parze, staje się coraz bardziej znaną i lubianą formą przyrządzania zdrowych i pełnowartościowych dań. Trzeba jednak zaznaczyć, że ten sposób przygotowywania posiłku jest nieco schładzający. Osoby o słabym układzie trawiennym i nieco wychłodzonej oraz szczupłej konstytucji powinny gotowane na parze potrawy wcześniej zamarynować, np. z dodatkiem startego imbiru. Warto również dodawać zioła o ciepłej naturze. W czasie programu Jaglany Detoks szczególnie polecam tę metodę osobom z nadmiarowym gorącem, np. przy nadciśnieniu tętniczym. Gotowanie na parze, zgodnie z założeniem kuchni makrobiotycznej polecane jest wiosną i latem, chociaż przy właściwym przyprawianiu i marynowaniu można z powodzeniem cieszyć się tą metodą przez cały rok!

Blanszowanie, które nazywane jest również gotowaniem krótkim, to wyjątkowo polecana w programie diety oczyszczającej metoda, która w łatwy i prosty sposób dodaje potrawie umiarkowanego ciepła. Blanszowaniu najczęściej poddajemy warzywa liściaste, ale osobiście bardzo polecam blanszować brokuły, cukinię, kalafior, brukselkę, a nawet paprykę. Podczas blanszowania w niewielkiej ilości

wody, które nie powinno trwać dłużej niż 2–4 minuty, możemy zachować większość witamin oraz soli mineralnych. Ta metoda nie zmienia poziomu energetycznego pożywienia, jednak po krótkim gotowaniu pokarm staje się łatwiejszy do strawienia. Cenną informacją w obecnych czasach jest fakt, że podczas blanszowania możemy w pewnym stopniu uwolnić warzywa od zawartych w nich środków konserwujących. Kiedy obawiamy się, że warzywa użyte do gotowania były obciążone środkami chemicznymi, wodę po blanszowaniu należy całkowicie usunąć.

Gotowanie tradycyjne w wodzie jest najpopularniejszą metodą przygotowania potraw. Szczególnie dotyczy to zup makrobiotycznych, które są niezwykle energetyzujące i wprowadzają do organizmu bardzo dobrą energię. W programie diety oczyszczającej polecam stosować zupę makrobiotyczną nawet na śniadanie. Jeżeli zostanie ona właściwie doprawiona, możemy spodziewać się bardzo szybkiego i odczuwalnego rozchodzenia się energii po całym ciele, co poprawi samopoczucie i ułatwi trawienie, nawet u osób o bardzo wrażliwym układzie pokarmowym. Należy pamiętać o tym, żeby woda do gotowania zawsze była gorąca. Produkty zalewamy wrzątkiem lub wrzucamy do gotującej się wody. W ten sposób, pod wpływem ciepła, energia w pożywieniu zostaje zachowana. Następnie przechodzimy do gotowania na małym ogniu. Potrawy należy gotować jak najczęściej pod przykryciem, aby zachować w nich energię. Staramy się, by proces gotowania nie trwał za długo – wystarczy, żeby warzywa były al dente. Używając soli, trzeba pamiętać, że jest ona intensywną przyprawą, dodającą w procesie gotowania ciepłej energii. Sól także zatrzymuje energię w daniu, dlatego warto dodawać ją zawsze na początku gotowania. Długość gotowania ma wpływ na wzrost potencjału ogrzewającego, więc im krócej gotujesz potrawy, tym mniej ogrzewający efekt uzyskujesz. W zupach makrobiotycznych – nawet u osób wychłodzonych – zalecam stosować krótką i intensywną dynamikę gotowania z udziałem rozgrzewających przypraw typu imbir, nasiona kopru, tymianek lub bertram. Ten ostatni, coraz lepiej znany dzięki kuchni św. Hildegardy,

jest niezwykle wskazany w diecie oczyszczającej i przeciwnowotworowej. Podkreślę jeszcze, że gotowanie w mniejszej ilości wody – tak, aby warzywa stanowiły co najmniej ¾ objętości potrawy, powoduje większe działanie ogrzewające, natomiast dodając więcej wody w proporcji 1:1, kierujemy energią bardziej w kierunku neutralnym i nawilżającym. Jak już wspomniałem, trzeba zawsze brać pod uwagę właściwe doprawianie gotowanych potraw.

Osoby bardzo rozgrzane powinny dodawać do gotowania składniki ochładzające. Możemy tutaj uwzględnić kiełki soczewicy lub cieciorki oraz coraz łatwiej ostatnio dostępne mieszanki kiełków do smażenia, które działają neutralizująco na skumulowane w organizmie gorąco.

Podczas gotowania gulaszy wegetariańskich trzeba pamiętać, że zbyt długie gotowanie obniża ich wartość odżywczą. Dlatego w trakcie programu Jaglany Detoks zalecam na tyle zoptymalizować czas gotowania, aby nie przekraczał piętnastu minut. Wyznacznikiem zawartości odżywczej będzie poziom dogotowania, im niższy, tym więcej witamin. Sposobem wzmacniającym wartość odżywczą dań kuchni roślinnej są przyprawy, o których szerzej piszę w rozdziale *Niezbędnik detoksu.*

Duszenie na niewielkiej ilości tłuszczu roślinnego dobrej jakości **świetnie** sprawdza się w przypadku surowych warzyw. W ten sposób z często chłodnych lub nawet zimnych termicznie potraw możemy, w połączeniu z przyprawami, uzyskać wspaniały posiłek o większym potencjale ogrzewającym. Jeżeli macie ugotowaną wcześniej kaszę jaglaną, ryż lub komosę ryżową, to podczas programu z powodzeniem możecie przygotować sobie w kilka minut smaczny posiłek. Przykładem tego może być moja ulubiona komosa ryżowa z brokułem i czosnkiem i prażonym sezamem. *Przepis znajdziecie na s. 266.*

Pieczenie w piekarniku dostarcza silnej energii rozgrzewającej. Produkty po upieczeniu są zazwyczaj dobrze trawione. W czasie programu Jaglany Detoksu szczególnie polecam zapiekanie ryb zawiniętych w pergamin, a następnie w folię aluminiową, aby wykluczyć migrację cząstek aluminium do potrawy. Pieczenie warzyw jest dobrym sposobem na wykorzystanie w dużym stopniu ich odżywczego potencjału, wydobycie naturalnej słodyczy, wzmocnienie rozgrzewającego charakteru dania i cieszenie się warzywnymi smarowidłami, jako dodatkiem do kaszy jaglanej. *Na s. 256 znajdziecie przepis* na jaglany hummus z pieczonego buraka.

Grillowanie najczęściej kojarzy nam się z latem. Jednak osoby o znacząco wychłodzonej konstytucji powinny ten sposób przygotowania stosować podczas detoksu bez względu na porę roku. Pamiętajcie, aby produkty przed grillowaniem właściwie zamarynować, najlepiej przy użyciu czosnku i tłoczonego na zimno oleju roślinnego. Krótkie grillowanie będzie dobrym sposobem na przygotowanie drobiu lub ryby. Po wcześniejszym zamarynowaniu połóżcie potrawę na mocno rozgrzanej patelni grillowej lub na ruszcie grilla. Wystarczy kilka minut i gotowe. Osoby z nadmiarem gorąca lub z nadciśnieniem powinny unikać tej metody i wprowadzić częściej gotowanie na parze.

Podsumowując, wymienione techniki gotowania zostały przedstawione w kolejności od najbardziej schładzającej do maksymalnie rozgrzewającej. Z mojego doświadczenia wynika, że zarówno w codziennej diecie, jaki i w trakcie leczenia większości schorzeń, najlepiej wpływa kuchnia umiarkowana. Podczas programu Jaglany Detoks bardzo ważne są śniadania i kolacje, które warto komponować w taki sposób, aby wykorzystać w pełni potencjał technik gotowania, natury pokarmu oraz przypraw, które zagwarantują właściwe trawienie i rozprowadzenie energii z pożywienia po całym ciele. Noc w przypadku diety oczyszczającej jest bardzo ważna, ponieważ jest okresem wzmożonej pracy wątroby, czyli – jak wiadomo – najważniejszego organu detoksykacyjnego. Jeżeli właściwie przygotujecie i spożyjecie posiłki, to dzięki właściwej detoksykacji poczujecie konkretny dotyk zdrowia i witalności. Wasza krew będzie zyskiwać coraz lepszą jakość i zacznie uzdrawiać cały organizm.

ZAPAMIĘTAJ!

Produkty spożywcze, o ile są właściwie ugotowane, stają się niezwykle skutecznym lekarstwem. Podobnie z produktami surowymi – odpowiednie ich przygotowanie i dodanie dressingów to konieczny warunek do dobrego trawienia oraz przyswajania wartości odżywczych. Jak najczęściej wybierajcie techniki gotowania, które są dostosowane do waszego stanu zdrowia.

ENERGIA Z POŻYWIENIA. POZNAJ ZASADY ZDROWEGO ODŻYWIANIA SIĘ!

Kiedy świadomie rozpoczniecie zmianę nawyków żywieniowych i wprowadzicie w życie program detoksykacji, dość szybko możecie spodziewać się konkretnych efektów, które dadzą wam lepsze zdrowie oraz poczucie szczęścia. Trzeba koniecznie zapamiętać, że choroby będą obecne zawsze, jednak dobra linia obronna jest ściśle związana z tym, jak myślimy, jak trawimy i co spożywamy. Energia pochodząca z pożywienia jest niezbędna nie tylko do tego, aby być aktywnym życiowo, ale również cieszyć się sprawnie działającym złożonym systemem odpornościowym, który w obecnych czasach jest znacznie obciążony. Stres kulturowy, błędy żywieniowe i przetworzone jedzenie wpływają na nasze zdrowie w sposób bardzo namacalny, coraz częściej manifestując w ciele dolegliwości już w młodym wieku. Dręczą nas obecnie schorzenia, które kiedyś dotykały wyłącznie starszych ludzi. Trzeba zapamiętać, że energia pochodząca ze strawionego pokarmu, która tworzy również naszą energię obronną, ma związek nie tylko z tym, w jaki sposób się odżywiamy. Są pewne zależności, które trzeba podkreślić i zrozumieć, a pomaga w tym spojrzenie z punktu widzenia dietetyki, skupiające większą uwagę na leczniczej naturze pożywienia.

ZAPAMIĘTAJ!

Wiedza opierająca się wyłącznie na składzie pożywienia oraz kaloriach już nam nie wystarcza. Jeżeli chcecie wykształcić w sobie nowe spojrzenie na prostą i przejrzystą holistyczną piramidę zdrowia, musicie zrozumieć, że każdy jest odpowiedzialny za takie wykorzystanie życia poprzez własne wybory i działanie, aby przyniosło szczęście zarówno jemu, jak i otaczającemu go środowisku. Nie samym chlebem człowiek żyje!

Geny mają ścisły związek z naszym zdrowiem. Odporność organizmu w dużym stopniu pochodzi od tego, jak żyli nasi rodzice i co przekazali nam w energii prenatalnej. To jest jak sakwa, w której znajduje się nasz potencjał biotwórczej energii – zarówno na płaszczyźnie cielesnej, jak i duchowej. Św. Hildegarda na podstawie wizji przedstawia w swoich dziełach stworzenie człowieka w łonie matki jako już całkowicie doskonałą i rozwiniętą w pełni świetlistą duszę, która powoli zaczyna okrywać się cielesną formą, którą wizjonerka porównuje z tuniką. Rodzimy się jako bezbronne niemowlę i dorastając, rozwijamy w sobie niezwykle złożony system obronny w oparciu o styl życia rodziców oraz wybory, jakich dokonujemy, osiągnąwszy dojrzałość. Rozwój dziecka jest oczywiście zależny od czynników zewnętrznych, ale nie zapominajmy o tym, że dzisiaj szukamy zdrowia w pełnym,

holistycznym wymiarze. Rozpatrując w ten sposób powrót do zdrowia, nie będziemy naklejać na nasze rany „farmakologicznego plastra", aby przez chwilę poczuć się lepiej. Świadome i głębsze spojrzenie na życiodajne siły uzdrawiające sprawi, że otworzymy się na pełnię zdrowia. Mój program diety oczyszczającej jest wyjątkową terapią dla każdego, kto poza doraźnym detoksem szuka trwałych rozwiązań na przyszłość. Rozwijając się w naszym domowym środowisku, utrwaliliśmy nie zawsze zdrowe nawyki. Jeżeli chorujecie lub po prostu pragniecie żyć zdrowiej, nie skupiajcie się więc wyłącznie na farmakologii, tylko zacznijcie jak najszybciej od zmian starych przyzwyczajeń! Jeżeli wasi rodzice zachorowali na nowotwór, to tym bardziej zmieńcie styl myślenia, ponieważ to on prawdopodobnie w największym stopniu doprowadził ich do cierpienia. Kiedy wprowadzicie logiczne zmiany, możecie być pewni, że kierujecie się ku lepszym wyborom oraz zdrowiu.

Prenatalna energia ma dla nas duże znaczenie przez całe życie, jednak określony jej poziom tylko do pewnego wieku. Średnio do 23. roku naszego życia. Narząd, w którym ów potencjał pojawia się i kumuluje, to nerki. Utworzone z materiału genetycznego rodziców, prenatalne siły życiowe są odżywiane poprzez krew matki. Dlatego rodzice ponoszą wielką odpowiedzialność za powstałe życie. Naszym najważniejszym zadaniem jest uświadomić sobie dzisiaj, że ten pokoleniowy skarb jest jednak wyczerpywalny i nasze dalsze zdrowie będzie zależne od tego, w jaki sposób będziemy się odżywiać. Proces kształcenia dziecka, średnio do piątego roku życia, ma natomiast ogromny wpływ na jego przyszłe wybory żywieniowe. To, jakie decyzje podejmą rodzice, szczególnie czy uda im się wprowadzić wszystkie smaki do diety malucha, będzie miało największy wpływ na zdrowie i odporność dziecka w przyszłości.

Pokarm, który spożywamy każdego dnia, dostarcza największą część naszej życiodajnej energii. Najbardziej związane z tym procesem są żołądek i śledziona, a pozyskana z pokarmu energia stanowi około 70% potencjału odżywczego. Jeżeli szwankuje trawienie, to nie ma właściwego wchłaniania. Skupianie uwagi na samych produktach spożywczych oraz suplementacji jest zatem w dzisiejszych czasach zbyt powierzchowne. Podczas spożywania posiłku widzimy, słyszymy, czujemy zapachy i smaki. Jeżeli ten rozbudowany, wielopłaszczyznowy proces przyjmowania, przyswajania i wydalania jest zakłócony, a nasze dania stają się jałowe, nieestetyczne i pozbawione życiodajnej energii, to dość szybko zaczynamy chorować. Kilkudniowy choćby program diety oczyszczającej z udziałem kaszy jaglanej, która usprawnia układ trawienny i detoksykacyjny sprawi, że szybko poczujecie poprawę trawienia i znacząco polepszycie wchłanianie.

Esencją pożywienia jest jego smak. To najsubtelniejsza i najczystsza energia pozyskana z naszych posiłków, która dzięki śledzionie zostaje doprowadzona do poszczególnych organów. To, co jest kwaśne, dociera do wątroby, gorzkie do serca, ostre do płuc, słone do nerek, a słodkie pozostaje w śledzionie. Dlatego sekretem kuchni doskonałej jest połączenie wszystkich smaków w jednym daniu, a niezwykle ważną rolę we właściwym trawieniu i przyswajaniu pokarmu odgrywają odpowiednie przyprawy. Zgodnie z zasadą kuchni makrobiotycznej, dla utrzymania odpowiedniej kondycji układu trawienia, pokarm trafiający do żołądka nie powinien być zbyt surowy ani zbyt zimny. Należy więc unikać dań, które mają ten sam dominujący smak. W trakcie programu oczyszczania nawet koktajle powinny być doprawiane w celu lepszego strawienia. Nasze pożywienie powinno być jak najczęściej pełnowartościowe. Nie dzieje się tak w przypadku mrożonek oraz potraw przygotowywanych w kuchenkach mikrofalowych! Dlatego zarówno podczas kuracji oczyszczającej, jak i w codziennym gotowaniu, warto wybierać produkty lekkostrawne, a surowe owoce, dla lepszego strawienia, warto oddzielnie spożywać pomiędzy posiłkami. Aby wasz układ trawienny był sprawny i właściwie przekształcał smak w energię zapamiętajcie, że żołądek potrzebuje właściwej wilgotności, natomiast śledziona ciepła i odpowiedniej suchości. Jeżeli spożywacie produkty zbyt zimne, surowe i śluzotwórcze, nie dziwcie się, że wasz układ trawienny szwankuje.

Powietrze, które wdychamy, łączy się ze strawionym pokarmem i tworzy energię zarówno odżywczą, jak i obronną. Odżywianie oraz oddychanie mają jeszcze jedną bardzo ważną funkcję: wpływają na naszą równowagę kwasowo-zasadową. Poświęcam temu zagadnieniu dodatkowy rozdział, warto przeczytać go bardzo uważnie. Płuca, związane z procesem przyswajania tlenu, są najbardziej wrażliwe na suchość. Jeżeli są osłabione, do organizmu łatwo wnika wilgoć, zimno lub gorąco. Płuca kontrolują również otwieranie oraz zamykanie porów, więc potliwość oraz stan naszej skóry obrazują, w jakim stanie energetycznym i wydolnościowym znajdują się płuca. Jeżeli odczuwacie nagłe pocenie się, macie słabszy głos, często dotykają was infekcje, a podczas większego wysiłku odczuwacie duszności, to prawdopodobnie macie konkretny niedobór energetyczny w płucach. Natomiast jeżeli macie zaczerwienione policzki, dręczy was przewlekły i suchy kaszel, wasza skóra jest sucha i odczuwacie podrażnienie błon śluzowych, to macie niedobór tzw. substancji w płucach. Właściwie przeprowadzony program oczyszczania oraz codzienna dieta mają duże znaczenie w regulacji powyższych zakłóceń. Pragnę dodać, że śledziona jest ściśle powiązana z pracą i wydolnością płuc. Jeżeli spożywacie zbyt dużo produktów śluzotwórczych, termicznie zimnych i jałowych, to blokujecie właściwe powstawanie energii odżywczej oraz obronnej organizmu. Odporność organizmu jest ściśle związana z płucami, śledzioną i nerkami, które stanowią tzw. trójnóg energetyczny organizmu. Jaglany Detoks, oparty na makrobiotycznej koncepcji odżywiania się i detoksykacji, usprawnia pracę wymienionych narządów, otwierając was na lepsze i zdrowsze wybory.

ZAPAMIĘTAJ!

Aby wprowadzić do diety lepsze i skuteczniejsze rozwiązania, należy rozpocząć od wprowadzania jak najczęściej produktów pełnowartościowych, świeżych oraz nieprzetworzonych, które posiadają działanie biotwórcze, uaktywniające nasze funkcje życiowe. Nawet jeżeli wasi rodzice często chorowali, a wy macie od urodzenia wątłe zdrowie, to jeżeli zmienicie myślenie, zatroszczycie się o właściwe odżywianie, zwiększycie ruch na świeżym powietrzu i przynajmniej raz w roku przeprowadzicie detoks, możecie z powodzeniem odzyskać siły witalne!

ŚWIEŻE CZY MROŻONE?

Oprócz zrozumienia, czym jest energia pokarmu, poznania jej podstawowych zasad oraz zastosowania właściwych sposobów gotowania i przygotowywania posiłków, niezwykle ważnym aspektem w diecie makrobiotycznej jest sam produkt spożywczy. Jego natura, pochodzenie i przechowywanie. W obecnych czasach zakupy stają się coraz trudniejsze. Kupujemy w pośpiechu, nie czytamy etykiet, nie dopytujemy sprzedawcy o świeżość i pochodzenie towaru. Spodziewamy się, że jak już zaczniemy kupować wyłącznie produkty pochodzenia ekologicznego, to zaczniemy się lepiej czuć. Nic podobnego! Zaopatrując się w zwykłym supermarkecie, można również w kilka miesięcy uzyskać nawet spektakularny powrót do zdrowia, oczywiście wykorzystując odpowiednią, uporządkowaną wiedzę o naturze pożywienia! Jeżeli więc myślicie, że musicie wydać na zdrowe gotowanie jakieś kosmiczne pieniądze, to jesteście w błędzie. Owszem, są pewne produkty, które wymagają zakupu w sklepach ze zdrową żywnością i jeżeli was stać, to warto je kupować jak najczęściej, ale wszyscy w równej mierze zasługujemy na zdrowie, bez względu na stan posiadania! Kasza jaglana jest już dostępna w każdym supermarkecie, a Jaglany Detoks nie jest programem dla wybranych, tylko – jak często podkreślam – dla wszystkich świadomych, którzy zapragną doświadczyć życia w lepszym zdrowiu i radości.

ŁĄCZENIE PRODUKTÓW I POPRAWA TRAWIENIA

Przyzwyczajenia są naszą silną i ugruntowaną naturą. Są wręcz jak wydeptywane ścieżki, a często musi minąć sporo czasu, zanim dojdzie do trwałych zmian. Kiedy zmieniacie nawyki, pamiętajcie, abyście byli względem siebie konkretni, łagodni i wyrozumiali, poczujecie wówczas większą radość z przeprowadzonego detoksu, a to z kolei otworzy drogę na dalsze regularne zmiany. Jeżeli przez większość swojego życia spożywaliście mięso, jajka, słodycze, napoje słodzone, dużo pieczywa i nabiału, wasz organizm jeszcze długo może domagać się tego typu jedzenia. Jednak budując nową świadomość w zakresie diety, możecie małymi krokami, ale zdecydowanie zmieniać swoje dawne, często niezdrowe przyzwyczajenia.

Niezwykle ważnym aspektem w budowaniu profilaktyki zdrowego odżywiania się jest poprawa trawienia poprzez właściwe łączenie produktów. Potrawy wieloskładnikowe, choć często cieszą nasze oko i podniebienie, niestety zarówno

ZAPAMIĘTAJ!

Kuchnia makrobiotyczna znacząco podkreśla związek pożywienia ze sposobem, w jakim jest przechowywane, konserwowane i mrożone. W obecnych czasach sporo wartościowych produktów występuje w formie zamrożonej. Nie oznacza to jednak, że w pełni zachowują swoje bioodżywcze wartości. Produkt świeży zawsze będzie lepszy od zamrożonego. Dlatego szczególnie podkreślam, że zarówno w trakcie programu Jaglany Detoks, jak i w codziennej diecie, warto kupować jak najczęściej produkty świeże.

podczas detoksu, jak i w codziennym odżywianiu nie zawsze są trawione najlepiej. Wszystko zależy od wydolności układu trawienia, stylu życia, jaki dotychczas prowadziliście oraz tego, jak radzicie sobie ze stresem. Zbyt duża liczba składników spożywczych w jednym posiłku może prowadzić do niewłaściwego wchłaniania, zanieczyszczania krwi, a nawet powodować problemy z koncentracją.

Każdy rodzaj żywności potrzebuje odpowiednich enzymów trawiennych. Aby doszło do właściwego strawienia i skutecznego wchłaniania pokarmów, trzeba zapamiętać kilka podstawowych informacji. Wydzielenie niezbędnych enzymów potrzebnych do strawienia wieloskładnikowego posiłku jest bardzo trudne, a proces ten jest ściśle związany z trzustką. Trawienie w kolejnej fazie odbywa się z udziałem bakterii powodujących fermentację. Objawami, które coraz częściej towarzyszą jego zakłóceniu są bóle brzucha, wzdęcia oraz gazy jelitowe. Cały proces, zamiast dostarczać organizmowi energii, pochłania jej coraz więcej, a my już chwilę po spożyciu posiłku często odczuwamy senność. To sygnał, że trzeba jak najszybciej wprowadzić dietę detoksykacyjną, aby poruszyć zastoje niestrawionego pożywienia i zwiększyć wydolność wchłaniania pokarmu.

Niektóre połączenia produktów w potrawach, mimo ich niewłaściwego zestawienia, są dobrze tolerowane przez większość osób, jednak podczas kuracji oczyszczającej lub w trakcie leczenia choroby należy z większą uwagą skoncentrować się na prawidłowym łączeniu lub też na spożywaniu składników oddzielnie. Jeżeli odczuwacie częste dolegliwości trawienne, zwróćcie szczególną uwagę, aby podczas detoksu stosować dietę rozdzielną. Przygotowując sobie potrawę wieloskładnikową z listy dozwolonych, starajcie się spożyć jej zawartość w sposób rozdzielny, nie musicie jednak robić specjalnej przerwy pomiędzy składnikami posiłku. Dla lepszego strawienia ważne jest również przyjmowanie przed jedzeniem odpowiedniej ilości płynu, o czym dowiecie się więcej w rozdziale poświęconym jelitom.

ZAPAMIĘTAJ!

Podczas detoksu należy zwrócić uwagę na komponowanie pokarmów na talerzu. Składniki powinny być dopasowane kolorem, strukturą, konsystencją, a nawet rozmiarem. Danie powinno ładnie wyglądać. Nawet kilka dni detoksu, w czasie których komponujecie posiłki z większą uwagą, powinno utrwalić nowe spojrzenie na kulturę stołu oraz wasze przyszłe nawyki żywieniowe. Przygotowanie i sposób podania posiłku zmienia jego właściwości – jemy wówczas mniej i jesteśmy bardziej witalni. Sztuka odpowiedniego łączenia pokarmów nie jest łatwa, ale warto zadać sobie ten trud, żeby polepszyć samopoczucie swoje i osób, które żywimy.

8 PODSTAWOWYCH ZASAD ŁĄCZENIA POKARMÓW PODCZAS DETOKSU

prostsze posiłki, lepsze trawienie
stosuj dietę rozdzielną
wysokobiałkowe pokarmy łącz z warzywami
produkty mięsne spożywaj na końcu posiłku
oleje i tłuszcze łącz z węglowodanami
przygotowuj dressingi z dodatkiem soku z cytryny
soki owocowe spożywaj pomiędzy posiłkami
nie popijaj posiłków

ZDROWE TŁUSZCZE

Tłuszcz ostatnio budzi wiele kontrowersji, jest postrzegany jako coś wrogiego dla zdrowia. Nic bardziej mylnego! Węglowodany, których spożywamy coraz więcej, bez odpowiedniej ilości tłuszczu są niewłaściwie trawione. Bez obecności tłuszczu nie dochodzi również do przyswajania zawartych w nich wielu witamin.

Białka traktujemy w dietetyce ze szczególną powagą, ponieważ odgrywają one kluczową rolę w niemal wszystkich strukturalnych i funkcjonalnych mechanizmach naszego organizmu. Węglowodany, jak wiadomo, szybko się wchłaniają do krwiobiegu, dostarczają sporej dawki energii, odżywiając równocześnie nasz mózg. Jednak tłuszcze kojarzą nam się w dalszym ciągu nie najlepiej, często wyłącznie z produktami typu słonina czy smalec lub też z otyłością, co w świecie promującym nienaganną szczupłą sylwetkę znacząco wzmacnia nasze negatywne do nich nastawienie. Trzeba zapamiętać, że program detoksykacji nie polega na całkowitej eliminacji tłuszczu, tylko na właściwej kombinacji, która zapewnia nawilżanie komórkowe (w końcu sama błona komórkowa składa się z tłuszczu!) i przyswajanie witamin. Rodzaje tłuszczów, na które warto zwrócić uwagę, a także informacje, jak je kupować i przechowywać, przedstawiam w rozdziale **Niezbędnik detoksu**.

Właściwe tłuszcze, co często podkreślam na moich wykładach, są niezbędne do prawidłowego funkcjonowania mózgu i systemu nerwowego. Stanowią strategiczny budulec wspomnianych błon komórkowych, chronią przed utratą ciepła, decydują o sprawności układu krążenia, ułatwiają odczuwanie smaku oraz przełykanie pokarmu. Dostarczają też niezwykle ważnych witamin A, D, E i K, a także tzw. niezbędnych nienasyconych kwasów tłuszczowych: omega-3, omega-6 oraz omega-9. Tłuszcze są również bardzo wydajnym paliwem energetycznym dla organizmu. Dla przykładu 1 gram tłuszczu to 9 kcal. Białka i węglowodany dostarczają znacznie mniej energii.

ZAPAMIĘTAJ!

Tłuszcze są nieodzowne dla zdrowia, ale pod warunkiem, że będą spożywane w rozsądnych ilościach. Istotny jest jednak rodzaj tłuszczu oraz sposób jego przechowywania. Zjełczały tłuszcz, chociaż będzie najlepszy na świecie, nie doda zdrowia, a organizm będzie musiał wykonać sporo pracy, aby się go pozbyć. Toksyny uwielbiają tłuszcz, więc jeżeli macie w sobie jego nadmiar, rozpocznijcie od konkretnej aktywności fizycznej, zamieńcie go na energię i zaplanujcie jak najszybciej program diety oczyszczającej!

BIOLOGICZNY ZEGAR NARZĄDÓW, SEZONOWOŚĆ I SMAKI

Nasz organizm jest ściśle połączony z otaczającym nas światem przyrody. Dynamiczne zmiany zachodzące w przyrodzie, zachodzą również w naszym ciele. Patrząc na nasze stworzenie z kosmologicznego punktu widzenia, zarówno koncepcja wschodnia, jak i ta św. Hildegardy pokrywają się w kwestii działania żywiołów oraz aktywnych związków przyczynowych. W dietetyce inspirowanej wschodnią medycyną widzimy obecnie wielką fascynację pięcioma przemianami, które podporządkowują sobie określone pory roku, smaki oraz nasze poszczególne narządy związane z wymienionymi zależnościami. Nazywa się to cyklem karmiącym. Warto jednak być uważnym, aby nie zagubić się w tym gąszczu i nie dać się zwieść wyłącznie „przemianowym" technikom gotowania. To nie rozum i żołądek czynią nas bowiem w pełni zdrowymi i szczęśliwymi, ale czyste i szlachetne serce. Kiedy całkowicie uzależnicie swoje życie od gotowania według przemian i nagle pod wpływem jakichś życiowych trudności pogubicie się w nawykach żywieniowych, możecie doznać głębokiego rozczarowania, że samo jedzenie nie jest eliksirem wiecznego szczęścia. Trzeba również dodać, że technika gotowania zaczerpnięta ze Wschodu rozwinęła się znacząco wyłącznie na Zachodzie, a w Chinach jest praktycznie nieznana.

Bliższa moim przekonaniom jest medycyna holistyczna św. Hildegardy, dawna, ale jakże przystająca do naszych czasów teoria lecznicza, według której nabyta choroba jest zawsze wypadkową rozpadu równowagi pomiędzy cnotą

i wadą. Jeżeli człowiek zachowuje pełną harmonię i podąża przez życie z uwagą, z czasem rozpoznaje w sobie pierwiastek wyższej inteligencji. Jednym słowem, kiedy jesteście napełnieni siłami poznawczymi, artystycznymi, jako kreatywni reżyserzy życia, możecie odkryć w sobie więcej niż tylko cielesność. Jeżeli więc zapragniecie życia w obfitości, musicie zdać sobie sprawę, że nie jesteście tylko marionetkami w rękach Boga, ale jego ukochanymi dziećmi, a zdrowie powinno być waszym naturalnym stanem. Człowiek przyczynia się swoimi działaniami do poważnych zakłóceń w przyrodzie, jej nierozumnego niszczenia, a podobnego braku równowagi doświadcza także w swoim ciele. Rozrywa więzy z życiodajną naturą, a wchodząc w „syntetyczny" styl życia, zaczyna szybko chorować.

Choroba wywołana błędami dietetycznymi niezaprzeczalnie ma swój początek w naszej strukturze emocjonalno-duchowej oraz w naszych relacjach z otoczeniem. Piszą o tym wszystkie źródła medycyny naturalnej, holistycznej i ziołolecznictwa, zgodnie określając proces powstawania choroby jako zachwianie naszej równowagi psychiczno-emocjonalnej. Kiedy więc nie rozwijamy się na planie subtelnej energii twórczej, jeżeli nie doświadczamy w życiu miłości, do której wszyscy jesteśmy stworzeni, choroba pojawia się dość szybko, wraz ze spadkiem odporności organizmu. Zaczynamy wykraczać poza ramy własnej i niepowtarzalnej tożsamości duchowej, a tkliwość naszej jaźni zostaje zakłócona poprzez stres, frustrację oraz brak umiarkowania. Nasze pierwotne cnoty zostają zastąpione przez wady powstałe w trakcie niewłaściwych życiowych wyborów i osłabiające nasze naturalne funkcje życiowe, co w konsekwencji prowadzi do choroby. Jeśli jednak się zatrzymamy i zaczniemy szukać sensu życia w naszych relacjach z otoczeniem, w tym również z pożywieniem, możemy w każdej

chwili powrócić do pierwotnej życiodajnej siły płynącej wprost z przyrody oraz z naszego wnętrza. Źródłem i celem naszego życia są ład i harmonia. Kiedy nie doświadczamy tego stanu, nasz organizm wręcz domaga się detoksykacji!

Pory roku oraz dzień i noc mają pewien ścisły związek z pracą naszych narządów. Kiedy więc zaczniecie wprowadzać zmiany, a kilkudniowy program jaglanej diety oczyszczającej jest ku temu najdoskonalszym punktem wyjścia, szybko odkryjecie, jak wielki potencjał leży wyłącznie w obserwacji otoczenia oraz we wprowadzeniu w życie znaczących modyfikacji, które z pewnością szybko zaowocują lepszym zdrowiem.

Wyobraźcie sobie, że ulubioną poranną kawę zaczniecie od teraz wypijać zawsze o północy. Jak myślicie, czy poczujecie zmianę samopoczucia? Oczywiście! Pewnie już do rana nie zaśniecie! Nie jest to bowiem z logicznego punktu widzenia dobry czas na małą czarną. Jak wiadomo, są w naszym życiu trwale ugruntowane optymalne pory do wykonywania określonych czynności. Tak samo jak oddzielony jest dzień od nocy i wiosna od lata, w naszym organizmie panują niezwykle podobne zależności. Warto zapamiętać, że nasze narządy mają w ciągu doby określony cykl aktywności oraz pasywności. Wprowadzając chaos w to naturalne prawo, rozpoczynacie – świadomie lub nieświadomie – drogę do choroby. Wszystko, co najlepsze dla naszego zdrowia zaczyna się o poranku! Dlatego właśnie najważniejszym posiłkiem jest śniadanie! Czy wiecie, że już ponad 40% Polaków nie spożywa w domu regularnego śniadania?! Natomiast stacje benzynowe sprzedają dziennie miliony hot dogów! Pragnę wszystkich porannych niejadków zapewnić, że program Jaglany Detoks doskonale reguluje te zachwiane i niezdrowe dietetyczne upodobania. Oczywiście, jeśli nie zjecie śniadania, to nie umrzecie, ale każdego dnia pozbawiacie się właściwego odżywienia komórkowego. Tym samym wasz wiek biologiczny z czasem może zacząć wyprzedzać metrykalny – nawet, jeżeli jesteście jeszcze młodzi, to wasze pourodzeniowe rezerwy przekazane przez rodziców w genach zaczną dość szybko wygasać.

ZAPAMIĘTAJ!

Dla naszego zdrowego odżywiania się najważniejsze jest dopasowanie się do zegara narządów, regularne spożywanie pełnowartościowego śniadania, właściwe zestawianie dobranych jakościowo potraw w procesie trawienia, z uwzględnieniem ich natury termicznej, najlepiej opartej na sezonowości oraz zastosowanie właściwych przypraw. Kuchnia dostosowana do naszych indywidualnych potrzeb w miejscu i klimacie, w którym żyjemy, jest podstawą zdrowego gotowania.

Jednym z ważnych elementów naszej dietetycznej układanki, potrzebnym, aby jak najlepiej i jak najskuteczniej przeprowadzić program Jaglany Detoks, a następnie wkroczyć w jeszcze zdrowszy styl życia, jest zrozumienie, czym jest zegar biologiczny narządów. Wiemy, że po zimie przychodzi wiosna i nie zastanawiamy się nad tym, że może być inaczej. Wytrawni ogrodnicy nie mogą się wtedy doczekać, aby z początkiem sezonu ruszyć z impetem między swoje ukochane grządki. Podobnie jest z żołądkiem, który o poranku jest najbardziej aktywny i dopomina się wręcz o pokarm. Zdrowym sygnałem powinno być zatem poranne uczucie głodu. Jeżeli bagatelizujemy nasz pierwszy posiłek, tracimy najlepszy z możliwych dobowych momentów, aby odżywić organizm. Warto zapamiętać, że w swoim cyklu aktywności żołądek wykazuje wówczas najniższy poziom nietolerancji pokarmowej.

Na każdy okres aktywności narządów przypadają ok. dwie godziny, w których narządy te są najlepiej zaopatrywane w energię. Wtedy też najskuteczniej spełniają swoje funkcje. W trakcie detoksykacji jest szczególnie ważne, aby w pełni wykorzystywać potencjał wewnętrznej równowagi. Dzięki temu nauczymy się, jak rozpoznać i uaktywnić ten wyjątkowy potencjał. Znając te zasady, możemy diagnozować cyklicznie pojawiające się dolegliwości, ponieważ we wspomnianych ramach aktywności i pasywności narządów często odczuwamy wyraźne sygnały, które – rozpoznane we właściwym czasie – mogą pomóc nam w skutecznej i szybkiej reakcji oraz we właściwym leczeniu. Śniadanie jest ważne jeszcze z jednego powodu – możecie zjeść zdrowy posiłek przygotowany w domu, co podczas diety oczyszczającej jest niezwykle ważne! Ta sama zasada dotyczy wpływu kolacji na nocną aktywność wątroby. Ten najważniejszy narząd detoksykacyjny jest bowiem najbardziej aktywny w nocy! Spożywając lekkostrawną i odżywczą kolację regularnie przez cały okres programu Jaglany Detoks, macie wielki wpływ na regenerację wątroby oraz oczyszczanie krwi z toksyn.

Przedstawiam poniżej tabelkę, która ułatwi zrozumienie cyklów aktywności i pasywności narządów w organizmie.

ZEGAR NARZĄDÓW

Organ wewnętrzny	Cykle aktywne	Cykle pasywne
wątroba	godz. 01.00–03.00	godz. 13.00–15.00
płuca	godz. 03.00–05.00	godz. 15.00–17.00
jelito grube	godz. 05.00–07.00	godz. 17.00–19.00
żołądek	godz. 07.00–09.00	godz. 19.00–21.00
śledziona i trzustka	godz. 09.00–11.00	godz. 21.00–23.00
serce	godz. 11.00–13.00	godz. 23.00–01.00
jelito cienkie	godz. 13.00–15.00	godz. 01.00–03.00
pęcherz moczowy	godz. 15.00–17.00	godz. 03.00–05.00
nerki	godz. 17.00–19.00	godz. 05.00–07.00
osierdzie i funkcja krążenia krwi	godz. 19.00–21.00	godz. 07.00–09.00
potrójny ogrzewacz	godz. 21.00–23.00	godz. 09.00–11.00
pęcherzyk żółciowy	godz. 23.00–01.00	godz. 11.00–13.00

Źródło: Cyran-Żak B., *Jedz i żyj zgodnie z porami roku*, Wydawnictwo Galaktyka, Łódź 2007.

Podczas wprowadzania zdrowych nawyków żywieniowych oraz stosowania programu detoksykacji trzeba pamiętać, że główne narządy są powiązane z porami roku oraz konkretnymi smakami. Niezwykle istotnym elementem w holistycznym spojrzeniu na nasz organizm jest wspomniany już wcześniej związek emocjonalno-duchowy, który również ma konkretne korelacje z naszymi narządami. Jeżeli uwierzycie, że wszystkie narządy są jak jedna rodzina i tylko w równowadze wzajemnie się wspierają, a kiedy panuje w człowieku chaos i przewlekły stres, zaczynają się wzajemnie zwalczać, to uświadomicie sobie, jak ważne jest podążanie za głosem umiarkowania, miłości oraz dobrych relacji z otoczeniem. Nasze narządy są ściśle związane z naszymi emocjami. Kiedy kumulujemy w sobie przewlekły stres, lęk, kiedy odczuwamy odrzucenie lub zwątpienie, osłabiamy tym samym ich właściwą pracę. Natomiast gniew, złość, zazdrość, pycha i brak umiarkowania prowadzą do przewlekłych stanów nadmiarowych, które mogą z kolei zaowocować tym, że narządy zaczynają się wręcz atakować! Na przykład rozpalona gniewem wątroba znacznie osłabia pracę śledziony. Kiedy natomiast w naszym życiu dominuje lęk przed przyszłością, może dojść do osłabienia płuc. W stanach braku równowagi emocjonalnej i lęków zaczynamy się przejadać, często słodyczami, ponieważ śledziona jest stymulowana do pracy smakiem słodkim. Szybko powstaje nadmiar śluzu i doprowadzamy się często do przewlekłych infekcji. Niewłaściwie przekształcony śluz w śledzionie szybko przedostaje się do płuc. Brak aktywności na świeżym powietrzu, siedzący tryb pracy i dieta kwasotwórcza doprowadzają do refluksu, a kiedy stosujemy wyłącznie kuracje farmakologiczne, mamy już najkrótszą drogę do przewlekłych zaparć, wzdęć, a z czasem do kandydozy lub, nie daj Boże, choroby nowotworowej! Warto zapamiętać, że nawet kilkudniowy program Jaglany Detoks przeprowadzony dla odzyskania prawdziwej harmonii w organizmie, może być wielkim krokiem do uporządkowania zakłóconych funkcji w poszczególnych narządach oraz regulacji wewnętrznego ładu energetycznego, co zaowocuje zdrowszym stylem życia.

Wątroba to niezwykle tkliwy i wrażliwy narząd. Chociaż na poziomie komórkowym najszybciej może się zregenerować, potrzebuje od nas naprawdę konkretnej czułości. Związana archetypicznie z naszą przeszłością, potrafi kumulować w sobie przez długie lata blokady energetyczne, spowodowane naszym niewłaściwym i toksycznym myśleniem. Osłabiona brakiem radykalnego wybaczania, kumulowaniem stresu i niewyzwolonych emocji, zaczyna przewlekle chorować. Więcej o aspekcie terapeutycznym dla wątroby przeczytacie w osobnym rozdziale. Wątrobę stymuluje smak kwaśny, a pora roku, w której ten największy narząd detoksykacyjny jest najbardziej aktywny, to wiosna. Dlatego okres wiosenno-letni to najlepszy czas w roku na skuteczny detoks wątroby i całego organizmu.

Serce rozpoczyna swoją aktywność latem. Związany jest nim smak gorzki, a ten nasz najcudowniejszy organ jest energetycznie połączony z jelitem cienkim. Sercem rozpoznajemy dobre lub złe uczucia, dlatego to najlepszy kompas w drodze do odkrywania naszej prawdziwej natury oraz poszukiwania i doświadczania miłości. Jelito cienkie ma bardzo podobne działanie, gdyż oddziela tzw. czarne od białego. Jednym słowem to najbardziej inteligentny narząd w układzie pokarmowym. Wspomniana zbieżność rozpoznawcza inteligentnego jelita cienkiego z uczuciowym sercem nie jest tutaj więc przypadkowa.

Każdy z nas może w życiu poczuć ból serca, ale niekoniecznie musi on pochodzić z dolegliwości fizycznych, mamy dziś bowiem spory problem z odnalezieniem spełnionego związku uczuciowego. Zranione serce może się długo regenerować. Jaglany Detoks jest szczególnie wskazany dla osób zgorzkniałych, które powinny przeprowadzić go z uwagą, wykorzystując ten czas na radykalne uporządkowanie marzeń i potrzeb serca, a następnie ruszyć do przodu z większą wiarą. Egoizm oraz zazdrość są największymi wrogami serca. Człowiek miłosierny będzie doświadczać miłości na wielu płaszczyznach, a serce długo nie odmówi mu posłuszeństwa. Choleryk i chciwy szybko poczuje zgorzknienie i brak współczucia. Warto pamiętać, że narządem odtruwającym serce jest śledziona. Jeżeli macie problemy sercowe, ograniczajcie surowe produkty i rozpocznijcie gotowanie makrobiotyczne, dodając więcej gorzkawych przypraw. Słabsza wydolność serca może objawiać się częstym odbijaniem.

Żołądek i śledziona to najważniejsze narządy do trawienia i rozprowadzania energii pozyskanej z pożywienia. Zarówno w medycynie wschodniej, jak i w nauce św. Hildegardy, choć tak oddalonych od siebie w czasie i przestrzeni, śledziona stanowi trzon odporności organizmu – jest najważniejszym narządem immunologicznym organizmu. Śledziona, która wraz z żołądkiem stymulowana jest smakiem słodkim, uwielbia kuchnię gotowaną. Warto podkreślić, że gorzkie rośliny podczas gotowania najczęściej przekształcają się w smak słodki, który usprawnia pracę śledziony. Oba wymienione narządy trawienne mają swój cykl najwyższej aktywności późnym latem, więc aby je skutecznie wzmocnić i zregenerować, najlepiej zatroszczyć się o nie właśnie wtedy. Kasza jaglana o naturalnym smaku słodkim, a także dobrej jakości orkisz z upraw ekologicznych wspaniale wspierają śledzionę i żołądek. Jeżeli dręczą was dolegliwości żołądkowe, to zróbcie Jaglany Detoks w lecie, wprowadzając jak najwięcej warzyw bogatych w beta-karoten, który usprawnia odbudowę śluzówki w przełyku i żołądku. Proso oraz niemodyfikowany orkisz, w połączeniu z warzywami, stanowi najlepsze remedium dla zdrowia całego układu trawiennego.

Śledziona i żołądek to nasz trzon energetyczny. Ponieważ są narządami o przeciwstawnej naturze, wchodzą w doskonałą równowagę i odpowiadają za naszą odporność. Długie i skoncentrowane myślenie znacząco wyczerpuje śledzionę, którą doskonale stymuluje ruch na świeżym powietrzu. Jeżeli dręczą was przewlekle infekcje, spadki energetyczne i cierpicie na niedokrwistość, zatroszczcie się jak najszybciej o śledzionę. Podczas programu Jaglany Detoks starajcie się spożywać jak najwięcej dań gotowanych, a najlepiej rozpoczynajcie dzień od zupy makrobiotycznej z kaszą jaglaną, komosą lub orkiszem, ze sporą ilością warzyw i oczywiście właściwymi przyprawami dla zrównoważenia smaków.

Płuca i jelito grube, których aktywność wzmaga się jesienią, działają ze sobą w cyklu kontrolnym, a mówiąc obrazowo – wspierają się jak kochający bracia. Jeżeli odczuwacie problemy jelitowe, zacznijcie jak najszybciej wzmacniać dodatkowo płuca, najlepiej poprzez aktywność blisko natury. Płuca stymuluje smak ostry, a jesień jest doskonałym okresem na przeprowadzenie skutecznego detoksu, który wzmocni jelito grube oraz płuca. Szczytowym momentem wzmożonej aktywności jelita grubego w cyklu dobowym jest czas pomiędzy 5 a 7 rano. Kiedy trapią was przewlekłe problemy jelitowe, spowodowane częstym spożywaniem dań typu fast food, to warto w trakcie programu Jaglany Detoks przeprowadzić poranną lewatywę. Jeżeli trudno będzie się wybudzić o poranku, spokojnie możecie wykonać ją wieczorem. To ostatnio dość kontrowersyjny temat, ponieważ jesteśmy przyzwyczajeni do farmakologii, ale naprawdę nie ma lepszej profilaktyki w higienie okrężnicy jak kilkudniowa seria umiejętnie przeprowadzonych lewatyw. W trakcie i po zakończonej hydrokolonoterapii należy uzupełnić mikroflorę jelitową właściwym probiotykiem.

Nerki, połączone energetycznie z pęcherzem moczowym, stanowią centrum energetyczne człowieka, są bramą witalności oraz odporności na stres. Możemy śmiało powiedzieć, że to akumulator ciepła w organizmie. Nerki ogrzewają krew i usuwają resztki niestrawionego pokarmu oraz toksyczne substancje. Zima jest szczytem aktywności nerek i jest to najlepszy czas na ich leczenie i regenerację. Smakiem stymulującym i wzmacniającym nerki jest smak słony. Warto zapamiętać, że zarówno schorzenia nerek, jak i pęcherza moczowego dość często są związane z niewłaściwą pracą żołądka. Jedną z najlepszych kuracji wzmacniających nerki jest oprócz właściwej diety umiejętnie przeprowadzony post, a ich największy wróg to cukier! Profilaktyczny lub leczniczy program Jaglany Detoks (w przypadku, kiedy wasze nerki szwankują), możecie zaplanować nawet zimą. Trzeba wtedy pamiętać, aby zwiększyć ilość odpowiedniego tłuszczu w potrawach, gotować dania według technik rozgrzewających i stosować produkty z listy ciepłych i neutralnych termicznie, zwracając uwagę na te o działaniu wzmacniającym nerki. Osoby wychłodzone powinny spożywać więcej naparów o ciepłej naturze i o działaniu moczopędnym. Doskonałym lekarstwem jest napar z natki pietruszki i kopru włoskiego. Jeżeli pocicie się w nocy, odczuwacie gorąco w stopach i suchość w ustach, to prawdopodobnie macie w nerkach pewien niedobór tzw. substancji. Jeśli natomiast towarzyszy wam poczucie wyczerpania, wychłodzenia w stopach i kolanach oraz często oddajecie mocz, możecie podejrzewać, że macie zbyt mało tzw. ognia w nerkach. W obu przypadkach właściwie skomponowany i przeprowadzony program diety oczyszczającej przyniesie poprawę samopoczucia. Nerki mają zasadniczy wpływ na zdrowie naszych kości i włosów, kontrolują też nasz wzrost oraz naszą dojrzałość seksualną. Podczas częstych zapaleń nerek i pęcherza warto ograniczyć spożywanie węglowodanów, należy też wykluczyć skoncentrowany smak słodki. Jeżeli często dręczą was opisane dolegliwości, nie radzicie sobie ze stresem, to znak, że wasze nerki potrzebują konkretnego wsparcia. W takim przypadku jak najszybciej zaplanujcie program oczyszczania organizmu!

SCHŁADZAJĄCE CZY ROZGRZEWAJĄCE?

Natura pożywienia to obecnie jedno z naszych najważniejszych zagadnień w budowaniu profilaktyki oraz leczeniu poprzez odżywianie. Zgłaszają się do mnie pacjenci z przewlekłą kandydozą, którzy są skostniali jak lód. Nawet latem otrzymywali od dietetyka program odżywania, według którego rozpoczynali dzień np. od muesli z mlekiem lub z jogurtem. Do tego garść suszonych owoców, bananowe smoothie, wychładzające awokado, a wieczorem koktajl proteinowy, po którym wyciskali w siłowni siódme poty. Oczywiście nie byłoby w takim śniadaniu niczego złego – raz na jakiś czas u osoby aktywnej i w pełni zdrowej. Jeżeli natomiast ktoś wychłodzony i zainfekowany grzybicą rozpocznie tak swój „zdrowy styl życia", to może doprowadzić się do przewlekłych schorzeń.

U podstawy zrozumienia diety opartej na leczniczej naturze pożywienia, oprócz poznania, w jaki sposób konkretne smaki działają na poszczególne narządy, należy zrozumieć, czym jest termiczne działanie produktu spożywczego.

Każdy bowiem posiłek, w zależności od jego składników oraz przypraw, ma konkretne działanie schładzające, neutralne, ciepłe lub gorące. Komponując posiłki zarówno podczas detoksu, jak i w codziennej diecie, warto uwzględnić indywidualne predyspozycje układu trawiennego oraz komfort cieplny organizmu. Gdy jesteście nieustannie wychłodzeni i często spożywacie swoje ulubione awokado, pijecie soki owocowe, jogurty, a na kolację wcinacie sałatki lub hummus, to choćby napisali o takiej diecie, że uwolniła kogoś od wielu schorzeń, wy jesteście daleko poza zasięgiem tego przypadku. Gotując makrobiotycznie, z uwzględnieniem termiki produktu, warto brać pod uwagę porę roku. Nie zawsze bowiem osoba

ZAPAMIĘTAJ!

Osoby, które wręcz restrykcyjnie podchodzą do jedzenia, spoglądając na talerz ze stresem, statystycznie chorują częściej niż osoby, dla których radość gotowania i spożywania jest wielkim darem, okazją do spotkania, biesiady i pielęgnowania kultury stołu. Jeżeli nie interesujecie się tym, co spożywacie, to zaplanujcie jak najszybciej kilkudniowy plan diety oczyszczającej. Podczas programu możecie wzbudzić w sobie większy apetyt na zdrowie, które w waszym obecnym położeniu prawdopodobnie zależy wyłącznie od restauratorów i lekarza.

wychłodzona musi odmawiać sobie sałatki o chłodnej naturze – na przykład latem. Otaczająca przyroda i aktywność w promieniach słonecznych regulują bowiem temperaturę wewnętrzną na tyle, że trawienie jest optymalne. Często powtarzam na moich warsztatach gotowania, w czasie turnusów postu jaglanego oraz w trakcie konsultacji dietetycznych, że kreatywność oraz intuicja to gwarancja właściwego wyboru w naszej codziennej kuchni.

Chłodne produkty spożywcze zwilżają nasze błony śluzowe oraz tkanki, często biorą udział w tworzeniu krwi oraz soków ustrojowych. Warto spożywać ich więcej w sezonie letnim, pamiętając jednocześnie, że poprzez umiejętne gotowanie i przyprawianie możemy zmieniać ich naturę na cieplejszą. Do chłodzących produktów należy większość warzyw, sałat, owoców oraz produktów mlecznych, głównie fermentowanych, a także pewne gatunki ryb.

Neutralne produkty spożywcze mają najważniejsze znaczenie w naszej codziennej diecie i warto je spożywać w dużych ilościach. Należą do nich prawie wszystkie gatunki zboża, rośliny strączkowe, kapustne, warzywa korzeniowe, orzechy oraz pewne gatunki mięsa.

Ciepłe produkty w naszej diecie są obecnie bardzo ważne. Poprzez niewłaściwe odżywianie się oraz przewlekły stres kulturowy wzrasta liczba osób wychłodzonych. Tymczasem wychłodzenie organizmu może potęgować choroby immunologiczne, np. zapalenie tarczycy typu Hashimoto, obecnie bardzo często spotykane wśród kobiet. Dlatego kuchnia rozgrzewająca, połączona ze składnikami z grupy neutralnych powinna jak najczęściej dominować w naszej diecie w okresie jesienno-zimowym. Ciepłymi produktami są np. drób, dorsz, łosoś, kawa, dynia hokkaido, orkisz, kasztany jadalne, natka pietruszki, czerwone wino, cebula, czosnek, koper włoski oraz imbir.

Gorące produkty spożywcze wyrównują zimno. Ich wartość podkreśla znacząco św. Hildegarda, która uważa, że niedobory termiczne w żołądku i śledzionie najczęściej prowadzą do wielu przewlekłych schorzeń. Termicznie gorące są pewne przyprawy, które warto włączać do gotowania produktów neutralnych, aby zwiększyć wydolność układu trawiennego i pozbyć się w ten sposób nadmiaru śluzu, który jest jedną z głównych przyczyn powstawania chorób. Brak równowagi płynów wewnętrznych i nadmiarowa wilgoć w jelitach stają się idealnym środowiskiem do powstawania siedlisk grzybiczych, które z krwiobiegiem łatwo kolonizują się w różnych miejscach naszego organizmu. Trzeba tu nadmienić, że grzybica typu *candida* jest obecnie jednym z największych zagrożeń chorobotwórczych – prowadzi nawet do chorób nowotworowych.

Najważniejszą zasadą we właściwym odżywianiu makrobiotycznym jest unikanie skrajności. Należy zapamiętać, że podstawą całorocznego cyklu odżywczego powinien być naturalny smak słodki. Produkty neutralne termicznie, do których należą najczęściej zboża, warzywa i orzechy, w połączeniu z odpowiednimi przyprawami, powinny stanowić bazę zdrowego odżywania. Należy dostosować swoją dietę również do pracy, jaką wykonujemy. Osoby pracujące fizycznie lub aktywne w sporcie mają zupełnie inne potrzeby niż osoby o siedzącym trybie pracy. Dla poruszenia zastojów w układzie pokarmowym i regulacji procesów detoksykacyjnych wszyscy potrzebujemy regularnej aktywności, okresowych postów i diety oczyszczającej, ponieważ nie ma lepszej profilaktyki dla zdrowia niż umiarkowanie. Jedz mniej, ruszaj się więcej!

Aby lepiej poznać działanie wybranych produktów na organizm, przedstawiam poniższą tabelę. Jednak pamiętajcie, aby komponować posiłki zgodnie z logiką. Jeżeli jesteście wychłodzeni i połączycie w swoim posiłku tylko gorące produkty przedstawione w tabeli, może się okazać, że będzie on niesmaczny, wręcz niezjadliwy i po kilku kęsach wyląduje w koszu. Podstawą zrozumienia kuchni zdrowej i doskonałej jest równowaga, rozsądek oraz pewna ugruntowana klasyka w połączeniu smaków, a szczególnie – wolność od lęku przed jedzeniem. Osoby, które komponując posiłki podczas detoksu, wiedzą już, że nie mogą spożywać pewnych produktów ze względu na stwierdzaną wiarygodnym testem nietolerancję pokarmową, powinny je całkowicie wykluczyć.

Uwaga!

W tabeli znajduje się wiele produktów spożywczych niedopuszczonych w programie Jaglany Detoks, ale umieściłem je świadomie i celowo, żebyście lepiej poznali leczniczą naturę pożywienia, którą będziecie mogli kierować się profilaktycznie po przeprowadzonym programie diety oczyszczającej.

Produkty	Natura termiczna	Smak	Działanie
Agrest	ochładzająca	słodki, kwaśny	ochładza gorąco, ochładza jelita
Ananas	ochładzająca do neutralnej	słodki, kwaśny	aktywizuje trawienie
Anyżek	ogrzewająca	ostry, słodki	stymuluje trawienie
Arbuz	zimna	słodki	ochładza gorąco
Arcydzięgiel	ogrzewająca	ostry, gorzki, słodki	wspiera żołądek i śledzionę, poprawia trawienie
Arnika	neutralna	gorzki, lekko słodki, ostry	wzmacnia serce i poprawia cyrkulację krwi
Rukola	neutralna do ochładzającej	ostry, gorzki	pobudza apetyt, poprawia trawienie białka
Babka lancetowata	zimna	gorzki	działa lekko ściągająco i przeciwzapalnie
Bakłażan	ochładzająca	gorzki do lekko gorzkiego	ochładza krew i zmniejsza gorąco
Banan	zimna	słodki	nawilża jelito grube
Bazylia	ogrzewająca	ostry, gorzki, lekko słodki	stymuluje trawienie, rozrzedza śluz
Bez czarny	ochładzająca do neutralnej	gorzki, słodki	równoważy jelita
Bez czarny, kwiaty	neutralna do ochładzającej	gorzki, słodki, lekko ostry	usuwa gorąco i wilgoć z płuc
Brokuł	ochładzająca	słodki	ochładza wątrobę i krew
Brzoskwinia	neutralna do ogrzewającej	słodki, kwaśny	odżywia płyny ciała
Burak	neutralna do ochładzającej	słodki, lekko gorzki	wzmacnia pracę śledziony i żołądka, oczyszcza wątrobę
Burak liściowy (boćwina)	ochładzająca	słodki, gorzki	ochładza gorąco płuc
Cebula	ogrzewająca	ostry, słodki	porusza trawienie, rozrzedza śluz
Cebula zielona (dymka)	ogrzewająca	ostry	otwiera (odblokowuje) żołądek i płuca
Ciecierzyca	neutralna	słodki	wzmacnia śledzionę i nerki
Cukinia	ochładzająca	słodki, gorzki	ochładza gorąco żołądka i wątroby
Curry	ogrzewająca do gorącej	ostry, gorzki	stymuluje trawienie
Cynamon	ogrzewająca	ostry, gorzki	stymuluje pracę narządów trawiennych

Produkty	Natura termiczna	Smak	Działanie
Cynamon, kora	ogrzewająca do gorącej	ostry	działa ściągająco, rozprasza zimno, jest remedium na biegunkę
Cytryna	zimna	bardzo kwaśny	rozprasza gorąco
Cytryna, skórka	ochładzająca	gorzki, lekko ostry	usuwa gorąco, śluz i toksyny
Cząber	ogrzewająca	ostry, gorzki, lekko słodki	stymuluje trawienie, rozrzedza śluz
Czereśnie	ogrzewająca	słodki	odżywiają krew
Czosnek	ogrzewająca do gorącej	ostry	wzmacnia odporność, rozrzedza śluz
Czosnek dziki alpejski (niedźwiedzi)	neutralna do ogrzewającej	ostry	detoksykuje, wzmacnia odporność
Daktyl	neutralna	słodki	odbudowuje krew i płyny ciała
Drożdże	ochładzająca	kwaśny, słodki, gorzki	stymulują trawienie
Dynia	neutralna do ogrzewającej	słodki	wzmacnia żołądek i śledzionę, wzmacnia odporność
Estragon	ogrzewająca	gorzki, lekko ostry	stymuluje trawienie
Fasola adzuki	neutralna	słodki, kwaśny	wzmacnia odporność i krew, harmonizuje śledzionę
Fasola biała	neutralna	słodki	wzmacnia śledzionę
Fasola czarna	neutralna	słodki	wzmacnia śledzionę i nerki
Fasola zielona (strączkowa)	neutralna	słodki	odbudowuje krew i wzmacnia odporność
Figa (świeża)	neutralna do ogrzewającej	słodki	wzmacnia środkowy ogrzewacz, nawilża
Gałka muszkatołowa	ogrzewająca	ostry	działa ściągająco, rozprasza zimną wilgoć
Ghee (masło klarowane)	neutralna	słodki, tłusty	wzmacnia krew i śledzionę
Gorczyca, nasiona	ogrzewająca	ostry	rozprasza zimną wilgoć
Goździk	ogrzewająca	ostry	rozprasza zimną wilgoć
Grejpfrut	ochładzająca do zimnej	słodki, kwaśny	gasi pragnienie, wspomaga trawienie
Gruszka	ochładzająca	słodki, lekko kwaśny	ochładza gorąco żołądka
Gryka	ciepła	słodki, lekko gorzki	wzmacnia śledzionę, rozrzedza śluz
Herbata zielona	ochładzająca	gorzki	ochładza gorąco i oczyszcza wątrobę

Produkty	Natura termiczna	Smak	Działanie
Imbir	ogrzewająca do gorącej	ostry, lekko słodki	rozrzedza zimny śluz
Jabłko	neutralna do ochładzającej	słodki, lekko kwaśny	przeciwbiegunkowe
Jagoda	ochładzająca	słodki, kwaśny	działa ściągająco, hamuje biegunkę
Jajko kurze	neutralna	słodki	odżywia ciało i krew
Jarmuż	neutralna do ogrzewającej	ostry, słodki	harmonizuje żołądek i śledzionę
Jęczmień	ochładzająca	słodki, lekko słony	rozprasza gorąco
Kalafior	neutralna do chłodnej	słodki, lekko gorzki	ochładza gorąco płuc, żołądka
Kapusta czerwona	neutralna do ogrzewającej	ostry, słodki	harmonizuje śledzionę, żołądek, krew
Kapusta kiszona	ochładzająca	kwaśny	usuwa gorąco z jelita i żołądka
Kapusta zielona (głowiasta)	neutralna do ogrzewającej	ostry, słodki	harmonizuje żołądek i śledzionę
Karczoch	ochładzająca	gorzki, lekko słodki	ochładza gorąco wątroby
Kasztan	ogrzewająca	słodki	wzmacnia śledzionę i nerki
Kawa zbożowa (z prażonego jęczmienia, orkiszu, korzenia cykorii, fig, żołędzi itd.)	neutralna	gorzki	stymuluje pracę żołądka, wątroby i pęcherzyka żółciowego
Kminek, nasiona	ogrzewająca	ostry, słodki	stymuluje trawienie
Kokos	ochładzająca	słodki	oczyszcza gorąco
Kolendra	neutralna do ochładzającej	gorzki, ostry	stymuluje trawienie
Koper włoski (fenkuł)	ogrzewająca	słodki, ostry	wspomaga pracę układu trawiennego, harmonizuje żołądek i śledzionę
Koper ogrodowy	ogrzewająca	ostry, lekko gorzki	stymuluje apetyt
Koper, nasiona	ogrzewająca	ostry, słodki	stymulują trawienie, nawilżają płuca
Kozieradka, nasiona	ogrzewająca	bardzo gorzki, ostry	rozrzedzają śluz, wzmacniają
Kumin	ogrzewająca	ostry, słodki	stymuluje trawienie, ogrzewa żołądek i śledzionę
Kurkuma	ogrzewająca	gorzki, ostry	osusza zimny śluz
Lawenda	ochładzająca	lekko gorzki	działa uspokajająco i przeciwbólowo
Len, nasiona (siemię lniane)	ogrzewająca	słodki, łagodny (bez smaku)	chronią błony śluzowe

Produkty	Natura termiczna	Smak	Działanie
Liść laurowy	ogrzewająca	ostry, gorzki	stymuluje trawienie
Lubczyk	ochładzająca	gorzki, ostry	stymuluje trawienie
Lukrecja	neutralna	bardzo słodki, lekko gorzki	stymuluje trawienie
Majeranek	neutralna	gorzki, ostry	działa ściągająco, ułatwia trawienie
Malina	ochładzająca	słodki, lekko kwaśny	działa przeczyszczająco i moczopędnie
Marchew	neutralna	słodki	wzmacnia żołądek i śledzionę
Mąka pszenna	neutralna do ogrzewającej	słodki	nawilża, odżywia organizm
Mięta pieprzowa	ochładzająca	ostry, lekko słodki	zsyła w dół gorąco, rozrzedza śluz
Migdały	neutralna	słodki, lekko gorzki	nawilżają płuca
Miód	neutralna	słodki	odżywia organizm, odbudowuje krew
Mniszek lekarski	ochładzająca do zimnej	gorzki	ochładza gorąco wątroby
Morela	neutralna do ogrzewającej	słodki, kwaśny	uzupełnia płyny ciała
Nagietek	neutralna	gorzki, słodki, słony, ostry	usuwa gorąco i toksyny
Ocet winny	ogrzewająca	kwaśny	nasila cyrkulację, stymuluje wytwarzanie soków trawiennych
Olej arachidowy	neutralna	słodki, tłusty	nawilża
Olej kokosowy	ochładzająca	słodki, tłusty	nawilża
Olej rzepakowy	ogrzewająca	słodki, tłusty	nawilża, przeczyszcza
Olej sezamowy	neutralna do ochładzającej	słodki, tłusty	nawilża skórę i jelita
Olej słonecznikowy	neutralna do ochładzającej	słodki, tłusty	nawilża, odżywia
Olej sojowy	neutralna do ogrzewającej	słodki, tłusty	nawilża, przeczyszcza
Olej z orzechów włoskich	ogrzewająca	słodki, tłusty	wzmacnia nerki
Olej z zarodków pszenicy	ochładzająca	słodki, tłusty	odżywia nerki
Oliwa	ochładzająca	słodki, tłusty	działa nawilżająco i przeciwzapalnie
Oregano	neutralna	lekko ostry, gorzki	stymuluje trawienie
Orkisz	neutralna do ogrzewającej	słodki	wzmacnia śledzionę
Orkisz zielony (suszone, niedojrzałe ziarno orkiszu)	ochładzająca	słodki, lekko kwaśny	ochładza gorąco wątroby

Produkty	Natura termiczna	Smak	Działanie
Orzech laskowy	neutralna do ogrzewającej	słodki, tłusty	wzmacnia śledzionę i nerki
Orzech nerkowca	neutralna	słodki, tłusty	wzmacnia żołądek i jelita
Orzech włoski	ogrzewająca	słodki, gorzki, tłusty	wzmacnia nerki i płuca
Orzech ziemny	neutralna do ogrzewającej	słodki, tłusty	nawilża płuca
Ostropest plamisty	ogrzewająca	ostry, gorzki	wzmacnia wątrobę i pęcherzyk żółciowy
Otręby pszenne	ochładzająca	słodki	wzmacniają żołądek i śledzionę
Owies	neutralna do ogrzewającej	słodki, lekko gorzki	wzmacnia układ nerwowy, dodaje energii
Papryka chili	gorąca	ostry	rozprasza zimno
Papryka łagodna	ogrzewająca	gorzki, lekko słodki	stymuluje trawienie
Papryka pomarańczowa i czerwona	neutralna	słodki, lekko ostry, gorzki	wzmacnia układ trawienny
Papryka słodka, zielona	ochładzająca	lekko ostry, gorzki	porusza energię trawienną i krew
Pietruszka, korzeń	neutralna	słodki, łagodny (bez smaku) lekko ostry	działa moczopędnie, wzmacnia nerki
Pietruszka, natka	ogrzewająca	lekko ostry, gorzki	stymuluje trawienie, działa moczopędnie
Pigwa	neutralna do ochładzającej	lekko gorzki	wzmacnia jelita
Pistacja	neutralna	słodki, lekko gorzki	nawilża płuca i skórę
Pokrzywa	ochładzająca	gorzki, ostry, lekko słony	harmonizuje krew, działa moczopędnie
Por	ogrzewająca	ostry, słodki	porusza trawienie, ogrzewa środkowy ogrzewacz
Prawoślaz	ochładzająca	lekko gorzki, słony, lekko ostry	rozrzedza śluz, zmiękcza
Proso	neutralna do ogrzewającej	słodki, lekko gorzki	wzmacnia organizm i ochładza gorąco
Pszenica, zarodki	ochładzająca do zimnej	słodki, lekko ostry	schładza wątrobę
Rozmaryn	ogrzewająca	gorzki, ostry	stymuluje trawienie, działa rozkurczowo
Rukiew wodna	neutralna	ostry, lekko gorzki	wzmaga trawienie

Produkty	Natura termiczna	Smak	Działanie
Rumianek	neutralna	lekko gorzki, słodki	harmonizuje trawienie
Ryż	neutralna do ogrzewającej	słodki	wzmaga energię, stymuluje żołądek i śledzionę
Sałata (np. maślana i podobne rodzaje)	ochładzająca do zimnej	słodki, lekko gorzki	ochładza gorąco
Seler, korzeń	ochładzająca	słodki, lekko gorzki	ochładza gorąco żołądka i gorąco wątroby
Sezam biały	ochładzająca	słodki, tłusty	odbudowuje krew, płyny ciała
Sezam czarny	neutralna	słodki, tłusty	wzmacnia wątrobę
Skrzyp	zimna	lekko gorzki, łagodny (bez smaku)	działa ściągająco, usuwa gorąco, osusza wilgoć
Słonecznik, nasiona	neutralna	słodki, tłusty	odżywia organizm, nawilża
Soczewica czerwona	neutralna do ogrzewającej	słodki	wzmacnia nerki i serce
Soczewica zielona	neutralna	słodki	wzmacnia organizm i odbudowuje krew
Soja czarna	neutralna	słodki	wzmacnia śledzionę i nerki
Sól	ochładzająca	słony	działa przeciwzapalnie i zmiękczająco
Szafran	neutralna do ochładzającej	słodki, gorzki, ostry	równoważy wątrobę i śledzionę
Szałwia	ogrzewająca, lekko gorąca	gorzki, ostry	usuwa zimny śluz
Szpinak	ochładzająca	słodki, lekko gorzki	ochładza wątrobę i krew
Tymianek	ogrzewająca	gorzki, ostry	mocno wysusza, stymuluje trawienie
Winogrono	neutralna do ogrzewającej	słodki	odbudowuje krew i dodaje energii
Woda mineralna (bez smaku)	neutralna, ochładzająca do zimnej	słony, łagodny	odżywia nerki
Ziemniak	neutralna	słodki	wzmacnia śledzionę, odbudowuje i leczy stan zapalny
Ziemniak słodki (batat)	neutralna do ogrzewającej	słodki	wzmacnia organizm, śledzionę, żołądek i krew
Żurawina	ochładzająca do neutralnej	słodki, kwaśny	wzmaga apetyt
Żyto	neutralna do ogrzewającej	słodki, lekko gorzki	odbudowuje i wzmacnia organizm

Źródło: Kastern J., *Terapia pożywieniem*, Wydawnictwo Galaktyka, Łódź 20014.

WODA, SOKI I KOKTAJLE, CZYLI NAWILŻANIE ORGANIZMU PODCZAS DETOKSU

Woda jest cudowną substancją, której niezwykłe właściwości warunkują nasze życie na Ziemi. Ten najważniejszy związek, niezbędny do utrzymania życia, odgrywa kluczową rolę niemal w każdej funkcji organizmu. Jest częścią każdej komórki, stanowi bowiem ponad 70% naszego ciała. Jest niezbędna do transportu składników odżywczych w naszym organizmie za pośrednictwem układu krwionośnego. Utrzymuje termiczną równowagę i chłodzi nasz organizm, umożliwiając mu utrzymanie właściwej temperatury. Rozcieńcza toksyny pochodzące z procesów metabolicznych. Utrzymuje organizm w stanie ciągłego nawilżenia, w istotny sposób pomagając utrzymywać w czystości jelito grube. Rozpuszcza odkładające się w organizmie minerały, co zmniejsza ryzyko występowania stanów zapalnych stawów oraz chorób serca.

Aby woda stymulowała wszystkie te procesy, istotna jest jej jakość, dopiero wtedy zostanie w pełni wykorzystana w oczyszczaniu organizmu. Tu obowiązuje ta sama zasada, co przy spożywaniu pokarmów. Nie jest istotne jest, ile wody wypijesz, tylko ile wchłoniesz! Dlatego ważne jest, aby zaopatrywać ciało w wodę poprzez spożywanie owoców i warzyw oraz przez powolne popijanie wody. Stopniowe spożywanie wody pozwoli nam maksymalne przyswoić substancje odżywcze i optymalnie nakarmić nasze komórki – tak, aby utrzymać je w dobrym zdrowiu. Im skutecznej będziemy się nawadniać, tym większą wdzięczność okaże nam nasze zdrowsze ciało, oszczędzając nam bólu i przykrych dolegliwości.

Podczas programu detoksykacji polecam dobrej jakości wodę źródlaną, ziołowe napary oraz soki i koktajle, które należy spożywać pomiędzy posiłkami. Trzeba pamiętać, że organizm nawilżamy również poprzez spożywanie zup oraz dań jednogarnkowych, których w programie diety oczyszczającej jest sporo. Jaglany Detoks to doskonały program do uzupełniania substancji odżywczych w organizmie oraz nawilżania komórkowego. Aby wzmocnić proces odkwaszania organizmu, polecam rozpoczynać dzień od wody z cytryną, która choć jest kwaśna w smaku, w procesie trawienia staje się zasadowa.

DANIA Z RYB I DROBIU PODCZAS DIETY OCZYSZCZAJĄCEJ

Osoby, które spożywają w codziennej diecie sporo mięsa, są bardziej narażone na większe zakwaszenie organizmu. Chociaż nie jest to regułą, ponieważ wszystko zależy od ich aktywności oraz czy spożywają w nadmiarze produkty bogate w cukry oraz nabiał. Białko zwierzęce jest, jak wiemy, kwasotwórcze, a więcej na ten temat przeczytacie w rozdziale **Równowaga kwasowo-zasadowa**. Program Jaglany Detoks oparty jest na wykluczeniu wielu produktów obciążających kanały detoksykacji z glutenem na czele. Dla lepszego rozpoczęcia procesu odkwaszania organizmu oraz w celu zwiększenia wspomnianych procesów detoksykacyjnych warto wykluczyć również mięso. Podczas naszych tygodniowych turnusów postu jaglanego uczestnicy spożywają dania wyłącznie wegetariańskie, uprawiając kilkakrotnie w ciągu dnia regularną aktywność. Chętni decydują się również na hydrokolonoterapię metodą Gersona. Proces oczyszczania i odkwaszania jest więc bardziej intensywny, a sprzyja temu również zakwaterowanie w miejscu wolnym od wielkomiejskiego zgiełku i dystans od codziennych spraw oraz pracy. Takie całkowite zaangażowanie w lecznicze procesy regeneracji przynosi uczestnikom wyjątkowe, wymierne efekty.

Kiedy odżywiacie się w nieuporządkowany sposób, prowadzicie często niezdrowy tryb życia, trapią was uciążliwe dolegliwości spowodowane złym trawieniem, spożywacie dużo mięsa, bo je po prostu lubicie, a nie macie możliwości wyjazdu na zorganizowany turnus diety oczyszczającej lub postu, to możecie, wręcz powinniście z korzyścią dla waszego zdrowia przeprowadzić program Jaglany Detoks w miejscu, w którym żyjecie lub akurat przebywacie. Nie musicie przy tym całkowicie rezygnować z białka zwierzęcego, chociaż na pewno wasza decyzja o jego okresowym wykluczeniu przyniesie znaczące skutki w kierunku odkwaszania organizmu. Według medycznej publikacji zatytułowanej *Clean*, bestsellerze „New York Timesa" o diecie oczyszczającej, jej autor dr Alejandro Junger pisze, że drób, ryby, a nawet trudno dzisiaj dostępna dziczyzna w odpowiedniej konfiguracji oraz proporcji mogą zostać dopuszczone w diecie detoksykacyjnej. Takie założenia dotyczące zdrowego odżywiania są również spójne z koncepcją holistycznej medycyny według św. Hildegardy z Bingen. Co to odznacza? Jeżeli jesteście bardzo aktywni, prowadzicie styl życia na tyle wzmożony, że potrzebujecie więcej energii, uprawicie sport, pracujecie fizycznie przez większą cześć dnia, to zarówno dobrej jakości drób, jaki i – szczególnie – ryby będą dla was odpowiednie. Warto jednak kupować produkty ze sprawdzonego źródła i najlepiej niemrożone. Trzeba również zachować zasadę proporcji zasadowo-kwasowej. Wystarczy tak skomponować posiłek, żeby produkty wysoce zasadowe, np. zielone warzywa przewyższały gramaturą spożywane białko zwierzęce co najmniej dwukrotnic. Zasadotwórcza kasza jaglana dodana w umiarkowanej ilości do mięsnego dania (wraz z warzywami!) również korzystnie wpływa na wyrównanie wspomnianych

proporcji. Warto jednak w takim przypadku spożywać ją rozdzielnie. Dotyczy to szczególnie osób o słabym układzie pokarmowym. Wiemy dobrze, że mięso, produkty pochodzące z masowej hodowli, budzi kontrowersje dotyczące zarówno karmienia, uboju, jak i niehumanitarnego transportu. Wszystko to znacząco wpływa na jakość mięsa, warto więc zastanowić się, czy faktycznie musimy spożywać go tak wiele. Mamy przecież mnóstwo inspiracji na wspaniałą zbożowo-roślinną kuchnię.

Ryby od wieków cenione są za wartości odżywcze oraz za delikatne i pyszne mięso. Obecnie wiemy, że ryby dostarczają dobrej jakości białka – jest go naprawdę dużo, bo może stanowić nawet ponad 90% składników odżywczych zawartych w rybie. Jest ono lekkostrawne i bardzo dobrze przyswajane przez organizm, dlatego ryby są najlepszym źródłem białka w programie Jaglany Detoks. Ryby zawierają ponadto witaminę A, E oraz witaminy z grupy B. Jest w nich sporo: sodu, potasu, magnezu, wapnia, fosforu, a w przypadku spożywania ryb morskich – jodu. Mięso ryb zawiera także niezbędne nienasycone kwasy tłuszczowe (EPA, DHA). Zawartość poszczególnych grup składników różni się w zależności od gatunku ryby. Ilość białka, tłuszczu, witamin i minerałów zależy również od tego, w jakim środowisku żyła ryba, czym była karmiona u hodowcy lub co spożywała, żyjąc na wolności, a wreszcie również od sposobu przyrządzenia. W programie Jaglany Detoks szczególnie polecam dania z dorsza, łososia, pstrąga, szczupaka, okonia lub jesiotra.

Drób spożywany jest obecnie w bardzo dużych ilościach. To w naszych szybkich czasach łatwy produkt do przygotowania ekspresowego obiadu czy kolacji. Większość z nas już dobrze wie, że hodowle drobiu nie przypominają tych z czasów naszych dziadków, ale cóż, jesteśmy tym, co jemy i warto zapamiętać tę znaną nam już coraz lepiej myśl przewodnią Hipokratesa. Każdy z nas zasługuje na zdrowie, ale nie każdego będzie stać wyłącznie na ekologiczne produkty – w tym mięso. Jeżeli więc z uwagą przeczytacie pozostałe rozdziały, dowiecie się, jak ważne są programy oczyszczania organizmu oraz jak równowaga kwasowo-zasadowa wpływa na nasze zdrowie. Mięso kurczaka jest w smaku lekko słodkawe do lekko kwaśnego. Ma dużą zawartość białka i naturę ogrzewającą. Odbudowuje krew i odpowiednio przygotowane dobrze wpływa na żołądek oraz śledzionę. Doskonale nadaje się do dań typu curry, jako dodatek do gotowania bulionów lub sałatek oraz potraw grillowanych. W programie Jaglany Detoks polecam również mięso indyka, które ma nieco bardziej ciepłą termikę niż kurze i zdecydowanie mocniej zwarte włókna. Mielone mięso z indyka doskonale nadaje się do burgerów oraz klopsików, na które znajdziecie przepisy w książce. Mięso indyka polecam osobom bardziej wychłodzonym.

Jeżeli jesteście wątłej postury, często wychłodzeni i ogólnie czujecie się przemęczeni, trudno się wam zregenerować nawet po długim odpoczynku, macie problemy z koncentracją, odczuwacie słabość mięśni, to warto podczas programu Jaglany Detoks wprowadzić przynajmniej jedno danie dziennie z dodatkiem drobiu. Polecam w tym przypadku szczególnie dania grillowane z komosą ryżową, kaszą jaglaną lub typu curry, z mlekiem kokosowym, z nasionami kopru włoskiego, cynamonem, imbirem i kurkumą oraz pełnoziarnistym, najlepiej czarnym ryżem jako dodatkiem.

10 ZASAD ZDROWEJ DIETY

1. gotuj według termicznych potrzeb twojego organizmu
2. jedz potrawy pełnowartościowe
3. unikaj dań mrożonych i konserwowanych
4. jak najczęściej spożywaj produkty sezonowe
5. wybieraj dania lekkostrawne i właściwie je doprawiaj
6. stosuj programy diety oczyszczającej oraz post
7. kieruj się biologicznym zegarem aktywności narządów
8. pij odpowiednie ilości wody źródlanej, soki i napary
9. zwracaj uwagę na właściwe łączenie produktów
10. dbaj o aktywność fizyczną i równowagę kwasowo-zasadową

AKTYWNOŚĆ

NAJLEPSZA AKTYWNOŚĆ TO TAKA,
KTÓRĄ SOBIE WYBIERZESZ!

AKTYWNOŚĆ

Jak myślicie, ile osób odpowiedziałoby twierdząco na pytanie, czy ćwiczenia są korzystne dla ich zdrowia? Nie pomylilibyście się, gdybyście odpowiedzieli, że większość. Ćwiczenia i regularna aktywność znacząco wypływają na nasz organizm – tę prawdę bardzo trafnie podpowiada nam nasza intuicja, o ile oczywiście mamy odpowiednią świadomość, aby ją usłyszeć. Wielu ludzi stawia sobie pytanie, jakie ćwiczenia powinni wykonywać, aby zachować organizm i ciało w jak najlepszej kondycji. Jak zachować młody wygląd, zgrabną sylwetkę, jak uniknąć chorób i innych dolegliwości? W końcu, jaką formę aktywności wybrać, żeby to wszystko szło ze sobą w parze? Odpowiedź jest bardzo prosta – jest to taka aktywność, którą sami sobie wybierzecie i którą będziecie uprawiać! Kluczem nie jest bowiem to, jakie ćwiczenia wykonujecie, ale wasza motywacja, pragnienie życia w zdrowiu i konsekwencja, którą jedynie wy sami możecie w sobie obudzić. Bóg powołał nas do poruszania się, podejmowania konkretnych wyzwań i aktywności. Możecie więc w każdej chwili i z wiarą pomodlić się do Niego o siłę potrzebną do zmiany. Przypomnijcie sobie, ile niezliczonych zajęć fizycznych wykonujecie każdego dnia. Chociażby już samo wstanie z łóżka i ubranie się. Te rytualne czynności stanowią nieodłączną część naszej codzienności. Dlaczego wobec tego nie wygospodarować trochę czasu i nie wprowadzić dodatkowych aktywności, jak fitness, rower, basen czy po prostu zwykły spacer? Skoro z taką łatwością wykonujemy codzienne czynności, a są one tylko i wyłącznie skutkiem wytworzenia przez nas nawyku, to nie pozostaje nic innego, jak wprowadzić kolejny zdrowy rytm aktywności, która poruszy i uwolni zalegające w nas toksyny!

FITNESS, SPACER, ROWER CZY BASEN?

W trakcie ćwiczeń fizycznych zwiększa się proces pocenia. Automatycznie zaczynamy głębiej oddychać, a ruch wpływa na funkcje wewnętrzne. Jelita, pobudzone do lepszej pracy, zwiększają proces wydalania. Spalamy kalorie, a dodatkowo w trakcie przemian biochemicznych aktywują się funkcje hormonalne. Wzrasta poziom endorfin, tzw. hormonów szczęścia, które odprężają umysł. Dieta detoksykacyjna oparta na holistycznej naturze człowieka połączonego z żywiołami, przyrodą i pragnieniem życia w zdrowiu, zawsze ściśle wiąże się z aktywnością. Nawet najzdrowsze nawyki żywieniowe, które zaczniecie podejmować każdego dnia, nie zagwarantują pełni zdrowia, jeżeli nie wzbudzicie w sobie jednocześnie pragnienia ruchu. Dzisiaj już wiemy – na podstawie przeprowadzonych badań – że chorujemy z powodu niewłaściwego stylu życia, a walkę z naszymi chorobami zbyt często powierzamy wyłącznie farmakologii. Spotykam wiele osób, które dużo czasu spędzają na modlitwie o zdrowie, natomiast często wystarczy choćby na kilka tygodni zmienić nawyki żywieniowe i wprowadzić regularną aktywność, aby pozbyć się wielu uporczywych schorzeń, które dręczą nas nawet od wielu lat. W programie Jaglany Detoks warto podjąć regularną aktywność i wysiłek fizyczny, trzeba jednak pamiętać, żeby szczególnie w pierwszych dniach nie był zbyt intensywny. Szczególnie dotyczy to osób, które od dłuższego czasu prowadzą „osiadły" tryb życia. Dlatego polecam zastosować tę formę aktywności, która najbardziej wam odpowiada. Wielu z was nie muszę specjalnie zachęcać do ruchu – zapewne prowadzicie już aktywny tryb życia – istotnym elementem w programie jest natomiast świeże powietrze. Tlen bowiem jest bardzo istotny w procesie odkwaszania organizmu i każdy czas spędzony blisko przyrody doda wam naturalnych sił witalnych, których nie posiądziecie w zamkniętych klubach fitness. Postarajcie się więc podczas jaglanej diety oczyszczającej zaplanować sobie codzienny spacer, podczas którego wykonacie – choć przez parę minut – kilka prostych ćwiczeń oddechowych. Gwarantuję, że z takim nastawieniem apetyt na ruch będzie coraz większy. Zdrowe ciało z czasem samo zacznie się upominać o regularną aktywność, a wy staniecie się szczęśliwsi i zdrowsi.

Warto pamiętać, że toksyny gromadzą się w tkance tłuszczowej, ścięgnach i w stawach, więc aby wspomóc ich uwalnianie, niezwykle wskazane podczas diety detoksykacyjnej są jakiekolwiek ćwiczenia rozciągające. Musicie sobie zaplanować nie tylko posiłki, ale również odpowiednią formę aktywności. Wystarczy, że klikniecie w wyszukiwarce hasło „ćwiczenia rozciągające" i możecie dostać wręcz oczopląsu. Naprawdę jest w czym wybierać! Pragnę jeszcze raz podkreślić, że najważniejsza aktywność to motywacja, a to, jaki zestaw dla siebie wybierzecie, nie ma większego znaczenia.

Gimnastyka poranna podczas detoksu jest dobrą formą aktywności dla osób mało aktywnych. Ludzie nieustannie szukają wymówek, narzekają, jak wiele mają zajęć, przez które ciężko im wygospodarować czas na ćwiczenia. Na gimnastykę poranną nie trzeba jednak poświęcić więcej niż 10 minut. Tyle bowiem wystarczy, aby pobudzić zastoje energetyczne w organizmie i zwiększyć dopływ krwi

do mózgu. Już sama motywacja do zmiany diety i zaplanowanie kilkudniowego programu Jaglany Detoks powinna wzbudzić pragnienie nawet parominutowej porannej gimnastyki. Mogą to być najprostsze ćwiczenia. Ja sam bardzo często – szczególnie w okresie jesienno-zimowym – wykonuję zestaw, który nazywam 50/50. Kiedy każdego ranka robię 50 pompek i 50 przysiadów z wymachem rąk, czuje się wspaniale. Wiosną i latem staram się natomiast bardzo regularnie chodzić na poranne około 45-minutowe spacery z kijkami. Jeżeli nie mogę rano, to staram się wyskoczyć po południu. Poza tym, prowadząc dość często warsztaty gotowania, nie narzekam na brak ruchu fizycznego. Każdy powinien dostosować poranne ćwiczenia do swoich własnych upodobań, stanu zdrowia i możliwości. Jeśli już uprawiacie poranną aktywność, jak jogging czy fitness, to oczywiście kontynuujcie to jak najczęściej. Grunt to odnajdywać w tym radość, przyjemne doświadczenie i ozdobę życia, a nie dreszcze i chęć ucieczki na samą myśl o tym, że za chwilę trzeba wskoczyć w sportowy strój!

Spacer jest najprostszą formą aktywności. Wiemy już, jak bardzo istotny jest ruch na świeżym powietrzu. Przyśpiesza bowiem metabolizm, usprawnia procesy detoksykacyjne organizmu oraz niezwykle wspomaga odkwaszanie. Należy jednak pamiętać, że taki ruch musi trwać – nieprzerwanie! – nie krócej niż 30 minut. Zadbajcie, aby nie był to powolny marsz jak w pogrzebowym orszaku, ale stawiajcie zdecydowane kroki i sukcesywnie zwiększajcie tempo. Tylko wtedy możecie być pewni, że zaczynają się uruchamiać w organizmie wszystkie te mechanizmy, o których wyżej wspomniałem. Czas spędzany na siłowni lepiej zastąpić ruchem na świeżym powietrzu, czynności w ciągu dnia, które zazwyczaj odbywają się w pomieszczeniach zamkniętych, można zorganizować w taki sposób, aby jak najczęściej wychodzić na zewnątrz. Polecam spacer w lesie, ponieważ nie tylko jesteśmy wtedy aktywni fizycznie, ale wdychamy też olejki eteryczne, wydzielane przez drzewa – szczególnie w okresie wiosenno-letnim – a to odprężająco i leczniczo wpływa na nasz organizm. Od spaceru jednak niedaleko do nieco innej formy ruchu, coraz bardziej zresztą w Polsce powszechnej. Nordic walking, czyli spacer z kijkami, jest bowiem jedną z bardziej wspomagających form ruchu. Wzmacnia między innymi układ krążenia i płuca, a użycie kijków podczas chodu oszczędza stawy. Plecy znajdują się w optymalnym położeniu, dzięki czemu nie ma napięcia mięśniowego.

Nordic walking to od wielu lat moja ulubiona i podstawowa aktywność fizyczna. Warto zainwestować w dobre kijki – ta forma aktywności jest bowiem wyjątkowo prosta i najbardziej skuteczna w odkwaszaniu organizmu. Właściwa pozycja i technika podczas chodu z kijkami zwiększa objętość płuc, dotleniając organizm o blisko 40%! W marszu angażujemy do wysiłku większość mięśni naszego ciała, a zwłaszcza ramiona, które stają się mocniejsze i znacznie bardziej wytrzymałe. Po intensywnych ćwiczeniach podczas takich spacerów jesteśmy w stanie z większą łatwością wchodzić pod górę. Jednak to, co jest najważniejsze w uprawianiu nordic walkingu, to fakt, że spalamy nieco więcej kalorii niż podczas tradycyjnego spaceru. Jest to więc także doskonały sposób na redukcję wagi i przyrost tkanki mięśniowej.

Jak już wspomniałem, wielką zaletą marszu z kijkami jest to, że odciążają nasze stawy. Finowie obliczyli, że godzina takiego marszu to odciążenie kręgosłupa nawet o 25 ton! W dodatku można uprawiać tę formę aktywności w każdym dowolnym miejscu bez większych ograniczeń. Kijki najszybciej wyciągną was na świeże powietrze. Wystarczy motywacja. Jeżeli planujecie zaangażować się profesjonalnie i czerpać z tego jeszcze większą przyjemność, a nie borykać się z kontuzjami, polecam rozpocząć przygodę z nordic walkingiem pod okiem instruktora. Taka osoba nauczy was, jak przyjmować prawidłową postawę podczas marszu i pomoże dopasować odpowiednie kije.

Technika marszu nordic walking jest dla większości ludzi stosunkowo łatwa do opanowania. Każdy początkujący powinien rozpocząć marsz krótką rozgrzewką, która pozwoli rozciągnąć mięśnie i uruchomić obręcz barkową. Mogą to być na przykład wymachy lub unoszenie trzymanych przed sobą złączonych kijków od pasa ponad głowę. Jeżeli będziecie odpowiednio rozgrzani i opanujecie podstawową technikę marszu, wówczas uprawianie nordic walkingu da wam wiele przyjemności i satysfakcji. Jestem przekonany, że przyniesie również znakomite rezultaty w postaci wzrostu kondycji i poprawy zdrowia.

Podczas marszu z kijkami sylwetka musi być właściwie ułożona. Plecy należy wyprostować, brzuch powinien być lekko wciągnięty, a łokcie wyprostowane. Stawiamy kroki naturalnej długości, ze stopą ułożoną na pięcie, następnie przetaczamy ją przez śródstopie, po czym odbijamy się z dużego palca. W trakcie marszu staramy się poruszać rękoma naturalnie, do wysokości pępka. Ręce i nogi pracują naprzemiennie. Najpierw lewa noga, prawa ręka i odwrotnie. Kij wbijamy pod kątem około 60 stopni pod punktem ciężkości ciała. W początkowej fazie nauki odbicie następuje na linii biodrowej. Krok klasyczny jest dłuższy od podstawowego i towarzyszą mu silne wybicia z równoczesną rotacją tułowia oraz barków. Wybicie następuje za linią bioder, przy otwartej dłoni z naciskiem na pasek rękawiczki. Pamiętajcie, że kijki do nordic walkingu muszą mieć specjalną elastyczną obręcz na dłoń. Wiele osób kupuje niewłaściwe kijki (typu trekking), które służą do wędrówki górskiej.

Maszerując z kijami, uaktywniamy większość mięśni, usprawniamy układ krążenia i układ oddechowy. Kijki pomagają również utrzymać lepszą postawę, równowagę i stabilność podczas chodu, szczególnie w nierównym terenie. Odciążający kręgosłup, stawy oraz mięśnie nóg nordic walking doskonale nadaje się nie tylko do rekreacji, ale również do rehabilitacji. Skuteczny w walce z wieloma schorzeniami, działa regenerująco przy niewydolności układu oddechowego i krążenia. Korzystnie wpływa na urazy kręgosłupa, wady postawy oraz wiele innych schorzeń stawowo-kostnych. Nordic walking to wariacja na temat najbardziej naturalnych form aktywności ruchowej człowieka, czyli marszu, chodu i biegu. Może więc go uprawiać niemal każdy, bez względu na poziom kondycji fizycznej, płeć i wiek. Podczas programu Jaglany Detoks warto dodać do rozgrzewki lub spaceru serie podskoków, które poruszą zastoje jelitowe, zapewniając w ten sposób skuteczniejsze wydalanie. Pamiętajcie, aby zawsze mieć pod ręką butelkę z wodą lub naparem albo wypić więcej przed samym marszem. Polecam nordic walking podczas każdej diety oczyszczającej i odkwaszającej – od wiosny aż do późnej jesieni!

Głębokie oddychanie jest ważnym elementem aktywności podczas programu Jaglany Detoks. Ponieważ jest to czynność odruchowa, często nie pamiętamy o tym, by robić to w prawidłowy sposób. Oddychamy zbyt płytko, za szybko albo nie wydychamy powietrza do końca. Jest to o tyle problematyczne, że utrudnia przyswajanie tlenu na poziomie komórkowym i może to doprowadzić – w najgorszym wypadku – do niedotlenienia mózgu. W trakcie ćwiczeń i przy dużym wysiłku zwiększa się nam tętno, rośnie zapotrzebowanie na tlen i tym samym zaczynamy szybciej oddychać. Dlatego polecenie „oddychaj głęboko", które tak często słyszymy – jest tu jak najbardziej na miejscu – powinniśmy się bowiem skupiać na takim właśnie oddechu. Warto zwrócić też uwagę, by podczas aktywności żołądek nie był zbyt obciążony, głębokie oddychanie może być wówczas utrudnione. Jeśli czujecie, że nie macie jeszcze odpowiedniej kontroli nad oddechem, polecam ćwiczyć regularnie, kilka minut dziennie. Już po paru dniach powinniście zauważyć znaczną poprawę. Proponuję następujące ćwiczenie: przyjmijcie postawę stojącą, połóżcie dłonie na brzuchu tak, aby ich środkowa część znajdowała się na pępku, następnie wykonajcie głęboki wdech, a podczas wydechu część powietrza wypuśćcie powoli.

Oprócz pracy nad głębokim oddechem należy pamiętać też o ćwiczeniach rozluźniających. Mogą być one wykonywane na dwa sposoby: statycznie lub dynamicznie – żaden z nich nie obciąża stawów, ale je uelastycznia. Wykonując te ćwiczenia, nie musicie się też obawiać kontuzji ani uczucia sztywnienia.

ĆWICZENIE

Stajemy w lekkim rozkroku. Unosząc ręce od podstawy brzucha w okolicy pępka, nabieramy delikatnie powietrze nosem, a wraz z wdechem przenosimy ręce wysoko nad głowę, łącząc je delikatnie na samej górze. Następnie opuszczamy je powoli, z powrotem swobodnie wydychając powietrze ustami. W trakcie ćwiczenia należy wykonać w swobodnym tempie minimum 20 powtórzeń. Ostatnie pięć powtórzeń możecie wykonać energiczniej – dynamicznie opuszczając ręce w dół i wydychając szybko powietrze ustami. Tak, jakbyście chcieli się go całkowicie pozbyć z płuc. Jeżeli pragniecie poczuć jeszcze więcej przyjemności, wypowiadajcie w myślach podczas wdechu słowo „miłość".

OTO KILKA POMYSŁÓW, JAK STAĆ SIĘ BARDZIEJ AKTYWNYM PODCZAS DETOKSU

- Jeśli macie w ciągu dnia dużo pracy i wiecie, że trudno będzie znaleźć czas na aktywność, to zamiast spotkania służbowego w biurze, sali konferencyjnej czy kawiarni, zaproponujcie inną formułę rozmowy – na przykład w trakcie wspólnego spaceru. Wykorzystajcie tę formę ruchu jako zacieśnienie więzi z waszymi współpracownikami.

- Kiedy wiecie, że cały dzień spędzicie, siedząc w biurze, od czasu do czasu wstawajcie, przechadzajcie się po pomieszczeniu, róbcie skłony, a nawet podskakujcie.
- Jeśli pozwala wam na to czas, to zamiast jazdy autem czy korzystania z komunikacji miejskiej idźcie na piechotę. Niech to będzie wasz nowy nawyk!
- Włączcie muzykę i potańczcie kilka minut w jej rytm. Uwielbiam taki spontaniczny taniec. Kiedy potańczycie nawet kilka minut, rozruszacie całe ciało i wspaniale zrelaksujecie umysł.
- Próbujcie jak najczęściej rozciągać odcinek krzyżowo-lędźwiowy oraz nogi, schylając się i dotykając palców stóp.
- Podczas rozmowy telefonicznej starajcie się nie siedzieć, stójcie lub spacerujcie.
- Zamiast jeździć windą, zacznijcie chodzić po schodach.
- Nawet nie jesteście w stanie sobie wyobrazić, jak kilka nawyków, które udałoby się wam wprowadzić do codziennego życia, wpłynęłoby na wasze lepsze samopoczucie. To, co pozornie jest trudne do przeorganizowania, okazuje się banalnie proste. Tak jak czas spędzany na siłowni można zastąpić ruchem na świeżym powietrzu, tak samo czynności w ciągu dnia, które zazwyczaj odbywają się w pomieszczeniach zamkniętych, można zorganizować w taki sposób, aby jak najczęściej wychodzić na zewnątrz.

Pewnie wielu z was zastanawia się, dlaczego nie wspomniałem o jodze? Ta forma aktywności staje się przecież coraz bardziej popularna. Wiele poradników opisuje jogę jako najlepszą drogę do „doskonałości" ciała i duszy oraz do „samorealizacji" na wielu płaszczyznach – w tym rozwoju duchowego. Ale uwaga! Zanim dacie się ponieść tej modnej formie aktywności, sprawdźcie, czy aby wiecie już wszystko o jodze? Szczególnie, czy poznaliście dokładnie tego, kto stworzył zestaw „ćwiczeń", które wykonujecie i czy wiecie, w jaki sposób mogą one wpłynąć na waszą duchową tożsamość. Nie zapominajmy, że jest to technika, która jest związana z religijnością i powoduje w nas również zmianę świadomości. Im więcej ćwiczymy, tym bardziej się ten proces pogłębia. Nie pisałbym tego tak odważnie, gdyby nie fakt, że z jogą miałem wieloletnią „przygodę" już ponad 20 lat temu. Wszystkich, którzy pragną poznać o niej całą prawdę, zachęcam do przeczytania książki o. Josepha-Marie Verlinde'a *Bóg wyrwał mnie z ciemności*, w której autor opisuje kulisy wielu praktyk jogicznych. Dziś szczególnie wszyscy chrześcijanie powinni jasno wiedzieć, że to nie „powitanie słońca" ani żadne inne ćwiczenia jogi, ani w ogóle jakiekolwiek ćwiczenia mogą nam zapewnić więcej łaski Bożej, ponieważ sam Bóg daje ją w sposób absolutnie wolny i to on prowadzi nas do świętości. My nie możemy w żaden sposób wpłynąć na obfitość tej łaski. Lepiej więc być ubogim przed Bogiem bez jogi, niż być „samowystarczalnym", ale z dala od Boga. Jest bowiem mnóstwo wspaniałych rodzajów aktywności, które nie wzbudzają nawet cienia kontrowersji i mogą jednoczyć nas z Bogiem poprzez samo dziękczynienie za dar życia. Niech będzie to temat do poszukiwania i kontemplacji.

ZAPAMIĘTAJ!

Ruch może też być świetną zabawą. Przypomnijcie sobie chwile swojego dzieciństwa, kiedy ruch stanowił naturalny element każdego dnia. Zabawa w berka, rower czy wspinanie się po drzewach. Każda forma aktywności wiązała się wtedy z niewyobrażalnym szczęściem i radością. Możecie w to wierzyć lub nie, ale jesteście w stanie cofnąć do pewnego stopnia biologiczny zegar, przywracając tym samym energię swojemu ciału, umysłowi i sercu. Aktywne zabawy i ćwiczenia są korzystne dla serca, a dobra wiadomość jest taka, że serce to mięsień, więc wszystko co stanowi dla niego wyzwanie – czy będzie to wycieczka na rowerze, czy pokonanie iluś tam kondygnacji schodów – dodaje mu zdrowia i siły do miłości.

ŚWIADOMOŚĆ

OBUDŹ SIĘ DO WZAJEMNEJ MIŁOŚCI
I POCZUJ MOC PRZEBACZANIA!

ŚWIADOMOŚĆ

To, co wynosi nas obecnie na szczyty kulinarnych doznań, coraz częściej staje się przyczyną naszej zdrowotnej klęski. Dlaczego więc to, co nam tak smakuje, prowadzi do problemów ze zdrowiem? Odpowiedź jest prosta. Nadmiar! Aby w to uwierzyć, musimy najpierw w pełni zrozumieć, że w życiu nie ma próżni – chorobliwy nadmiar jest przyczyną jakiegoś niedoboru. Kiedy nam czegoś bardzo brakuje, a jest to potrzeba konieczna do przeżycia, to nasze niekontrolowane pragnienie jej zaspokojenia jest często wręcz nie do pokonania. W takim momencie zanika najczęściej nasza naturalna cnota umiarkowania i pojawia się demon obżarstwa!

Ów złudny i przesadny stosunek do jedzenia wynika z chęci objadania się, a prowadzi nas do nierównowagi nie tylko fizycznej, ale i bardziej ogólnej, wręcz egzystencjalnej – do degradacji naszego życia społecznego i zdrowia publicznego. Życie traci z tego powodu swoją naturalną harmonię. Nie chodzi o to, by złośliwie zidentyfikować w otoczeniu kogoś, kto totalnie popadł w otchłań przejadania się, lecz o to, abyśmy zastanowili się, w jaki sposób obżarstwo wkrada się w nasze życie i do czego może doprowadzić. Musimy dodatkowo wziąć pod uwagę, że na przestrzeni ostatnich dwóch dekad nasz pokarm diametralnie się zmienił. Zubożała gleba, która wydaje ogołocone z witamin i mikroelementów plony, a okazale wyglądające i coraz częściej zmodyfikowane produkty są nafaszerowane konserwantami. Tymczasem zapotrzebowanie na bardziej odżywczą dietę znacznie wzrosło. Szybszy i mocno stresujący styl życia w coraz bardziej zanieczyszczonym środowisku sprawia, że nasz organizm, by przetrwać w zdrowiu, potrzebuje coraz więcej.

Kolejna kwestia to psychologiczno-emocjonalne podłoże naszych wyborów żywieniowych – warto wiedzieć, gdzie szukać przyczyny. Pisze o tym Grzegorz Wielki w swoim *Komentarzu moralnym do Hioba,* podając opis niepohamowanego łakomstwa oraz sposobów, którymi potrafi kusić podniebienie. „Niekiedy przyśpiesza porę zaspokojenia, czasem domaga się potraw bardzo wyszukanych, niekiedy wymaga, aby jedzenie było przygotowane z wielką starannością, innym razem akceptuje jakość i czas posiłku, lecz przesadza z ilością. Czasami też żąda wprawdzie potraw bardzo wyszukanych, lecz pochłania je z przesadną żarłocznością".

Możemy na tym przykładzie doznać kolejnego olśnienia: jednym z głównych powodów naszego niepohamowanego łakomstwa jest wspomniany już wielokrotnie nadmiar! Zachłanność to nie tylko jedzenie zbyt dużych ilości, to także spożywanie zbyt szybko, byle czego i w byle jaki sposób. Program Jaglany Detoks jest doskonałym regulatorem tej niezwykle trudnej do opanowania żądzy. Już po kilku dniach możemy poczuć większą równowagę – i to na tyle sugestywną, że w przyszłości będziemy bardziej świadomie kontrolować nasz rozszalały apetyt, który nie rodzi się z rzeczywistej potrzeby organizmu, lecz z pragnienia, które często wyrasta poza nasze naturalne normy.

Dopiero wówczas, kiedy zrozumiemy, w którym miejscu uwypukla się nasza nieuporządkowana i pozbawiona rozsądku nadmiarowa struktura, możemy dotrzeć do sedna naszych poszukiwań – odnowa kultury stołu oraz postu, pojęte w pełni i świadomie, mogą pokonać większość chorób, zanim się one pojawią. Poza zdrowszym gotowaniem i większą aktywnością fizyczną to właśnie medycyna detoksykacyjna – nie tylko w obecnym, ale w nowych pokoleniach – będzie niezwykle skutecznym lekarstwem. Dzięki wielu badaniom naukowym wiemy już, że przyczyną większości nabytych chorób jest zanieczyszczenie organizmu złogami toksyn, które prowadzą do degradacji komórkowej i perforacji jelitowej, która z kolei powoduje zatrucie krwi. Globalne zagrzybienie spowodowane nadmiernym spożyciem cukru powoduje ogromny wzrost zachorowań na nowotwory, a nasza główna cywilizacyjna choroba to najczęściej brak równowagi kwasowo-zasadowej i deficyt energetyczny organizmu, który często jest spowodowany niedożywieniem komórkowym. W organizmie powstają niebezpieczne infekcje wywołane przez grzyby, wirusy i pasożyty. Program diety detoksykacyjnej jest więc niezwykle cennym i wartościowym narzędziem, dzięki któremu organizm zaczyna sam uruchamiać swoje naturalne możliwości odtruwania i wraca do zdrowia, wzmacniając układ odpornościowy.

Nasz stan idealny to – jak wiadomo – harmonia, ład i równowaga wewnętrzna, których w obecnych czasach tak trudno doświadczyć. Po wypędzeniu Adama i Ewy z rajskiego ogrodu nasze życie stało się walką pomiędzy dobrem i złem, poznaliśmy, co to przeciwności losu oraz grzech, który odciąga nas od cnoty i prowadzi do powszechnego cierpienia. Niszczymy rodzinę, przyrodę, produkujemy przetworzone, coraz częściej modyfikowane genetycznie jedzenie. Każdego dnia spożywamy chemię i chemią najczęściej jesteśmy leczeni. Szukamy lekarstwa na raka, wydając miliardy dolarów, a podstawową przyczyną jego powstawania jest niewłaściwy styl życia, który wystarczyłoby zmienić. Tymczasem chyba jedynie choroba może nas uwolnić od przekleństwa popełnianego notorycznie grzechu obżarstwa i nieustannego zatruwania naszego ciała toksynami. Brak umiaru stał się wadą nie do pokonania – uwolnienie się od niego graniczy z cudem! Mamy jednak wielkie szczęście, nasz kochający i miłosierny Stwórca przewidział bowiem upadek człowieka w tym obszarze, więc od początku przygotował dla nas najskuteczniejszą i najtańszą broń. Doskonałe lekarstwo na większość naszych zniewoleń. Post!

ODNOWA POSTU I KULTURY STOŁU DROGĄ DO ZDROWIA

Pokarmy zostały stworzone, aby nas żywić i leczyć. Trudno jednak zachęcić do refleksji nad wybujałą pasją do jedzenia jako namiętnością negatywną albo grzechem. W czasach kulinarnego szaleństwa jest to dyskurs wybitnie niewygodny. Zresztą w powszechnym rozumieniu trudno o negatywną ocenę dobrodziejstw zdrowej kuchni oraz radości życia związanej z biesiadą. Czyż nie jest to wręcz ewangeliczna idea optymistycznej wizji kultury stołu i jedzenia? Jednak na tym samym stole, który powinien dawać radość, rodzą się patologie wynikające z braku równowagi i niewłaściwego stosunku do pokarmu. Bulimia i anoreksja, dwie krańcowe postawy wobec jedzenia, sprawiają, że zmienia się ono w przyczynę destrukcji człowieka. Ten problem coraz częściej dotyka bardzo młodych ludzi, najczęściej ma źródło w niewłaściwych relacjach rodzinnych. Rodzice, którzy są odpowiedzialni za tworzenie atmosfery wokół stołu, powinni z większą uwagą uczyć swoje dzieci mądrej postawy wobec jedzenia. Dzieci, mając poczucie odrzucenia i samotności, zaczynają wzbudzać w sobie niezdrowe instynkty, bo pragną w ten sposób zwrócić na siebie uwagę, odzyskać miłość rodzicielską.

Nasze jedzenie stało się zwykłym paliwem, często fatalnej jakości. Zjadamy cokolwiek, co – możliwie jak najszybciej – wpadnie nam w rękę, zatruwając organizm niestrawionym pokarmem. Stół zaś, który jeszcze do niedawna był w naszych domach wyjątkowym miejscem, przeistoczył się obecnie w coś w rodzaju półki, na której można położyć cokolwiek. Tymczasem od początku dziejów człowieka stół był miejscem wielce uprzywilejowanym, przy którym nawiązywało się głębokie relacje, dzieląc się radością, trudem i nadzieją, którą każdy przecież w sobie nosi. Proste, ale poruszające zmysły jedzenie, które powinno dążyć do piękna, stało się coraz bardziej natarczywe i przyziemne. Zamiast być kontemplacyjne i uporządkowane, stało się chaotyczne, a wręcz zwierzęce. W wirtualnym świecie karierę robią kulinarne blogosfery o ekshibicjonistycznym zabarwieniu, a my nieświadomie wyznajemy kolejną religię – religię diety. Zapominamy, że jedzenie powinno być czynnością, która w pełni uwzględnia człowieka, a nie taką, która go uprzedmiotawia, skazując na monotonię i banalność pożywienia.

Wybierając pokarm, miotamy się pomiędzy tym, co zdrowe i tym, co smaczne. Studiujemy opasłe podręczniki o zdrowiu, ale spożywamy coraz więcej przetworzonych produktów. Nasze najczęstsze wytłumaczenie to kompletny brak czasu. Kiedy pojawia się problem, szukamy zatem szybkich rozwiązań. Często zaczynamy się głodzić, sądząc, że takie poświęcenie przyniesie wymierne efekty. Wychodzimy z fałszywego przekonania, że jeśli nie będziemy jeść, to wszystko samo się wyreguluje. Przy okazji zaś – zrzucimy kilka kilogramów, podnosząc w ten sposób swoją samoocenę. Przecież smukła sylwetka kojarzy się dziś ze zdrowiem. W naszej krótkiej ziemskiej przygodzie tracimy wiele czasu na walkę i wyrzeczenia. Pozbawiamy się w ten sposób jednej z największej przyjemności życia – jedzenia w atmosferze radości i spokoju. Zadajcie sobie teraz pytanie. Kiedy ostatni raz upajaliście się zdrowym i odżywczym posiłkiem? Czerpiąc z tego przy okazji wielką radość życia. Jeżeli tego nie doświadczacie, to program Jaglany Detoks wspaniale wyreguluje ten zachwiany element waszego życia i już na zawsze wprowadzi nowe spojrzenie na stół. Wspólny posiłek i oświecenie go dziękczynieniem – nawet, jeśli jeszcze nigdy tego nie doświadczyliście – stanie się wielkim krokiem do odnowy kultury waszego stołu.

Pamiętam, kiedy pierwszy raz poprosiłem nasze dzieci o wspólną modlitwę przed posiłkiem. Ich zaskoczenie było niezwykłe! Dzisiaj, po latach odnowy naszej kultury stołu, dzieci często uświęcają posiłek znakiem krzyża, nawet

kiedy same coś spożywają. Nasz dom pachnie teraz miłością, dobrym jedzeniem i wspólną dziękczynną modlitwą, chociaż przez długie lata było zgoła inaczej. Zwracamy również uwagę, aby nie odbierać telefonu podczas posiłku, w końcu zawsze możemy oddzwonić. Nic nas, rodziców, tak nie cieszy jak dzieci, które z radością wracają do domu i są otwarte na wspólną rozmowę. Nasz stół stał się teraz domowym sacrum, dbamy o ład i porządek, często staramy się o świeże kwiaty. Nie szukamy wyłącznie doznań smakowych, zwykle bowiem spożywamy proste postne potrawy. Staramy się uważnie ze sobą rozmawiać, dziękując Bogu za każdy piękny dzień życia. Nasz posiłek przywołuje bogatą symbolikę biblijną i szczerą wdzięczność dla pracy rąk ludzkich, dzięki którym spożywamy te dania. Obecność Boga na uczcie człowieka zobowiązuje również do pewnych zachowań, które wzmacniają w nas poczucie dobra, wyrozumiałość, współczucie i miłość.

Zaprosić Boga do stołu, to znaczy przyjąć Go świadomie, jako dawcę, który stworzył wszystko dla naszego szczęścia. Ciężar grzechu i nasze z nim zmagania stają się zatem powodem do szczerej dyskusji oraz szukania wspólnych sposobów na rozwiązanie codziennych problemów. W takiej atmosferze zastanawiamy się, co warto zmienić na lepsze, podsycamy też w sobie miłosierdzie wobec tych, którzy nie mogą doświadczyć takiego dobra jak my. Wzrasta wtedy pragnienie, aby zaprosić do stołu tych, którzy nie mają własnego – uczymy się tego, bowiem być miłosiernym w pełni i z serca nie jest wcale łatwo.

Stół wypełniony Bożą obecnością może znów stać się niezwykle wymownym symbolem zdrowej polskiej rodziny. Tajemnica pokarmu położonego na stole jest bowiem pełną komunią z Bogiem i współbraćmi. O wiele łatwiej można się dzięki temu uwolnić od wszelkich form żarłoczności, chęci posiadania i przesadnego łakomstwa i zamienić je na autentyczne i naturalne pragnienia, które kierują naszym życiem poprzez działanie Ducha Świętego. Takie życie staje się wolne od wszelkich form zachłanności. Zacznijcie więc jak najszybciej planować swój Jaglany Detoks nie tylko od strony czysto dietetycznej – postarajcie się wprowadzić również zmiany w uświęcaniu posiłków i w uważniejszym ich spożywaniu. Wierzę głęboko, że uda się wam odnowić te zubożałe, ale jakże cenne rytuały, wykorzystując je do kolejnego wartościowego doświadczenia: dzielenia się tym z innymi, częstszego zapraszania bliskich wam osób na wspólną biesiadę. Pamiętajmy, że dzięki temu możemy pogłębić zdolności kulinarne i lepiej pojąć wezwanie apostoła Pawła: „Czy jecie, czy pijecie, czy cokolwiek innego czynicie, wszystko na chwałę Boga czyńcie".

Jedzenie dzielone z innymi możne być terapią oraz metaforą niewyczerpanego doświadczenia Boga. Nasz stół, nawet obficie zastawiony, staje się wówczas doświadczeniem obfitości pochodzącej od samego Stwórcy. Warto jednak sobie uświadomić, że do zachowania tej równowagi potrzebne jest zarówno świadome ograniczenie jedzenia, jak i docenienie głębi znaczenia postu. Tylko wtedy zrodzi się w nas prawdziwe pragnienie spotkania z Bogiem, który mieszka w naszym sercu. Wchodząc z Nim w komunię poprzez wspomnianą ucztę, z większą radością spożywamy uświęcony posiłek. Tak właśnie uczynił Jezus, który rozpoczął swoją publiczną działalność, poszcząc. Potwierdził tym samym, że człowiek nie żyje jedynie chlebem, lecz Słowem wypowiedzianym przez Boga. Następnie głosił zaś Dobrą Nowinę, siadając z ludźmi do uczty – począwszy od Kany Galilejskiej, aż po Ostatnią Wieczerzę, dzieląc się z nimi ich pokarmem do tego stopnia, że zawarł w nim sens swojego życia.

UKRYTA MIŁOŚĆ, CZYLI NASZA GLOBALNA TĘSKNOTA!

Wszyscy ludzie tęsknią za prawdziwą miłością, która jest siłą sprawczą życia i sensem naszego istnienia. Odkąd świat uczynił z miłości produkt, ta stała się zimna, wyrafinowana, zdolna prowadzić nawet do przemocy. Największym ludzkim cierpieniem jest tymczasem brak wzajemnego szacunku, pokoju i miłości. Tym, co zmienia świat od wewnątrz może być wyłącznie wzajemne uczucie, tylko ono może ostatecznie go zmienić. Świadomie zmieniając siebie, zyskujemy wpływ na otoczenie – wielkim krokiem do tego może być nawet kilka dni diety detoksykacyjnej, która jest przecież także wyzwaniem do zmiany myślenia. Najczęściej stawiamy się w pozycji roszczeniowej: mnie się należy, to moje, rzadziej niestety staramy się zmienić siebie, aby uniknąć trudnych okoliczności. Zapominamy, że milczenie może być bardziej wymowne niż potok słów, którymi często ranimy naszych najbliższych. Detoks w holistycznym rozumieniu powinien oczyścić nas na wielu płaszczyznach, tylko wtedy mamy szanse na odnalezienie w sobie spokoju serca, który będzie filarem lepszych relacji z najbliższymi. Niestety wciąż działamy jak człowiek z epoki kamienia łupanego. Próbujemy rozwiązywać nasze problemy za pomocą gniewu. Chociaż energia miłości jest obecna zawsze i możemy z niej czerpać bez ograniczeń, częściej wybieramy właśnie przemoc. Kiedy zaś wchodzimy do źródła miłości, nasze nastawienie zmienia się, a wtedy treścią naszego istnienia staje się życie dla innych. Problemy dnia codziennego wprawdzie nie znikną, ale w atmosferze miłości przechodzimy przez życie w łagodniejszy i uporządkowany wewnętrznie sposób, nie raniąc siebie i naszych współbraci.

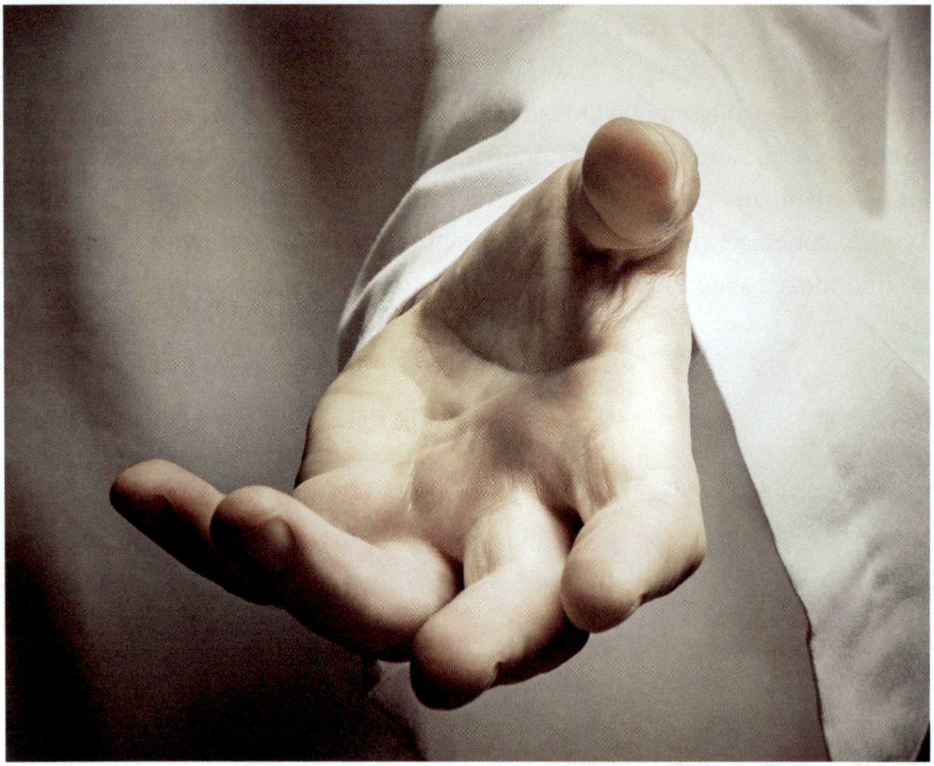

Jeżeli często jesteście sfrustrowani, szybko unosicie się gniewem, chętnie krytykujecie otoczenie, szukacie pocieszenia w jedzeniu, to znak, że wasz organizm potrzebuje nie tylko odkwaszania, ale szczególnie domaga się emocjonalno-duchowej detoksykacji! Pamiętajcie, że zmieniając siebie, możecie pomóc również innym. Nie będziecie już musieli wywierać wpływu na współbraci, lecz świadomie odkryjecie siłę ukrytej w was miłości. Każdy człowiek ma pragnienie więzi, bycia akceptowanym i kochanym. Już w łonie matki dziecko jednoczy się z nią w tę egzystencjalną więź. To, co należy do matki, należy również do dziecka. Po narodzinach traci ono absolutne poczucie bezpieczeństwa, które dotychczas miało. Tęsknota za tą wcześniej nierozerwalną jednością pozostaje w głębi naszej duszy. Człowiek może, na drodze duchowej, ponownie ożywić i doświadczyć utraconej jedności na zupełnie nowej płaszczyźnie, jest jednak pewien warunek – musi uwierzyć, że więzi tak czystej jak ta w łonie matki, może doświadczyć wyłącznie z Bogiem. Życie bez Niego przerzuca bowiem tęsknotę na cele pośrednie: pracę, karierę, stan posiadania, ambicje, które każą nam ciągle zabiegać o aprobatę otoczenia. Trwa to do momentu, w którym nie doświadczymy żywej i prawdziwej „boskiej miłości". Nie musimy rezygnować z ambitnych planów i projektów, ale kiedy ich podstawą jest miłość, stają się zupełnie innym dziełem – takim, które prowadzi do wspólnego dobra.

Gubiąc się w gąszczu ziemskich pokus, tracimy niestety coraz częściej naszą prawdziwą tożsamość. Doskonale ukazuje to przypowieść o synu marnotrawnym. Kiedy ów syn zażądał od ojca swojej części spadku, myślał, że wspaniałe życie toczy się gdzieś z dala od rodzinnego domu. Wyruszył więc w świat, szukając szczęścia i trwoniąc przy tym swoje dziedzictwo. Skończył jako świniopas, któremu nie wolno było spożywać nawet świńskiego jadła. Wówczas przypomniał sobie o domu. Wrócił i został powitany z czułą miłością, przyjęty bez cienia jakichkolwiek wyrzutów. Ta przypowieść wspaniale pokazuje naszą własną transformację, drogę, którą obecnie bardzo często zmierzamy. Jest wręcz zwierciadłem, w którym możemy rozpoznać proces naszego rozwoju. Coraz częściej zapominamy bowiem o domu Ojca oraz o tym, kim naprawdę jesteśmy. Ojciec symbolizuje naszą prawdziwą naturę, nasz początek w Bogu. Syn marnotrawny symbolizuje natomiast nasze narcystyczne, skoncentrowane na sobie ego, które działa na nas samych i na nasze otoczenie. Owszem, możemy tak funkcjonować, ale nie wydajemy wtedy owoców miłości. Taką postawą burzymy siłę napędową wszechświata, którą jest właśnie miłość. Z czasem duchowa nędza, w którą popadamy, staje się naturalną konsekwencją oddzielenia się od praprzyczyny boskiej natury. Jeżeli człowiek, w pogoni za doczesną zdobyczą, ogałaca się z Bożej opatrzności, próbując w życiu wszelkich zastępczych sposobów zaspokojenia, a następnie wszystko to nagle utraci, wówczas ogarnia go egzystencjalne cierpienie. Jednak często trzeba właśnie przejść przez bramę tej nędzy i odrzucenia, aby powrócić do prawdy o sobie i do życia zgodnego z założeniem tego świata.

Powyższa historia dotyczy również mnie, ponieważ tego właśnie doświadczyłem. Kiedy wróciłem poraniony do Boga Ojca i oddałem mu swoje życie wraz z wszystkimi cierpieniami, On natychmiast przyjął mnie z czułą miłością i rozpoczął proces uzdrawiania, który trwa do dzisiaj. Nawrócenie bowiem to proces, przez który prowadzi nas sam Stwórca. Robi to jednak jak troskliwy, choć czasem wymagający ojciec, który najlepiej wie, czego potrzebujemy. Bóg nie skupia się na chorobach, ale na chorym człowieku – w bardzo szerokim ujęciu. Często nasza logika w procesie uzdrawiania zawodzi. Tak było w moim przypadku. Na moich największych życiowych porażkach Bóg zaczął budować wielkie rzeczy, nic się nie zmarnowało, a często nawet te najtrudniejsze chwile, o których chciałbym jak najszybciej zapomnieć, stawały się zaczynem do niezwykłych wydarzeń i niezwykle twórczej pracy. Odkopał nawet mój talent z dzieciństwa, zaprzepaszczony przez lenistwo. Dzisiaj żyję w przekonaniu, że kto nie pójdzie za miłością, ten występuje przeciwko całości stworzenia, ponieważ miłość jest podstawową siłą naszej ewolucji. Program Jaglany Detoks, w którym poza uporządkowaną dietą włączycie pragnienie powrotu do źródła miłości, może być dla was spektakularną odmianą relacji z Bogiem, w której odnajdziecie utracone dziedzictwo – godność dziecka Bożego.

RADYKALNE WYBACZANIE – CZY POTRAFISZ PRZEBACZAĆ?

Jak podkreślałem w poprzednich rozdziałach, nasze nabyte choroby zaczynają się najczęściej wówczas, kiedy tracimy równowagę duchowo-emocjonalną. Rozpad tego balansu pomiędzy cnotą i wadą, który prowadzi człowieka do cierpienia, opisuje już w swoich dziełach św. Hildegarda z Bingen, uznając go za przyczynę niemal każdej dolegliwości. Przyzwyczailiśmy się, że chorobę traktujemy jako objaw zewnętrzny, zapominamy często, że problem tkwi o wiele głębiej. Kiedy człowiek zostaje w jakiś sposób zraniony lub skrzywdzony, pojawia się problem z przebaczeniem. Krytyka, kłamstwo, pomówienia, niewierność, przemoc, utrata kogoś bliskiego, nagły wypadek lub choroba, czy wreszcie zranienie fizyczne szczególnie głęboko dotykają naszą delikatną strukturę emocjonalno-duchową. Należy oczywiście odróżnić sytuacje, kiedy faktycznie czujemy się zranieni – można bowiem zostać ośmieszonym i skrytykowanym, ale nie poczuć się zranionym lub poczuć się dotkniętym zniewagą, choć nic wielkiego się nie wydarzyło. Prawdziwe i dotkliwe zranienie pojawia się najczęściej, kiedy czujemy się rzeczywiście upokorzeni przez kogoś, kogo kochamy. Warto wyleczyć tę najczulszą duchową strunę naszej natury.

TERAPIA UZDROWIENIA WEWNĘTRZNEGO PODCZAS DETOKSU

Paulette Boudet w swojej książce *Przebaczenie odmienia życie* opisuje sześć etapów uzdrowienia wewnętrznego – chciałbym je przedstawić i zachęcić was, byście podczas programu Jaglany Detoks zadali sobie kolejne pytanie: czy przypadkiem nie macie w sobie jeszcze zranienia, które należałoby wykorzenić. Trzeba zapamiętać, że radykalne wybaczenie nie ogranicza się tylko do zapomnienia, ale polega na świadomym oczyszczeniu duszy, w której zamiast rany pojawi się

poczucie akceptacji i wzajemnej miłości. To trudny proces, zwłaszcza przy głębszych ranach, ale poprzez właściwą terapię możliwy i – dla odzyskania pełnego zdrowia – konieczny. Rozpad więzi w najbliższych relacjach, pomiędzy matką, ojcem, rodzeństwem, mężem i dziećmi, może być powodem głębokiego cierpienia, które manifestuje się nawet chorobą fizyczną. Choroba nowotworowa to bardzo często wołanie o miłość. Brak akceptacji i wzajemnej miłości utrudniają także leczenie chorego, ponieważ miłość jest naszym najważniejszym lekarstwem.

1 Pierwszym etapem na drodze do uzdrowienia jest uznanie, że zranienie istnieje. Trzeba je wydobyć na zewnątrz, najlepiej spisać sobie na kartce. Dopiero wówczas staniemy w prawdzie wobec siebie i przyczyny naszego cierpienia. Warto sobie w tym momencie zadać pytanie o przyczynę naszej reakcji, nadać zranieniu właściwe proporcje i świadomie zapragnąć wyzdrowienia.

2 Kolejny etap to przypomnienie sobie naszej reakcji na czyn, który nas zranił. Tutaj musimy zadać sobie ważne pytanie: czy nasza reakcja była wyrazem złości, wewnętrznego gniewu czy tylko użalaniem się nad sobą. Być może była jedynie wynikiem kompleksów lub naszej wewnętrznej pychy. Należy też określić czy zostaliśmy dotknięci powierzchownie, czy aż do samej głębi. Nierzadko korzenie naszego cierpienia tkwią w starych niezabliźnionych ranach. Wspomnienia, które budzą w nas lęk, wskazują na niezagojone w pełni rany.

3 Teraz, świadomie stojąc wobec pragnienia, aby uleczyć się z trudnej przeszłości, należy sprowadzić zranienie na swoje miejsce. Co to oznacza? Otóż, człowiek zraniony może bagatelizować swoje zranienie lub nadać mu wręcz przesadne znaczenie. Możemy sobie więc nawet wmawiać, że wcale nas to nie zabolało. Owszem, może to być w pewnym sensie reakcja autentyczna, jednak często zdarza się, że ukrywamy zranienie w nieświadomości, aby było niewidoczne. Istotą sprowadzenia zranienia na swoje miejsce jest jego uznanie oraz nadanie mu właściwych proporcji.

4 Następnym krokiem w drodze do uzdrowienia wewnętrznego jest pełne i świadome zaakceptowanie zdarzenia, które doprowadziło do zranienia. Niestety znaczna część naszego cierpienia bierze się z pragnienia, a nawet woli, aby to zdarzenie nie zaistniało. Wiele byśmy dali, aby je wręcz całkowicie „anulować". Bez względu, czy dotyczy to śmierci dziecka czy współmałżonka, niepełnosprawności, gwałtu czy zabójstwa, jest w nas coś, co odrzuca tę rzeczywistość, broni nas przed jej zaakceptowaniem czasem przez całe życie. Może to dotyczyć również wszelkich upokorzeń, fałszywej oceny lub ośmieszenia. Pomimo starań, nie możemy zrobić nic, aby się tego pozbyć. Wewnętrzna walka jest wielkim ciężarem, więc im szybciej uznamy, co nas zraniło, a szczególnie że jest to wydarzenie nieodwracalne, tym lepiej. Wtedy możemy dopiero w pełni myśleć o uzdrowieniu.

5 Teraz musimy zadać sobie radykalne pytanie: czy chcemy być uzdrowieni? Czy akceptujemy ten fakt z wiarą i pełną ufnością? Jezus, w jednej z ewangelicznych opowieści, zanim uzdrowił paralityka po 38 latach jego choroby, najpierw zadał mu pytanie: „Czy chcesz wyzdrowieć?" (J 5,6). Zwróćmy na nie baczną uwagę, ponieważ ten najważniejszy etap w naszej terapii zależy od tego, czy uwierzymy, że możemy zostać uzdrowieni i dowiemy się, w czym tkwi przyczyna cierpienia. Paralityk odpowiada Jezusowi, że nie ma go kto wprowadzić do sadzawki, w której następuje poruszenie uzdrawiającej wody. Ciągle ktoś go w tym wyprzedza, a uzdrowiony może być tylko jeden chory. Nie odpowiedział zatem wprost na zadane mu pytanie, przeszedł do głębszej rzeczywistości swojego cierpienia. Ukazał bowiem swoją wielką samotność, a szczególnie to, że jego cierpienie nikogo nie interesuje. Nasz wewnętrzny dramat polega właśnie na tym, że nasze zranienie najczęściej nikogo nie obchodzi. W ten sposób z czasem można nawet „pokochać" swoje cierpienie i nosić je w sobie, ustawiając się w pozycji ofiary i sygnalizując otoczeniu: „nie dotykaj mnie, sam sobie poradzę". Jednak, aby zostać zdrowym, trzeba wyrwać się z tej pułapki, nie rozczulać się nad sobą, tylko z wiarą wejść na drogę uzdrowienia.

6 Na ostatnim etapie trzeba sobie uświadomić, że nasze najgłębsze zranienia może uleczyć wyłącznie Bóg. Całkowite uzdrowienie oparte na Bożym miłosierdziu nie jest bowiem owocem naszej walki czy psychoterapii, ale modlitwy opartej na naszej wierze. Aby tego doświadczyć, trzeba więc wykonać najważniejszy krok. Zbliżyć się do Boga. Trzeba przyjść tam, gdzie Bóg przebywa, do Kościoła. To w obecnych czasach niezwykle trudna decyzja, ale konieczna. Nie pisałbym tego, gdybym pewnego dnia nie przyszedł do Kościoła chory i nie wyszedł uzdrowiony! Wyobraźcie sobie sytuację, że jesteście chorzy i potrzebujecie nagłej pomocy medycznej, jednak nie akceptujecie służby zdrowia, ponieważ uważacie, że działają wbrew waszemu rozumowaniu. Cierpienie i ból są jednak tak silne, że nie możecie już wytrzymać. Myślicie, że lekarz usłyszy wasze jęki, przyjedzie z całym arsenałem medycznym, zbuduje w waszym domu laboratorium analityczne, zainstaluje tomograf i zacznie was leczyć? Nawet jeśli zdecydujecie się, aby pojechać do szpitala i wejść do izby przyjęć, bo nie będziecie już mogli wytrzymać z bólu, a zanim was zdiagnozują, mogą minąć nawet tygodnie! Mało tego, prawdopodobnie zostaniecie odesłani do innej placówki albo stwierdzą, że macie nieopłacone składki i „lecz się pan sam"! Środek przeciwbólowy, który pewnie po długich lamentach dostaniecie, tylko na chwilę złagodzi boleść, lecz nie wyleczy długotrwałej przyczyny ukrytej w waszej psychice, złych nawyków żywieniowych i zbyt małej aktywności fizycznej. Natomiast Bóg zadziała natychmiast! Stawia tylko jeden warunek: uwierzcie w to! Aby więc pozwolić Mu wejść w swoje życie i cierpienie, musicie w sercu usłyszeć Jego głos, który usłyszał

wspomniany paralityk: „Wstań, weź swoje nosze i chodź!" (J 5,8). Wtedy dopiero zacznie się początek waszego uzdrowienia!

„Wstań...", czyli uwierz, zaufaj i usłysz głos Boga, zmień postawę w stosunku do samego siebie i otoczenia oraz swoje negatywne myślenie, zacznij się lepiej odżywiać, zwiększ aktywność fizyczną, zatroszcz się o siebie oraz najbliższych.

„Weź swoje nosze..." – zostań swoim lekarzem, kochaj, ruszaj się i gotuj zdrowo! Zbuduj motywację na swoich słabościach i podziel się nią z innymi. Twoje świadectwo może zmienić losy wielu ludzi z podobnymi problemami.

„Chodź!" – teraz masz już wszystko, ponieważ zawierzyłeś swoje zdrowie największemu Ministrowi Zdrowia, który policzył nawet twoje włosy (Mt. 10, 29-3). Módl się więc, jakby wszystko zależało od Boga, ale działaj, jakby wszystko zależało od ciebie!

„Natychmiast wziął swoje nosze ów człowiek i chodził" (J 5, 9a).

W wieku 23 lat byłem wrakiem człowieka. Jednak Bóg nie uzdrowił mnie natychmiast, miałem po drodze słabości i szukałem dróg na skróty. Kiedy w końcu całkowicie i z ufnością poddałem się Bogu, zabrał mnie w podróż po zdrowie, o której nawet nie śniłem. Dał mi siłę, swoją miłość, otworzył bramę poznania, czym jest naprawdę tajemnica Kościoła, nauczył mnie zdrowego gotowania, wykształcił w kierunku dietetycznym, wzbudził pragnienie do regularnej aktywności oraz uświadomił mi, że jestem jego ukochanym dzieckiem. Dzisiaj, mając 45 lat, często myślę, że czuję się lepiej niż wtedy, kiedy miałem ich 20!

SEN, ODPOCZYNEK I REGENERACJA PODCZAS DETOKSU

Do niedawna uważano, że sen jest jednostkowym zjawiskiem, biernym fizjologicznie, spełniającym określoną funkcję regeneracyjną. Dopiero w 1953 roku, dzięki zapisom elektroencefalografu (EEG), udało się ustalić charakterystyczne fazy snu. Ten cykl dzieli się na czuwanie, sen o wolnym ruchu gałek ocznych, czyli NREM, oraz sen o szybkim ruchu gałek ocznych zwany REM. Dzisiaj wiemy dodatkowo, że mózg podczas snu wcale nie odpoczywa, wręcz odwrotnie, w trakcie każdej z faz wykonuje dość intensywne działania. Mózg podczas snu zużywa więcej tlenu niż w trakcie codziennych zajęć. Ciekawe, że u kobiet sen jest również znacząco ważny do utrzymania równowagi hormonalnej oraz zdolności rozrodczej.

Procesy regeneracyjne w komórkach, mięśniach i stawach również dokonują się w dużej mierze właśnie podczas snu.

Większość dorosłych osób potrzebuje siedmiu, ośmiu godzin snu w ciągu nocy, natomiast wszyscy potrzebujemy go więcej po przedłużonym i wymuszonym okresie czuwania. Dobry sen jest w trakcie programu Jaglany Detoks nieodzownym sprzymierzeńcem prawidłowego procesu detoksykacji, ponieważ wątroba ma cykl najwyższej aktywności właśnie w nocy. Zadbajcie więc, aby w ciągu tych kilku dni kłaść się spać wcześniej. Najlepiej przed godziną 22. Odłóżcie niepotrzebne obowiązki, zatroszczcie się, żeby nie oglądać drażniących wiadomości, aktów przemocy i filmów akcji. Stwórzcie wieczorem miłą atmosferę – doskonałym pomysłem będzie dobra książka o pozytywnym zabarwieniu, komedia romantyczna, zabawa z dziećmi, pieszczoty lub czułość partnerska. Posprzątajcie w domu i zadbajcie, aby pomieszczenie, w którym sypiacie, było dobrze przewietrzone, zmieńcie pościel, weźcie sobie gorący lub naprzemienny prysznic i zapalcie świecę. Włączcie ulubioną muzykę i zasypiajcie, afirmując sobie miłość, zdrowie i witalność.

Jeżeli cierpicie na zaburzenia snu, kupcie sobie naturalny olejek lawendowy, skropcie nim delikatnie miejsce, w którym sypiacie, i wypijcie przed snem napar z melisy. Kiedy podczas detoksu będziecie mieć częstsze i wyraźniejsze sny, pamiętajcie, że to dobry początek emocjonalnego oczyszczania oraz sygnał, aby zwiększyć aktywność fizyczną.

DETOKS KONTRA STRES KULTUROWY

Coraz więcej ludzi uznaje, że zamiast podążać na oślep za globalizacją i łapać pierwszy z brzegu najtańszy produkt, lepiej zacząć zwalniać, zastanowić się i bardziej cieszyć się powolnością oraz najcenniejszym darem, jakim jest czas. Mamy go wszyscy tyle samo, ale każdy z nas pożytkuje go zgoła inaczej, a jedna z trapiących nas, ale niestety skutecznych afirmacji naszej ery brzmi: „nie mam czasu"! Niemal każdy element życia, szczególnie w miastach, bardziej niż do odprężenia lub zwrócenia uwagi na innych zachęca nas do pośpiechu. Pędzące samochody, przykute do ekranu telefonu tłumy przechodniów i wszechobecny konsumpcjonizm to tylko kilka podstawowych źródeł, które dostarczają nam pożywki do życia w przewlekłym stresie kulturowym. Wydawałoby się, że duże miasta są i zawsze będą szybkie, a próby zmieniania tego wręcz nie mają sensu. Jednak jak pisze w swojej książce *Pochwała powolności* uznany dziennikarz i publicysta Carl Honoré, coraz więcej ludzi w wielkich miastach z powodzeniem korzysta z wytycznych filozofii powolnościowej, szczególnie w odniesieniu do miejskiego życia. Za główną przyczynę naszej hiperszybkiej uznaje wszechwładny samochód. To on, bardziej niż kiedykolwiek, napędza „pasję pośpiechu", więc w naszym zabieganym świecie, w którym cenna jest nawet jedna minuta, jeździmy za szybko. Chcemy za wszelką cenę utrzymać się na czele, zdążyć przed innymi na światłach, zająć szybszy pas ruchu, w końcu mieć najlepsze miejsce parkingowe – żeby wysiąść prosto z auta do windy lub zaparkować w wejściu do supermarketu. Zachęcam więc wszystkich, którzy planują Jaglany Detoks, aby w jego trakcie, o ile będą takie możliwości, spróbowali przemieszczać się jak najczęściej środkami komunikacji miejskiej, rowerem lub spacerując. Jeżeli dotychczas korzystaliście wyłącznie z samochodu, to udając się gdziekolwiek pieszo, zobaczycie jak wolniejsze tempo może być owocne dla spokojniejszego życia. Jednak jak powściągnąć ten już zakorzeniony w umyśle instynkt, który nieustannie każe nam przyśpieszać? Odpowiedź jest prosta! Musicie sobie tylko uświadomić, że macie wolną wolę i jeżeli nie radzicie sobie z obecnym tempem życia, to wasz organizm prawdopodobnie domaga się już detoksykacji! Jeżeli się nie zatrzymacie, wasz nieposkromiony odruch przyśpieszenia może stać się tak zwanym trybem domyślnym. Cokolwiek to teraz dla was oznacza, pamiętajcie, że żyjąc w ryzach wyborów dokonywanych pod wpływem niekontrolowanego instynktu, będziecie poza obszarem życia, w którym zamiast refleksji liczy się reakcja. Osoby, które opisują mi przebieg swojego programu Jaglany Detoks, często podkreślają, że już w pierwszych dniach często zaczynają odczuwać wewnętrzny

spokój i znacznie łatwiej radzą sobie ze stresem kulturowym. Zadajcie sobie teraz pytanie, kiedy ostatnio udało się wam usiąść choć na kilka minut, zamknąć oczy i po prostu się odprężyć, myśląc przy tym nawet o upojnym i beztroskim czasie z dzieciństwa. Teraz najlepiej odłóżcie książkę i zamknijcie oczy, wsłuchajcie się w oddech, pomyślcie o czymś przyjemnym, podążajcie za myślą pełną harmonii, najlepiej tam, dokąd poniesie was wyobraźnia i za kilka minut czytajcie dalej.

Odkąd wprowadziłem takie chwile w moim życiu, które często stosuję, kiedy mogę poświecić czas nawet na kilkuminutowy relaks, uważne spoglądanie na szybujące ptaki, a nawet spontaniczną modlitwę za przechodnia na ulicy, szybko dostałem olśnienia, że wszystko przemija i nie mam na to wpływu. Jednak w czasie nawet krótkiego relaksu czuję się bardziej szczęśliwy, mogę częściej współodczuwać otaczający mnie świat i wcale nie tracę kontaktu z rzeczywistością. Wręcz przeciwnie, takie świadome przestawianie się na wolniejszy tryb daje poczucie przyjemnej lekkości, poprawia koncentrację i zdolność bardziej kreatywnego myślenia.

Podczas programu Jaglany Detoks możecie w ciągu kilku dni oswoić się z powolnością na tyle, że kiedy się zagubicie po raz kolejny w ryzach ekstraszybkiego życia, nie będziecie się mogli doczekać zaplanowania kolejnego nawet jednego dnia detoksu, który przy właściwym nastawieniu w kierunku spowolnienia i zdrowszej diety przeniesie was do wymarzonej oazy wewnętrznego pokoju serca.

Po programie Jaglany Detoks prawie każdy jego uczestnik wraca do swoich codziennych obowiązków z nowym zasobem energetycznym i wieloma rozwiązaniami wcześniejszych problemów, a często błyskotliwe pomysły i decyzje życiowe rodzą się właśnie podczas diety oczyszczającej, która wyostrza naszą intuicję.

Kolejnym bardzo ważnym elementem programu Jaglany Detoks w odtruwaniu nas ze stresu kulturowego jest zastanowienie się, w jakim stopniu jesteśmy uzależnieni od kontaktu z telefonem komórkowym oraz czy jesteśmy w stanie być na tyle asertywnymi, aby częściej go odkładać. Szkodliwy wpływ, jaki mają na nasze zdrowie fale elektromagnetyczne z wszędobylskich telefonów komórkowych oraz sygnału Wi-Fi nie jest już tajemnicą, a badania pokazują nasze zniewolenie w kontakcie z telefonem komórkowym, które często może doprowadzić nawet do poważnych problemów natury psychicznej. Wystarczy wyobrazić sobie dość często spotykaną sytuację, reakcję osoby, która zgubiła telefon i szuka go z panicznym wrzaskiem, raniąc domowników swoją niepohamowaną złością. Jeżeli wasze telefony zdominowały was na tyle, że nie możecie się od nich choćby na chwilę świadomie uwolnić, to postarajcie się odwrócić te relacje podczas detoksu. Szybko przekonacie się o swojej słabości, która przy umiejętnym podejściu zamieni się z czasem w siłę, a wy doznacie olśnienia jak cenny może być czas spędzony bez nieustannego prowokowania, czytania i wysyłania SMS-ów. Poczytajcie w internecie – a naprawdę warto – jak wpływa wspomniane promieniowanie telefonów na nasze zdrowie. Od momentu kiedy wprowadziłem w moim życiu taki rodzaj „higieny komórkowej", mam pełną kontrolę nad korzystaniem z telefonu komórkowego, a niedziela to dzień, w którym go praktycznie nie dotykam. Staram się również, szczególnie w nocy, odkładać telefon komórkowy co najmniej 2–3 metry od łóżka, aby przez wiele godzin snu ochronić się przed jego niekorzystnym wpływem.

ZAPAMIĘTAJ!

Jeżeli myślicie, że robić coś wolniej, to znaczy być opieszałym lub nieskutecznym, niestety jesteście w błędzie. Jest zupełnie odwrotnie. Tak samo jak ciało goi się we własnym tempie, tak wy, kiedy odkryjecie swoje naturalne zasoby, odnajdziecie wewnętrzny spokój i znajdziecie czas nawet na kilka dni diety oczyszczającej, możecie niezwykle twórczo i regenerująco wpłynąć na swoje życie. Jednym ze najskuteczniejszych sposobów na rozpoczęcie drogi do regeneracji i odprężenia umysłu jest krótka medytacja, kontemplacja lub modlitwa, do której potrzebna jest tylko decyzja. Kiedy zamkniecie oczy i zanurzycie się w siebie, wasz bezcenny czas zacznie płynąć o wiele wolniej niż innym.

MUZYKA RELAKSACYJNA, BALSAM DLA OCZYSZCZANIA DUSZY

Już średniowieczna wizjonerka i doktor Kościoła św. Hildegarda z Bingen pisze w swoich dziełach o tym, że Bóg jest śpiewakiem, a Jego śpiew leży u podstaw harmonii świata duchowego i materialnego. Jak tu więc nie uwierzyć, że muzyka oraz śpiew są arcydziełem aktu stworzenia. Wiemy, że odpowiedni utwór może nas wprowadzić w lepszy nastrój, odrodzić siły witalne, przywołać wspomnienia, a nawet zmniejszyć odczuwanie bólu. Pewne gatunki muzyki poprawiają naszą koncentrację, zwiększają kreatywność i pamięć. Harmonizując pracę serca, stymulują i synchronizują obie półkule mózgowe, dodają nam zatem pozytywnej energii. Według przeprowadzonych badań, najbogatsze w pozytywne częstotliwości są utwory Mozarta oraz chorały gregoriańskie. Muzyka może bowiem wywoływać różne emocje, dlatego ważne jest, czego słuchamy. Spokojne utwory potrafią nawet unormować ciśnienie krwi. Nie zawsze jednak śpiew ptaków lub szum oceanu będzie działał na nas uspokajająco. Przy dużym napięciu psychicznym może być wręcz drażniący. Bądźcie więc cierpliwi w doborze odpowiedniej muzyki i najlepiej kierujcie się własną intuicją. Wieczór jest niezwykłym momentem, aby stworzyć właściwą i relaksacyjną atmosferę, ulubiona muzyka będzie jak balsam dla ciała i duszy.

PRACA I RELAKS PODCZAS DETOKSU

Najlepiej rozpocząć swój pierwszy Jaglany Detoks w dzień wolny od pracy, chociaż nie jest to regułą. Istnieje wtedy większe prawdopodobieństwo, że wystartujecie z dobrym nastawieniem. Znacznie lepiej z zaplanowaniem i realizacją programu oczyszczania organizmu poradzą sobie osoby zdyscyplinowane. Dlatego motywacja oraz plan są niezwykle ważne. Pragnę również przypomnieć o ważnym słowie towarzyszącym programowi detoksykacji, czyli o eliminacji. Warto porozmawiać o planowanym detoksie nie tylko z najbliższymi, ale również w miejscu pracy. Być może uda się wam nawet kogoś namówić – z pewnością będzie o wiele łatwiej, kiedy znajome lub bliskie osoby podejmą wyzwanie wraz z wami. W grupie łatwiej o motywację i wsparcie. To bardzo ważne, żeby w tym holistycznym wymiarze wykorzystać wszystkie możliwe sposoby, które uczynią naszą drogę do zdrowia radosną przygodą. Naszą siłą jest bowiem pozytywne nastawienie i dobra atmosfera. W końcu pragniemy zrobić coś wspaniałego, wręcz o wymiarze społecznym, bo każdy, kto świadomie stara się odzyskać zdrowie, już wspiera cały złożony system profilaktyki, której praktycznie nie ma.

Wzmacniajcie siłę ducha oraz wiarę w sukces! Kiedy czegoś zapragniecie i macie szczere, dobre intencje, wszechświat zrobi wszystko, aby wam w tym urzeczywistnieniu pomóc! Warto przyjąć tę prawdę zaczerpniętą wprost z *Alchemika* Paulo Coelho – szczególnie, kiedy wierzy się w złożoność wszechświata opartego na ściśle połączonych związkach przyczynowych, nad którymi czuwa pełen miłości Stwórca. W końcu czyż nie pobłogosławi działań, które dążą do wspólnego dobra i miłości? Wiemy, że marzenia się spełniają. Wierzę w to głęboko, ponieważ stale tego doświadczam. Kiedy dobra intencja staje na straży zdrowego rozsądku i strzeże nasze ego przed nadmierną dominacją, czujemy się spokojniejsi. Nawet wszelakie ludzkie popędy tracą moc względem upojnego bycia. Po prostu. Jestem. Ale ten stan harmonii możemy osiągnąć tylko, będąc blisko naszego Stwórcy, natury, rodziny i prawdziwych przyjaciół. Ludzi, którzy nadają na tych samych falach. Podobieństwa bowiem się przyciągają. Kiedy stałem przed trudnym wyborem życiowym, moja piętnastoletnia córka powiedziała „Tato, rób to, co kochasz, z tymi, których kochasz". Przyjąłem to wtedy jak boski SMS, natychmiast dokonując właściwego wyboru.

Życiem rządzi naturalna selekcja. Matka natura jest bezwzględna. Jednak nie zawsze warto zbyt długo dryfować. Stagnacja to brak ruchu. A życie to ciągła zmiana, podparta ruchem. Ten proces się nigdy nie zatrzyma. Aby stać się prawdziwym bohaterem własnego życia, trzeba czasem rzucić się w otchłań podświadomości i uratować coś, co woła do nas o pokarm życia. Marzenia. Każdy się z nimi rodzi i umiera. Jeżeli ich nie macie, zapamiętajcie, że musicie pracować

na marzenia tych, którzy je posiadają. Prawie zawsze podczas konsultacji dietetycznej zadaję – ku zaskoczeniu pacjenta – pytanie: o czym marzysz? Najczęściej pada słowo „zdrowie". Jednak kiedy nie potraficie się zatrzymać i pędzicie nieustannie do przodu, pomimo ciągłych marzeń o zdrowiu, niestety prędzej możecie doświadczyć choroby.

Praca stała się naszym kolejnym zniewoleniem do tego stopnia, że nawet kiedy jesteśmy na urlopie, ciągle o niej rozprawiamy. Ludzie, my nie potrafimy już odpoczywać! Żyjemy w nieustannym pędzie. Nasze życie balansuje pomiędzy chaosem i harmonią. Nie możemy uwolnić się od ciągłego rozmyślania o tym, co robimy, jak robimy i kiedy robimy. Żyjąc spontanicznie, bez planu, popadamy w skrajności, które prowadzą do rozpadu naszych pragnień o harmonii i szczęściu. Dom, dzieci, kredyt, brak czasu na wypoczynek i sen. Codzienna praca ponad siły, często podtrzymywana używkami, prowadzi do utraty właściwej wizji tego, jak naprawdę powinno wyglądać nasze życie. Brak zdrowej asertywności, globalna samotność przykuły nas jak galerników do wirtualnej rzeczywistości. W tym pędzie tracimy również poczucie grzeszności, ponieważ trudno o orientację. Nie wiemy, kim jesteśmy, do kogo należymy i dokąd zmierzamy. Nasz największy ze świętych – „święty spokój" – staje się pragnieniem i afirmacją, która nas najbardziej interesuje, ale nawet tego stanu nie uda nam się osiągnąć, kiedy ludzkość pogrążać się będzie w coraz większym chaosie i coraz liczniejszych chorobach.

Postarajcie się więc, aby w trakcie detoksu prześwietlić swoje marzenia. Zadajcie sobie w ciszy kilka pytań: czy praca was uszlachetnia, czy potraficie się relaksować, czy podczas urlopu lub dni wolnych wasze myśli nie są przypadkiem zajęte zawodowymi obowiązkami.

Zapiszcie na kartce, jak wygląda wasz typowy dzień. Następnie wyobraźcie sobie, że przed wami wyrasta lampa Aladyna i nie ma żadnych ograniczeń. Napiszcie, jak wyglądałby wasz idealny dzień, taki z marzeń, w którym jutro zapragnęlibyście się obudzić. Jeżeli odbiega znacząco od tego typowego, warto przyjąć to z wielką uwagą i potraktować jako determinację do zmiany oraz poszukiwania nowych możliwości. To krótkie ćwiczenie pozwala odkryć wielkie pragnienia duszy, których nie realizujecie, a prawdopodobnie jest to główna przyczyna waszych frustracji i zmartwień. Jeżeli wydaje się wam, że zmiana graniczy z cudem, przypomnijcie sobie, ilu ludzi dokonało na świecie wielkich rzeczy. Zanim tego dokonali, musieli chociaż o tym pomyśleć. Zapamiętajcie również, że samo myślenie nie zmienia położenia, potrzebne jest działanie. Nie zapominajcie, że waszym prawdziwym ojcem jest Bóg wszechmogący, u którego nic nie jest przypadkowe, nawet to, że teraz czytacie te słowa. Wiara może zdziałać niemal wszystko. Wielu pacjentów, których poznałem w gabinecie, natychmiast po konsultacji wzięło sobie powyższe ćwiczenie głęboko do serca. Dzisiaj, ku memu wielkiemu zadowoleniu, całkowicie odmienili swoje życie!

OCZYSZCZANIE DUCHOWE, MODLITWA I KONTEMPLACJA

Choć nasze ciała są przekarmione, często jesteśmy niedożywieni w sferze duchowej. Nie dotykam tutaj absolutnie przestrzeni religijnych i odrębności wyznania. Miłość uniwersalna nie zna bowiem podziałów. W obliczu religijnych konfliktów zdezorientowany człowiek coraz częściej rezygnuje z praktyk religijnych, które przez wiele lat przynosiły mu spokój serca. Dochodzi do kryzysów w rodzinach i do głębokich podziałów. Poddając się psychologii tłumu, nieświadomie dokonujemy błędnych wyborów, często wkraczając w niebezpieczne formy duchowości. Młode pokolenie o niestabilnej i wątłej tożsamości religijnej wyniesionej z rodzinnego domu szczególnie narażone jest na wiele duchowych zniewoleń. Kierowani przywiązaniem do grzechu i medialną kreacją wokół niewłaściwej interpretacji wielu wydarzeń, bez głębszego zastanowienia mówimy Panu Bogu „dziękuję"! Tracimy wiarę, poczucie przynależności do wspólnoty i przestajemy się modlić. Dlatego program Jaglany Detoks może na nowo wzbudzić w was pragnienie pojednania z Bogiem i przywrócić utraconą więź.

Chciałbym oprzeć się tutaj na naszym dziedzictwie duchowym i przytoczyć refleksje o modlitwie św. Jana Pawła II, który jest dla mnie wielkim duchowym przewodnikiem. Podczas swojej pierwszej pielgrzymki do Ojczyzny Jan Paweł II w Kalwarii Zebrzydowskiej wygłosił „najistotniejsze orędzie" - wezwanie do modlitwy. Papież szczególnie wskazuje na Jezusa Chrystusa jako pierwszego mistrza modlitwy. Wzorując się na Jego pierwszych apostołach, możemy jak oni wołać w Duchu Świętym: „Panie, naucz nas modlić się" (Łk 11, 1). Aby jednak „wypłynąć na głębię modlitwy", niezbędne są zdecydowany wysiłek duchowy i determinacja, otwartość na podjęcie trudu, a często nawet bolesne doświadczenie oczyszczenia poprzez akt przebaczenia i pojednania. Dojrzały, głęboki i czuły dialog z Bogiem poprzez modlitwę może odbywać się wtedy bez przeszkód, realizując się w dziękczynieniu, uwielbieniu, adoracji, kontemplacji oraz słuchaniu słowa Bożego. Kiedy zdecydujecie się na swój pierwszy Jaglany Detoks, możecie ten czas w pełni ofiarować Bogu. Trzeba zawsze pamiętać, że kiedy my zapominamy o Bogu, to nie znaczy, że On zapomniał o nas! Wręcz przeciwnie. On nieustannie szuka nas, nawet w najdrobniejszych doczesnych sprawach. Podczas każdej mojej konsultacji doświadczam tego, jak bardzo zależy Bogu na naszym zdrowiu!

Jan Paweł II często podkreślał, że do głębokiej więzi ze sobą Bóg powołuje każdego człowieka. Modlitwa tworzy fundamentalne podstawy wiary, które wypełniają nasze istnienie pragnieniem lepszego życia i eschatologicznej nadziei na szczęśliwą wieczność. Uleganie wyłącznie „namiastkom szczęścia" prowadzi natomiast do osłabienia naszej często już wątłej i wychłodzonej wiary, a z czasem nawet do jej utraty. Tylko autentyczna więź z Bogiem może uchronić nas przed połowicznością i rozdwojeniem, na które człowiek wierzący – w obliczu różnych pokus – narażony jest w dzisiejszym świecie. Papież zawsze wzywał nas do wychowywania w modlitwie, która jest rzeczywistością podlegającą rozwojowi. Rodzice otwarcie modlący się w domu są dla swoich dzieci wielkim darem w ich rozwoju duchowym. Musimy dzisiaj stanąć przed naszą wiarą odważnie i twórczo, łącząc się w środowiskach pełnych szczerej miłości, a post i umiarkowanie oraz odnowa kultury stołu mogą być katalizatorem w reaktywacji tych często zagubionych pereł.

Modlitwa połączona z konkretną intencją ma wyjątkowe znaczenie – szczególnie w trakcie okresowego postu, a nawet w czasie świadomej wstrzemięźliwości od pewnych pokarmów, jaką jest właśnie Jaglany Detoks. Wielu teologów zgodnie pisze w swoich dziełach, że każdy gest dobrowolnego umiarkowania połączony z radością obcowania z Bogiem prowadzi do oczyszczenia duszy. Nasza modlitwa uskrzydlona w ten sposób ma o wiele większą moc sprawczą. Bóg nie potrzebuje do życia naszej modlitwy, ponieważ jest wieczny. To jednak my jej potrzebujemy, abyśmy byli szczęśliwi, wolni od pokus i zdolni realizować się w życiu doczesnym, doświadczając owoców Ducha Świętego. Modlitwa jest potężną siłą sprawczą, a jej zapalnikiem jest ufność i wiara, które może w nas jeszcze bardziej podsycić wysłuchana prośba. Pisząc te słowa, przypominam sobie, jak, poszcząc okresowo, modliłem się przez wiele miesięcy o nawrócenie naszych dzieci. Moje córki miały ogromny problem ze zrozumieniem Kościoła. Nieustanne frustracje pomiędzy tym, co jest i tym, co być powinno, prowadziły do bardzo trudnych rozmów. Nie obyło się bez wielu gorzkich słów. Jednak wiara zwyciężyła! Dzisiaj z radością spoglądamy z żoną na nasze dzieci, które radośnie zmierzają do kościoła, modlą się na różańcu, uczęszczają na pielgrzymki, wyjeżdżają na modlitewne zgromadzenia, a co najważniejsze nie wstydzą się Boga w trudnych dyskusjach z rówieśnikami. Kiedy przekonałem się o mocy modlitwy połączonej z postem oraz o Bożym miłosierdziu, podjąłem wiele innych wyzwań i nieustannie doświadczam Bożego działania, odpowiedzi na moją uskrzydloną postem modlitwę. Zachęcam więc szczególnie wszystkich rodziców, aby podczas programu Jaglany Detoks przyjęli do serca intencję za swoje dzieci, które musimy jak najczęściej zawierzać Bogu.

Kończąc ten rozdział, pragnę nadmienić, że cieszę się niezmiernie, że żyję w czasach, kiedy nasz prezydent nie wstydzi się wiary i otwarcie zawierza swoją służbę Matce Bożej. To daje mi jeszcze więcej odwagi i charyzmatu, aby wzbudzać w sobie pragnienie pojednania z Bogiem, a poprzez moją pracę budować profilaktykę zdrowotną opartą na naszej prawdziwej i nierozerwalnie duchowej naturze.

ZAPAMIĘTAJ!

Nie jesteśmy wartością dlatego, że mamy lepsze wykształcenie, doskonałe zdrowie, że posiadamy piękne domy lub wymarzoną pracę. Jesteśmy wartością i najcenniejszym stworzeniem, ponieważ sam Bóg oddał za nas życie! Jeżeli dacie się ponieść tej wykraczającej ponad zmysły relacji, możecie cieszyć się prawdziwą miłością. Dobrowolne oddanie życia za swoich przyjaciół jest bowiem najwyższą ofiarą, jaką można sobie wyobrazić. Każdego dnia uczmy się więc i czerpmy tę wielką moc z samego źródła, ponieważ człowiek, który potrafi przebaczać, jest największym ambasadorem miłości.

CO MI LEŻY NA WĄTROBIE?

Nie bez powodu poświęcam wątrobie oddzielny rozdział, nieprzypadkowa jest także znana większości z nas stara prawda zawarta w powiedzeniu „leży mi coś na wątrobie". Warto wykorzystać to dobrze nam znane porzekadło do celów terapeutycznych i lepiej dzięki niemu zrozumieć złożony proces regeneracji najważniejszego narządu w procesie detoksykacji organizmu. Składająca się z czterech płatów wątroba to bowiem nie tylko narząd odpowiedzialny za oczyszczanie naszej krwi. Jej znaczenie dla naszego zdrowia jest wielowymiarowe. Otóż wątroba jest narządem wyjątkowym. Może być wrażliwa i delikatna, ale pod wpływem naszego gniewu zamieni się nagle w buchający żółcią rozszalały wulkan. W wątrobie kumulują się bowiem nie tylko toksyny, lecz również nasze emocje, szczególnie te złe, które – jeżeli nie zostaną właściwie przepracowane – stają się powodem poważnych kłopotów ze zdrowiem. Kiedy kierujemy się logiką, trudno jest nam zobrazować sobie, jak kawałek materii może być wrażliwy na nasze emocje, jednak detoksykacja organizmu i walka z różnego rodzaju dolegliwościami oraz chorobami somatycznymi ma nierozerwalny związek z oczyszczaniem naszego ducha, a nasza wewnętrzna równowaga jest w procesie regeneracji wątroby niezwykle istotna.

Proces uzdrawiania wątroby warto rozpocząć nie tylko od zmiany diety czy wprowadzenia suplementacji, ale od świadomego aktu przebaczenia i oczyszczenia na poziomie emocjonalnym, ponieważ wątroba ma ścisły związek z naszą przeszłością. Może brzmi to nieprawdopodobnie, ale zarówno moja praktyka terapeutyczna, jak i praca wielu wybitnych lekarzy utwierdza mnie w przekonaniu, że kumulowanie w sobie złych emocji manifestuje się w końcu określonymi dolegliwościami i chorobą. Zablokowana emocjonalnie wątroba bardzo często jest czynnikiem zapalnym. To narząd wyjątkowo waleczny, który dzielnie zmaga się z wieloma zaburzeniami w organizmie, dlatego poważniejsze objawy jej dysfunkcji występują zwykle po dłuższym czasie. Wątroba może się jednak bardzo zregenerować, ale potrzebna jest właściwa terapia, która oparta jest na oczyszczeniu i regeneracji komórkowej, połączonej ze wspomnianym programem odtruwania emocjonalnego.

Znany brytyjski ekspert w dziedzinie oczyszczania wątroby, założyciel Londyńskiego Instytutu Żywienia Optymalnego, dietoterapeuta Patrik Holford, uważa, że niemal każda alergia, stan zapalny lub zaburzenie przemiany materii mogą być spowodowane dysfunkcją wątroby. Dotyczy to szczególnie atopowych zmian skórnych, łuszczycy, przewlekłych zaparć, chronicznego zmęczenia, przewlekłych infekcji i zakażeń. Program diety oczyszczającej, w którym eliminuje się większość obciążających wątrobę produktów spożywczych, przyczyni się więc do jej skutecznej regeneracji. Jeżeli dodatkowo uświadomicie sobie, jak ważnym narządem w procesie odtruwania emocjonalnego jest wasza wątroba, to poprzez włączenie okresowych zmian w diecie możecie sami doskonale wpływać na jej regenerację.

Wątroba magazynuje wiele składników odżywczych. Przechowuje podstawowe minerały, np. żelazo i miedź oraz witaminy A, B12, D, E i K. Wytwarza żółć – ważną substancję trawienną rozkładającą tłuszcze i usuwającą nadmiar cholesterolu. Wątroba jest narządem odtruwającym, a jej niewydolność powoduje zaleganie w organizmie toksyn. Upośledzenie funkcji odtruwania może prowadzić do zakłóceń równowagi hormonalnej, której konsekwencją mogą być liczne schorzenia. Osoby mające dolegliwości związane z tarczycą powinny szczególnie dbać o wątrobę oraz jej właściwą regenerację. Ten niezwykle złożony narząd odpowiada również za równoważenie cukru we krwi. Kiedy jego poziom jest zbyt wysoki, insulina pobudza wątrobę do magazynowania jego nadmiaru w postaci glikogenu. Kiedy odczuwamy chroniczne zmęczenie, to może być sygnał ostrzegawczy o upośledzeniu tej funkcji wątroby, które może prowadzić do nadwagi, a nawet do cukrzycy.

Wątroba jest najważniejszym organem przechowującym krew. Reguluje objętość krwi w zależności od poziomu aktywności naszego ciała oraz reguluje menstruację. Jej dysfunkcje wpływają na jakość krwi, więc także na stan naszych paznokci, skóry i oczu. Często właśnie choroby oczu, egzemy skórne czy zmiany łuszczycowe świadczą o jej złym stanie. Funkcje wątroby można podzielić na cztery ważne aspekty. Po pierwsze odpowiada za naszą równowagę emocjonalną, po drugie za detoksykację, po trzecie za trawienie, czwarty zaś aspekt to wydzielanie żółci. „Toksyczna" wątroba wpływa na nasze emocje, a nasze emocje wpływają na wątrobę – dobra nowina jest jednak taka, że w procesie uzdrawiania tego narządu możemy działać dwukierunkowo – oczyszczanie ducha i ciała z pewnością zaowocuje w terapii lepiej niż skupianie się wyłącznie na samej farmakologii. W przypadku tego niewątpliwie najwrażliwszego organu najistotniejsza jest bowiem właśnie harmonia ducha i ciała.

Nieprawidłowe funkcjonowanie wątroby przekłada się na złą pracę żołądka i śledziony. W przypadku wątroby objawia się to odbijaniem, zgagą, mdłościami i wymiotami. Pojawia się również odczucie goryczy w ustach spowodowane cofającymi się kwasami. Kiedy zaburzona jest praca śledziony, mogą pojawić się nawet biegunki. Wątroba zapewnia dopływ krwi do tkanek i organów, odżywia je – jeśli nie spełnia tej funkcji prawidłowo, organy są niedokrwione, niedotlenione i słabo wydolne. Dysfunkcja wątroby jest również ściśle związana z menstruacją. Zastoje krwi w wątrobie mogą bowiem przyczyniać się do bolesnych miesiączek, a także zespołu napięć przedmiesiączkowych i obecności ciemnych zakrzepów. Jeśli krwi jest zbyt wiele, pojawiają się krwotoki miesiączkowe lub krwawienia maciczne, kiedy natomiast krew jest w niedoborze, miesiączka staje się skąpa lub zanika. Również powszechne przypadłości, takie jak skurcze, drżenie i słabość kończyn, które często przypisujemy deficytowi potasu i magnezu, mogą być konsekwencją niedoboru krwi w wątrobie. Zaburzone funkcje wątroby są także przyczyną braku ostrości wzroku, zawrotów głowy, mroczków, krótkowzroczności oraz tak zwanej suchości oka.

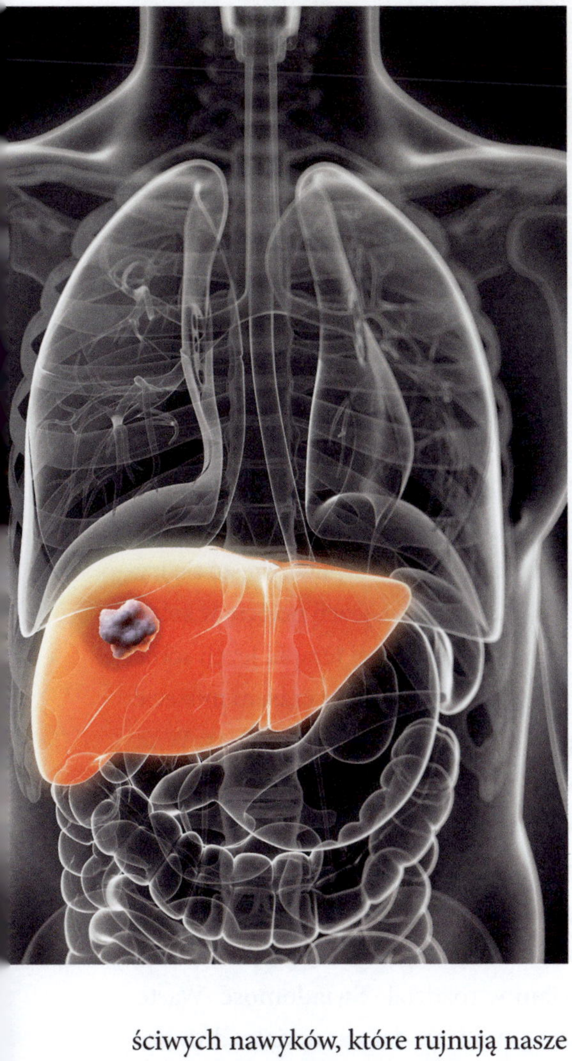

Kiedy już poznaliśmy złożone wzorce chorobowe wątroby oraz ich wpływ na wiele innych organów, musimy wrócić do fundamentu jej regeneracji, a więc do diety detoksykacyjnej ściśle połączonej z transformacją emocjonalną. Jak wspomniałem, źródło najczęściej tkwi w naszym stanie emocjonalnym, czyli braku przebaczenia, braku akceptacji samych siebie oraz zbyt dużego przywiązania do niewłaściwych nawyków, które rujnują nasze zdrowie. Musimy zapamiętać, że jeżeli nie pokochamy siebie, trudno nam będzie pokochać innych. Sterroryzowani naszymi ograniczeniami, kumulujemy w wątrobie niewyzwolone emocje, najczęściej rekompensując sobie wszelkie deficyty i brak miłości niezdrowymi nawykami. Rządzą nami lęki, które blokują wyzwolenie złych emocji, a wystarczy świadomie przepracować nasze słabości, doprowadzić dzięki temu do reaktywacji zablokowanych

funkcji naszej wątroby i czerpać siłę potrzebną do życia w radości i zdrowiu, gdyż moc, jak wiemy, doskonali się w słabości!

Jeżeli odczuwacie wewnętrzną niepewność, jesteście niecierpliwi, często się irytujecie, jesteście samolubni, wręcz dominujący, konfliktowi, jeżeli nosicie w sobie dużo gniewu, to znaczy, że wasza wątroba wymaga radykalnej terapii. Jeżeli sobie tego nie uświadomicie i nie podejmiecie starań terapeutycznych, z czasem możecie być na tyle agresywni, że doprowadzicie się do niekontrolowanej przemocy. W takim przypadku nie wystarczy odstawienie wszelkich używek typu kawa czy alkohol, ograniczenie smażonych mięsnych dań i ostrych przypraw oraz wprowadzenie nieco schładzającej diety zbożowo-roślinnej – należy przede wszystkim rozpocząć terapię polegającą na radykalnej zmianie stylu życia. Trzeba zwolnić tempo, rozwijając dyscyplinę wewnętrznego spokoju, nauczyć się relaksować i przebaczać. Terapię radykalnego wybaczania przedstawiam w rozdziale **Świadomość**. Warto zapamiętać, że w czasie transformacji milczenie może być dla was o wiele zdrowsze niż gadulstwo, które często prowadzi do wzmożonego napięcia emocjonalnego. Nasz język, choć to niezwykle mały narząd, może być czasem ostry jak miecz. W procesie wspomnianej transformacji należy baczniej rozwijać intuicję oraz dążyć do bardziej harmonijnego życia, opartego na częstszym kontakcie z przyrodą, szczególnie z zielenią.

Jeżeli natomiast czujecie się w życiu niepewni, brak wam siły przebicia, jesteście nieśmiali i z trudem wyrażacie swoje przekonania w towarzystwie, powinniście zmienić dietę na bardziej rozgrzewającą, najlepiej opartą na przyprawach korzennych, zupach i daniach jednogarnkowych z dodatkiem dyni, marchewki, batatów. Warto wykluczyć nabiał i zimne napoje, a także rozpocząć transformację polegającą na rozwijaniu intuicji, pielęgnowaniu wiary we własne możliwości, budowaniu określonych granic oraz zdrowej asertywności, które pozwolą wam chronić się przed nadmierną dominacją otoczenia. Wtedy odnajdziecie siłę wewnętrzną, a wasza wątroba podskoczy z radością i będzie wspierać wasz organizm.

Teraz, kiedy już poznaliście dwa modele emocjonalnej nierównowagi, powodujące często dysfunkcje wątroby, warto poznać wzorzec osobowości, u której stan równowagi wspiera działanie tego najbardziej wrażliwego narządu. Taka osoba będzie miała zazwyczaj dobrą intuicję oraz jasną wizję przyszłości, świadoma własnej wartości będzie podążać za marzeniami, nie niszcząc jednak otoczenia jak przysłowiowy słoń w składzie porcelany. Z cierpliwością, siłą i właściwą determinacją będzie zdobywać swoje cele, ale nie po trupach, tylko w łagodny i harmonijny sposób, pozbawiony większych napięć.

Na koniec chciałbym wam jeszcze uświadomić, że organizm ludzki ma zdolności samooczyszczania się na poziomie metabolicznym, jednak te zdolności mają pewne ograniczenia. Każdy z nas inaczej reaguje bowiem na obecność toksyn w organizmie oraz na zewnętrzne i wewnętrzne czynniki emocjonalne. Dlatego świadome i właściwe zrozumienie wymienionych mechanizmów sprzyja nie tylko ogólnej poprawie zdrowia, ale uczy, jak zostać własnym lekarzem i cieszyć się zdrowiem w dłuższej perspektywie.

ZAPAMIĘTAJ!

Wątroba jest niezwykle ważnym narządem detoksykacyjnym, który odtruwa nie tylko krew, ale również reguluje nasze emocje. Oczyszcza przeszłość i wzmacnia osobowość. Zdrowa wątroba to gwarancja pewności siebie, skuteczności w podejmowaniu życiowych decyzji oraz konsekwencji w działaniu. Kiedy jesteśmy aroganccy, lekkomyślni, zbyt ulegli, zaniedbujemy swoje obowiązki, jesteśmy nadgorliwi i wrogo nastawieni do otoczenia, to znak, że wątroba wręcz domaga się detoksykacji! Jeżeli zdecydujecie się na program Jaglany Detoks, postarajcie się zmienić nie tylko dietę – postawcie sobie również za cel szerszą transformację, która doprowadzi was do odczuwania radości życia w oparciu o miłość, życzliwość i poczucie jedności.

RÓWNOWAGA KWASOWO-ZASADOWA

Zakwaszenie organizmu to jedna z głównych przyczyn wielu uciążliwych dolegliwości, które coraz częściej przeradzają się w poważne schorzenia. Choroby zawsze wiążą się z kwasowością, a zdrowie z zasadowością – to podstawowa informacja do zapamiętania na całe życie! Nie trzeba być ekspertem żywieniowym, aby wiedzieć, że nasza codzienna dieta obfituje dziś głównie w produkty kwasotwórcze. Nie każdy jednak wie, że nie wszystkie produkty, które są kwaśne w smaku, zakwaszają. Przykładem może być wyjątkowo kwaśna cytryna, która w procesie trawienia jest zdecydowanie zasadotwórcza!

Stres kulturowy i brak aktywności na świeżym powietrzu połączone z niewłaściwą dietą wpływają na zakwaszenie organizmu już w coraz młodszym wieku. Wypadające włosy, próchnica, atopowe zmiany skórne, problemy kostno-stawowe, ciągłe uczucie zmęczenia i przewlekłe infekcje to zaledwie kilka dolegliwości spowodowanych najczęściej właśnie zakwaszeniem organizmu. Kiedy zrozumiecie, jak ważna jest równowaga kwasowo-zasadowa i zaczniecie wprowadzać do codziennej diety więcej produktów o alkalizującym działaniu, możecie w dość szybkim czasie odczuć poprawę stanu zdrowia. Jeżeli zdecydujecie się nawet na kilkudniowy program Jaglany Detoks, w założeniu oparty właśnie na diecie skomponowanej pod względem równowagi kwasowo-zasadowej, szybko przekonacie się, jak znacząco poprawi się wasze samopoczucie. Aby zrozumieć, jak ważna jest wymieniona regulacja chemiczna organizmu, warto nieco przybliżyć mechanizmy wewnętrzne i zewnętrzne wpływające na omawiany w tym rozdziale aspekt prozdrowotny.

DLACZEGO WARTO ZROZUMIEĆ, CZYM JEST RÓWNOWAGA KWASOWO-ZASADOWA?

Podobnie jak temperatura ciała zdrowego człowieka wynosi 36,6 stopni Celsjusza, również równowaga pH powinna być utrzymana w ściśle określonych i niestety bardzo wąskich ramach. Co ciekawe, poszczególne części naszego ciała potrzebują innego poziomu pH, a zbyt zasadowe środowisko też nie jest dobre. Podstawowe słowo, o którym zawsze trzeba pamiętać, to **równowaga**! Najlepszym sposobem na określenie, czy ciało ma zrównoważony odczyn pH, jest zbadanie krwi, która krąży przecież w całym organizmie. Wartość ta powinna wynosić około 7,36 pH, więc jak widać jest lekko zasadowa. Stan równowagi kwasowo-zasadowej osiągamy, kiedy zakres pH krwi dla większości procesów przemiany materii mieści się w przedziale 7,35–7,45 pH. Wyższy poziom oznacza przewagę składników zasadowych, niższy – przewagę składników kwaśnych. Stan naszego zakwaszenia można określić również za pomocą odpowiedniego badania moczu. W warunkach domowych wystarczy wykonać test z papierkiem lakmusowym. Odpowiedni kolor zabarwienia, zgodnie z załączoną do testu tabelą, będzie wskaźnikiem zakwaszenia organizmu. Dostępne są także specjalne testy, w których zaznaczone są odczyny w skali pH. Pomiar jest niezwykle prosty, a powinno się go przeprowadzać przynajmniej przez dwa tygodnie, jednakże badanie moczu pozwala określić poziom pH w pewnym przybliżeniu.

W naukowym ujęciu równowaga kwasowo-zasadowa oznacza stan, w którym zachowany jest odpowiedni stosunek kationów i anionów w płynach ustrojowych, warunkujący poprawne pH i prawidłowy przebieg procesów życiowych. Równowaga ta decyduje o naszym stanie zdrowia i, co ciekawe, ma ogromne znaczenie w przypadku osób, które walczą z nadwagą. Dlaczego? Otóż, zbyt duża ilość kwasu w organizmie pozbawia krew tlenu, przez co przemiana materii ulega spowolnieniu. Trawienie przebiega wolniej, powodując zastoje, ospałość i fermentację, a wręcz gnicie pożywienia w jelitach. Pod wpływem fermentacji w ciele łatwo powstają drożdże, grzyby i pleśń. Jako organizmy żywe, potrzebują pożywienia – kiedy jest ich dużo w zakwaszonym organizmie, żywią się naszymi substancjami odżywczymi, a wytworzone przez nie produkty przemiany materii, czyli kolejne toksyny, mają szkodliwy wpływ na komórki naszego ciała. W takiej sytuacji organizm nie ma możliwości, aby budować zdrowe tkanki i wytwarzać tzw. zasadowe bufory oraz inne składniki chemiczne niezbędne do prawidłowego funkcjonowania narządów. W tym zamkniętym kole zaczynają się najczęściej wspomniane problemy z nadwagą oraz zmęczenie, i uruchamiają się też niebezpieczne procesy chorobotwórcze. Oczywiście na temat mechanizmów, które zachodzą w naszym organizmie przy zachwianym pH, można by dywagować bez końca, jednak nie chodzi nam o poznawanie naukowych sformułowań, których przeciętny człowiek nie jest w stanie zapamiętać. Zapomnijmy o liczbach i skrótach, a skoncentrujmy na działaniach, jakie możemy podjąć, aby przywracać i utrzymywać prawidłową wartość pH w naszym organizmie. Myślenie bowiem nie zmieni naszego pH, za to radykalna zmiana naszych nawyków jest ku temu najlepszym podłożem.

Naukowcy są zgodni co do tego, że jeśli znacząco zostanie zachwiana równowaga pH, może nastąpić uszkodzenie najważniejszych narządów, a nawet zagrożenie życia. Lekarze posiadają najczęściej wiedzę wyłącznie na temat leczenia farmakologicznego, zwłaszcza chemio- i radioterapii, które wręcz potęgują zakwaszenie chorego organizmu. Nie informuje się pacjentów o właściwej diecie podczas większości leczniczych terapii ani o produktach spożywczych, które są bardziej odżywcze i neutralizują kwasowość. Najczęściej lekarze nie mają czasu ani odpowiedniej wiedzy na ten temat. Jednak obwinianie systemu na pewno nie doda nam zdrowia, gdyż to przede wszystkim nasze własne wybory żywieniowe wpływają na powstawanie choroby, możemy zatem mieć nad tym niemalże pełną kontrolę. Trzeba sobie uświadomić, że bez względu na nasz styl życia organizm nieodmiennie i zawsze będzie dążył do tego, aby za wszelką cenę zachować równowagę kwasowo-zasadową – tworząc złogi cholesterolu, odkładając tłuszcz, wypłukując wapń z kości, magnez i potas z serca oraz mięśni. Tymczasem nie musimy przyswajać ogromu wiedzy, aby poznać proste sposoby na utrzymanie równowagi w naszym organizmie, ponieważ tajemnica ukryta jest w produktach,

które spożywamy na co dzień, a dokładnie w ustaleniu proporcji spożywanych przez nas pokarmów. W przypadku zakwaszenia organizmu ważne jest wyeliminowanie na jakiś czas kwasotwórczych produktów na rzecz zasadowych, właściwe przygotowanie posiłków i regularne ich spożywanie.

Najważniejszym narządem służącym do wydalania nadmiernych ilości kwasów są nerki, jednak według najnowszych badań niezwykle istotnym organem regulującym właściwe pH jest nasz największy narząd detoksykacyjny, czyli wątroba. Płuca również odgrywają ważną rolę w gospodarce kwasowo-zasadowej, dzięki nim wydychamy bowiem część dwutlenku węgla. Dlatego właśnie kładę tak duży nacisk na aktywność na świeżym powietrzu i ćwiczenia oddechowe, niezwykle usprawniające proces odkwaszania. Szczególnie wrażliwym narządem, reagującym na zaburzenia w gospodarce kwasowo-zasadowej, jest serce. To wyjątkowo silny mięsień, który zużywa wielki potencjał energetyczny organizmu i absorbuje dużo składników mineralnych, a powstające przy tym kwasy mlekowy i węglowy muszą być właściwie zneutralizowane. Jeżeli jest ich tak dużo, że nasza krew nie nadąża ich utylizować, może dojść do ich zatrzymania w mięśniu sercowym, co prowadzi nawet do zawału mięśnia sercowego. Twórca teorii kwasowo-zasadowej, profesor Friedrich Sander, podkreśla niezwykłą wagę powtarzających się procesów napływania kwasów i zasad w naszym organizmie. Kiedy zawodzi ten złożony system, uszkodzona zostaje tkanka łączna, komórki nie są właściwie zaopatrywane w tlen, a nasze ciało narażone jest na pojawienie się przewlekłych chorób.

Nie wystarczy traktować pożywienia wyłącznie jako źródła kalorii, należy brać pod uwagę ważniejsze procesy metaboliczne, detoksykacyjne, uwzględniać naturę pożywienia, gospodarkę wodną, elektrolityczną oraz równowagę kwasowo-zasadową. Lekarstwa, które najczęściej również zakwaszają organizm, nigdy nie zastąpią właściwie dobranej diety. Jaglany Detoks, na który składa się odpowiedni program odżywiania, regularna aktywność i świadomość naszej złożonej natury jest w zrozumieniu holistycznym najlepszą drogą do skutecznego odkwaszenia – i to już od pierwszego dnia. Wystarczy podjąć decyzję, ruszyć do przodu i zacząć gotować zdrowo, radośnie i twórczo!

Poniżej przedstawiam tabelę, która ułatwi każdemu z was właściwe wybory oraz komponowanie zrównoważonych posiłków, również pod względem poziomu pH. Planując i wybierając posiłki we wskazany przez mnie sposób, możecie zatem świadomie wpływać na waszą równowagę kwasowo-zasadową. Serduszka, które znajdują się przy wyszczególnionych produktach, pojawiają się również w przepisach. Dzięki temu łatwiej wam będzie dobierać właściwe potrawy – pod względem ich wpływu na procesy odkwaszania oraz na regenerację całego organizmu. Brak serduszek w tabeli odznacza, że produkt jest już w niewielkim stopniu kwasotwórczy.

TABELA

♥ ♥ ♥	wysokozasadowe
♥ ♥	średniozasadowe
♥	niskozasadowe

Wskaźnik zasadowy	Składniki odżywcze	Korzyści dla organizmu
Warzywa		
♥ ♥ ♥ karczoch	witaminy C i K, beta-karoten, kwas foliowy, wapń, magnez, potas, sód	moczopędny, wspomaga trawienie, zawiera inulinę, dobrze stymuluje florę jelitową, wzmacnia wątrobę, wspomaga przepływ żółci
♥ ♥ ♥ szparag	witaminy C i K, kwas foliowy, beta-karoten, potas	stymuluje pracę nerek, łagodny środek przeczyszczający i bakteriobójczy
♥ ♥ ♥ brokuł	witaminy B3, B5 i C, kwas foliowy, wapń, magnez, fosfor	przeciwutleniający i przeciwwirusowy, oczyszcza jelita, jest naturalnym antybiotykiem, stymuluje wątrobę
♥ ♥ ♥ kalafior	witamina C, kwas foliowy, beta-karoten, potas, bor, wapń, magnez,	wspaniały antyoksydant, wspomaga wątrobę i nerki, reguluje ciśnienie krwi, pomaga przy zaparciach
♥ ♥ ♥ fenkuł	witamina C, kwas foliowy, fitoestrogen, wapń, magnez, sód, potas,	środek przeciwskurczowy, łagodzi bóle miesiączkowe, pomaga spalać tłuszcze i kontrolować wagę
♥ ♥ ♥ kapusta	witaminy C, E i K, kwas foliowy, jod, wapń, magnez, fosfor, potas	wspomaga pracę tarczycy i metabolizm, oczyszcza żołądek, poprawia trawienie, stymuluje system odpornościowy, pozbywa się bakterii i wirusów z organizmu, jest silnym antyoksydantem
♥ ♥ ♥ wodorosty morskie (kelp)	jod, wapń, żelazo, potas	największe źródło minerałów, wspomaga układ sercowo-naczyniowy i nerwowy, oczyszcza z toksyn i wspomaga trawienie
♥ ♥ ♥ por	witaminy A, C i K, kwas foliowy, wapń, potas	moczopędny, eliminuje kwas moczowy w dnie moczanowej, ma właściwości oczyszczające
♥ ♥ ♥ szpinak	witaminy B6 i C, kwas foliowy, żelazo, wapń, magnez	pomaga wyregulować ciśnienie krwi, ma właściwości antynowotworowe, zwiększa odporność i wzmacnia kości
♥ ♥ ♥ pomidor (surowy)	witamina C, kwas foliowy, beta-karoten, potas, wapń, magnez, fosfor	antyseptyk, ma właściwości antybakteryjne, wzmacnia wątrobę, redukuje stany zapalne
♥ ♥ ♥ burak	witamina C, wapń, potas, magnez	oczyszcza, zapobiega powstawaniu kamieni nerkowych, oczyszcza wątrobę i pęcherzyk żółciowy
♥ ♥ marchew	beta-karoten, wapń, magnez, potas	oczyszcza wątrobę, przyśpiesza detoksykację i poprawia wzrok
♥ ♥ seler	witamina B3, kwas foliowy, wapń, magnez, sód	pomaga zmniejszyć ciśnienie krwi, wspomaga trawienie, zapobiega fermentowaniu w jelicie oraz powstawaniu artretyzmu
♥ ♥ czosnek	witamina C, wapń, fosfor, potas	silny środek przeciwskurczowy, antybakteryjny i obniżający cholesterol
♥ ♥ imbir	kwas foliowy, wapń, magnez, potas, fosfor	środek przeciwskurczowy, zapobiega mdłościom, stymuluje wątrobę i pęcherzyk żółciowy, poprawia krążenie krwi
♥ cebula	kwas foliowy, wapń, magnez, potas, fosfor	antyseptyk, antybiotyk, łagodzi ataki duszności, wzmaga oczyszczanie układu trawiennego, działa przeciwzapalnie

Wskaźnik zasadowy	Składniki odżywcze	Korzyści dla organizmu
pomidor, gotowany	witamina C, kwas foliowy, beta-karoten, potas, wapń, magnez, fosfor	antyseptyk, wspomaga pracę wątroby i niweluje stany zapalne, antybakteryjny
♥ ♥ papryka	witaminy A, B, C, E, beta-karoten, kwas foliowy, wapń, potas, żelazo, magnez	wzmacnia układ nerwowy, reguluje ciśnienie krwi, chroni naczynia krwionośne, jest przeciwutleniaczem
♥ ♥ ♥ pietruszka (nać)	witaminy A, C, E, beta-karoten, kwas foliowy, żelazo, magnez, wapń, potas, fosfor, cynk, miedź, mangan	wzmacnia organizm, podnosi odporność, oczyszcza nerki, działa antyseptycznie, moczopędnie, rozkurczowo (łagodzi bóle menstruacyjne), przyśpiesza proces trawienia
♥ ♥ ♥ cukinia	witaminy A, C, B1, B2, PP, beta-karoten, wapń, potas, magnez, jod	wspomaga przemianę materii, stymuluje procesy trawienne, wpływa na układ krążenia i pokarmowy, łagodząc objawy nadkwaśności
♥ ♥ ♥ jarmuż	witaminy C, K, B6, beta-karoten, kwas foliowy, błonnik, sole mineralne, wapń, potas, żelazo, fosfor, magnez, sód, cynk	Doskonały przeciwutleniacz, ma silne działanie przeciwnowotworowe, oczyszcza organizm, reguluje ciśnienie krwi, wzmacniana naczynia krwionośne, zapobiega miażdżycy
♥ ♥ ♥ rukola	witaminy A, C, K, wit. z grupy B, wapń, żelazo, potas	działa przeciwnowotworowo, bakteriobójczo, przeciwwirusowo i detoksykująco, wzmacnia układ immunologiczny, wspomaga czynność nerek i wydzielanie insuliny, bierze udział w przekształcaniu glukozy w glikogen, zapobiega anemii i zakażeniom
♥ ♥ ♥ dynia	witaminy A, C, PP, wit. z grupy B, beta-karoten, magnez, potas, żelazo, wapń, fosfor, białko, błonnik	wspomaga odchudzanie, wzmacnia układ odpornościowy, reguluje ciśnienie, a także pracę jelit, niweluje zaparcia, oczyszcza organizm
♥ ♥ ♥ batat	witaminy C, E, wit. z grupy B, kwas foliowy, beta-karoten, wapń, fosfor, potas, sód, magnez, siarka, chlor, żelazo, jod, a także niewielkie ilości manganu, miedzi, molibdenu i selenu	silny przeciwutleniacz, działa przeciwnowotworowo, zapobiega miażdżycy, chorobom oczu oraz zaparciom, reguluje przemianę materii oraz ciśnienie krwi, obniża poziom złego cholesterolu
rzodkiewka	witaminy C, B6, A, K, kwas foliowy, żelazo, wapń, magnez, fosfor, potas, sód, cynk	działa krwiotwórczo, stymuluje układ trawienny, zwiększa apetyt, obniża nadmiar kwasów w żołądku, zapobiegając niestrawności i likwiduje zgagę, pobudza wydzielanie żółci oraz działa bakteriobójczo, wzmacnia skórę, włosy i paznokcie
♥ ♥ kalarepa	witaminy C, B2, E, K, PP, żelazo, magnez, wapń, fosfor, selen, kobalt	ma właściwości przeciwnowotworowe, stabilizuje fizjologiczne procesy wątroby, pęcherzyka żółciowego, żołądka, śledziony oraz nabłonka narządów trawiennych, wspomaga leczenie wrzodów żołądka i dwunastnicy, reguluje ciśnienie, wzmacnia serce, działa antywirusowo i antybakteryjnie
sałata rzymska	witaminy C, A, B, E, PP, sole mineralne, wapń, żelazo, potas, magnez, fosfor, kwas foliowy	działa bakteriobójczo i przeciwnowotworowo, przyśpiesza proces gojenia, wzmacnia układ immunologiczny i system nerwowy

Wskaźnik zasadowy	Składniki odżywcze	Korzyści dla organizmu
♥ ♥ kukurydza	witaminy A, C, E, wit. z grupy B, żelazo, potas, fosfor, selen	działanie antyoksydacyjne, przeciwnowotworowe, poprawia trawienie, działa moczopędnie, pomocna przy reumatyzmie
♥ ♥ ♥ pietruszka (korzeń)	witaminy A, C, PP, K, B1, B2, B6, wapń, magnez, potas, żelazo	działa przeciwnowotworowo, moczopędnie, wspomaga funkcjonowanie nerek, pęcherza moczowego, (pomocna przy zapaleniu prostaty i kamicy nerkowej) poprawia trawienie, przyśpiesza perystaltykę jelit, obniża stężenie cukru we krwi, oczyszcza organizm z toksyn
♥ ♥ bakłażan	witaminy C, A, wit. z grupy B, potas, wapń, magnez	działa oczyszczająco i przeciwnowotworowo, poprawia przemianę materii, zapobiega chorobom układu krążenia, obniża poziom cholesterolu
Owoce		
♥ ♥ ♥ awokado	witaminy B3, B5, E i K, kwas foliowy, potas	wysoko proteinowe, wspomaga trawienie, zapobiega anemii
♥ ♥ ♥ grejpfrut	witamina C, kwas foliowy, wapń, potas	łagodzi bóle artretyczne, oczyszcza krew, wspomaga pracę serca, uzupełnia deficyty wapnia
♥ ♥ ♥ cytryna limonka	witamina C, potas	rozpuszcza kamienie żółciowe, silny antyseptyk, naturalny antybiotyk
♥ ♥ jabłko	witamina C, beta-karoten, potas, pektyna	tonizuje, oczyszcza, obniża cholesterol i usuwa toksyny
♥ ♥ ♥ daktyl	witamina B3, beta-karoten, wapń, żelazo, magnez, potas	uśmierza biegunki, wspomaga system oddechowy
♥ ♥ ♥ figa	witamina C, beta-karoten, wapń, potas	łagodny środek przeczyszczający, oczyszcza z toksyn, wysoka zawartość wapnia
♥ ♥ mango	witamina C, beta-karoten, potas, wapń, magnez	redukuje nadkwasotę, wspomaga nerki oraz układ trawienny, oczyszcza krew
♥ ♥ papaja	witamina C, beta-karoten, wapń, magnez, potas	silny antyoksydant, uspokaja stany zapalne jelit, uspokaja oddech, oczyszcza, oczyszcza z pasożytów
♥ ♥ gruszka	kwas foliowy, wapń, magnez, potas, jod, pektyna	moczopędna, wspomaga pracę tarczycy, stymuluje metabolizm, dzięki zawartości pektyny usuwa z jelita toksyny
♥ kokos	witamina C, kwas foliowy, magnez, cynk, potas	dobrze nawadnia organizm, wspomaga tarczycę w wytwarzaniu energii
♥ ananas	witamina C, beta-karoten, wapń, magnez, potas	środek przeciwskurczowy, zawiera bromelinę (ważną przy procesie trawienia) i oczyszcza z bakterii i pasożytów
porzeczka czarna	witaminy C, B6, A, E, wapń, żelazo, magnez, fosfor, potas, sód, cynk, kwasy fenolowe, antocyjany	silny antyoksydant, działa przeciwnowotworowo, oczyszczająco, działa przeciwzakrzepowo, przeciwzawałowo, przeciwbakteryjnie, przeciwzapalnie, hamuje rozwój bakterii i grzybów, moczopędnie
porzeczka czerwona	witaminy C, B6, E, A, K, kwas foliowy, wapń, żelazo, magnez, fosfor, potas, sód, cynk	działa moczopędnie, oczyszczająco, przeczyszczająco, krwiotwórczo i wzmacniająco, zapobiega miażdżycy, pomocna w chorobach stawów

WZMOCNIJ SKÓRĘ, WŁOSY I PAZNOKCIE!

Stan naszych włosów i skóry oraz wygląd paznokci może być wskaźnikiem kondycji naszego organizmu oraz poziomu jego zaopatrzenia w minerały oraz witaminy. Podobnie jak źle ukrwione dłonie i stopy mogą sygnalizować brak właściwego krążenia krwi, tak egzemy, wypryski i plamy na skórze mogą wskazywać na słabą pracę, zakwaszenie, zagrzybienie i zatrucie układu pokarmowego. Bóg stworzył nas doskonale i od urodzenia posiadamy naturalne funkcje odtruwania organizmu, za które głównie odpowiadają nerki, wątroba i płuca. Stwórca obdarzył nas jednak wolną wolą, która niestety okazuje się niekiedy ciężarem nie do uniesienia. Wszelkie schorzenia i choroby przewlekłe będące naszym udziałem są bowiem konsekwencją naszych decyzji oraz wynikiem naszej ignorancji i braku uważności. Każdego dnia dokonujemy – świadomie lub mniej świadomie – wyborów, które zaburzają energetycznie nasz metabolizm. Szaleńczy bieg życia rekompensujemy sobie „małymi przyjemnościami", zatracamy zdrowe nawyki, zatruwając organizm i upośledzając pracę organów detoksykacyjnych.

Skóra głowy, dzięki minerałom i pierwiastkom śladowym, odgrywa w metabolizmie rolę neutralizatora. Ten pełen składników mineralnych magazyn w naszym organizmie jest jednak w pierwszej kolejności pustoszony przez kwasy i toksyny. Szczególnie możemy zaobserwować to podczas chemioterapii, gdzie efektem ubocznym jest wypadanie włosów. Zwróćmy uwagę, że proces ten dotyka ludzi w bardzo różnym stopniu. Otóż, kiedy organizm jest dobrze odżywiony, mniej zakwaszony, w ogólnie lepszej kondycji, zderzenie z chemią czy radioterapią nie przebiega tak dotkliwie jak u osób zakwaszonych i nieodżywionych, ze złogami toksyn w jelitach. Oczywiście wiek pacjenta ma tutaj również znaczącą rolę. W pierwszym przypadku organizm zużywa wszelkie zasoby, jakimi dysponuje, jednak na bieżąco uzupełniając pierwiastki i dostając zasadową dietę, jest w stanie podtrzymywać procesy „wymiatania", czyli usuwania toksyn. Natomiast w drugim przypadku natychmiast znajdzie „magazyny awaryjne" i zacznie czerpać rezerwy właśnie z nich. Podobny proces zostaje uruchamiany w wypadku niedoborów.

Problem z odbudowaniem zdrowej skóry, włosów i paznokci wynika również z nadużywania reklamowanych suplementów, które stosujemy, rozgrzeszając się z naszych błędów żywieniowych. Syntetyczne suplementy diety oraz odżywki mają nam zagwarantować świetną kondycję włosów i paznokci bez konieczności podejmowania trudów oczyszczania i odkwaszania organizmu. Ładujemy więc w siebie artylerię przeróżnych pastylek, które z uwagi na złogi zalegające w organizmie nie mają szansy się wchłonąć. Pozostałości niestrawionych suplementów również odkładają się w naszym organizmie w postaci toksyn i w końcu stajemy przed wyborem: albo pogodzimy się z tym, że włosów mamy coraz mniej, a paznokcie są łamliwe, albo zmierzymy się z problemem i zaczniemy sami ze sobą współpracować.

Jak pisze w swojej książce *Nowoczesne zasady odżywiania* T. Colin Cambell, suplementy witaminowe nie są receptą na pełne zdrowie – stosowanie wyizolowanych składników spożywczych w formie suplementów zamiast zrównoważonej diety z nieprzetworzonych składników jest wręcz pozbawione sensu. Owszem, w procesie leczenia przewlekłych chorób pewne suplementy są często doraźnie wskazane, ale mnie chodzi o to, abyście szerzej otworzyli oczy na przyszłość i zajęli się działaniem profilaktycznym, czyli zdrowym i radosnym gotowaniem w waszych domach.

W większości przypadków najpierw pojawia się sygnał ostrzegawczy, który często bagatelizujemy. Gdy pojawiają się kwasy, ciało poza zmianami skórnymi wysyła najczęściej sygnały w postaci bólów głowy. Świadczą one o tym, że organizm podejmował próby zneutralizowania szkodliwych substancji za pomocą składników mineralnych obecnych we krwi, ale niestety – czy to ze względu na niewystarczającą ilość tych składników, czy też z powodu nadmiaru kwasów – proces ten nie zakończył się sukcesem. Organizm szuka zatem nadal i sięga do magazynu, którym jest skóra głowy. Bóle utrzymują się, dopóki kwasy nie zostaną zneutralizowane. Ustają, gdy proces się zakończy, lecz zubożała o wiele składników mineralnych skóra głowy jest już w stanie odżywić znacznie mniejszą ilość włosów. Wniosek z tego wynika dość prosty: włosy są jednym ze wskaźników jakości naszej krwi, a więc aby ją odżywić i utrzymać jej prawidłowe pH, musimy prawidłowo się odżywiać, oczyszczać i, co najważniejsze, robić to konsekwentnie. Program Jaglany Detoks, oparty w dużej mierze na wysoko odżywczych, nieprzetworzonych produktach o działaniu odkwaszającym, to doskonałe remedium, dzięki któremu wasza skóra może odzyskać zdrowszy wygląd, a włosy i paznokcie staną się mocniejsze, o ile oczywiście będziecie utrwalać i kontynuować zdrowsze nawyki.

Kiedy skóra jest zbyt przesuszona, czujemy ogromny dyskomfort, a zewnętrzne środki nawilżające przynoszą najczęściej tylko krótkotrwałą ulgę. Aby skuteczniej odbudować odpowiedzialną za stan naszej skóry tzw. wodę komórkową, należy zmienić styl odżywiania, wprowadzając produkty bardziej nawilżające. Dotyczy to zwłaszcza wszystkich osób szczupłych, o suchej niedoborowej konstytucji, chociaż nie jest to regułą. Często bowiem osoby nadmiarowe mają również poważne skórne dolegliwości wynikające właśnie z przesuszenia. Podstawą właściwego nawilżenia organizmu podczas programu Jaglany Detoks nie jest – jak moglibyśmy przypuszczać – wypicie hektolitrów wody lub soków. Owszem, właściwe płyny są bardzo ważne, jednak poza dostarczeniem odpowiedniej ilości nawilżających produktów spożywczych odbudowujących płyny wewnętrzne, czyli warzywnych zup kremów, dań jednogarnkowych i kasz połączonych z tłoczonym na zimno tłuszczem, niezwykle ważnym czynnikiem jest wydłużony i regularny sen. Albowiem to podczas relaksu i odpoczynku, szczególnie od pracy umysłowej, szybciej następuje wspomniana regeneracja.

Stan wewnętrznej suchości wynika często z utraty krwi i płynów ustrojowych. Może się on pojawić po przebytej chorobie, której np. towarzyszyły gorączki, po obfitym poceniu się na skutek upałów lub wskutek przyjmowania niektórych leków, np. przeczyszczających. Warto zapamiętać, że ścisły związek z odbudową „substancji" w organizmie ma poziom potasu – oprócz wprowadzenia do diety bogatych w ten pierwiastek produktów, warto go podczas regeneracji skóry nawet suplementować. Klinicznymi objawami wewnętrznej suchości są: stałe pragnienie, sucha i szorstka skóra, niekiedy łuszcząca się, suche włosy, zaparcia, zanik mięśni, suchy język, skąpomocz, a niekiedy nawet suchy kaszel z odkrztuszaniem niewielkiej ilości flegmy. Podczas programu Jaglany Detoks – dla skuteczniejszej odbudowy skóry – warto wprowadzić więcej produktów bogatych w beta-karoten.

Jeżeli pragniecie wzmocnić stan skóry w naturalny sposób, zastosujcie kilkudniowy detoks i wprowadźcie, oprócz kaszy jaglanej, więcej dań z udziałem dyni, batatów, marchwi, selera, jabłek, brokuła, kalafiora, szpinaku, jarmużu, awokado oraz soczewicy. Jeżeli zdecydujecie się spożywać produkty pochodzenia zwierzęcego, to polecam łososia oraz dorsza, najlepiej gotowanego na parze, w daniach typu curry z mlekiem koksowym lub pieczonego w pergaminie. Bardzo skuteczne są również kompoty gruszkowe ze stewią lub daktylami, zakwas z buraków oraz niemodyfikowany orkisz dobrej jakości. Tłuszcze roślinne, które dobrze nawilżają skórę, to olej z awokado, kokosowy oraz sezamowy. Jeżeli przygotowujecie sałatkowe dressingi, dodawajcie często trochę pasty sezamowej tahini, świetne działanie nawilżające ma również tradycyjny hummus z dodatkiem pieczonego buraka, dyni lub marchewki. Zachęcam również podczas programu do naprzemiennych wodnych masaży pod prysznicem, połączonych ze szczotkowaniem skóry, a także do kąpieli z dodatkiem mineralnych soli zasadowych. Jeżeli pragniecie wprowadzić naturalne kosmetyki i dowiedzieć się, w jaki sposób zewnętrznie dbać o właściwą pielęgnację skóry, zachęcam do odwiedzenia bloga skincoach.pl, który prowadzi dobrze znana mi specjalistka naturalnej kosmetologii Bożena Społowicz. Cieszę się, że powstają takie miejsca, które mogą nas inspirować do wprowadzenia naturalnych form regeneracji oraz pielęgnacji skóry. Zresztą moja młodsza córka również zaskakuje nas kosmetykami do ciała, które przygotowuje od podstaw w domu. Na wspomnianej stronie znajdziecie również wiele cennych informacji na temat wpływu diety na skórę.

Nasze ciało składa się w około 70% z wody. Wszelkie procesy samoleczenia są zatem bardziej skuteczne, kiedy mamy odpowiedni poziom komórkowego nawilżenia organizmu. Z natury nasza skóra ma zdolność do całkowitej regeneracji, a regularne posty są tutaj wyjątkowo skuteczne. Wystarczy zrozumieć podstawowe zasady funkcji regeneracyjnych, żeby przy odpowiednim odżywianiu oraz oczyszczeniu organizmu cieszyć się dobrym efektem. Zdrowa skóra produkuje w głębokich warstwach naskórka różne tłuszcze (lipidy) oraz substancje, które wiążą wodę, a następnie, wraz z dojrzewającymi komórkami rogowej warstwy, wędrują ku powierzchni naszej skóry. Tworzą w ten sposób ochronę w postaci tak zwanego płaszcza hydrolipidowego. Dzięki temu skóra może skuteczniej chronić się przed wnikaniem szkodliwych czynników zewnętrznych i alergenów, a także przed utratą odpowiedniego poziomu wilgotności. Wygląd naszej skóry zależy więc od równowagi wymienionych funkcji. Jeżeli zostanie od wewnątrz właściwie natłuszczona, będzie miękka i gładka w dotyku. Kiedy jest już sucha i szorstka, wilgoć podskórna szybciej narażona jest na znaczną redukcję. W takiej sytuacji skóra reaguje nadwrażliwością i mogą pojawić się na niej zmiany. Jeżeli uważnie przeczytaliście ten podstawowy schemat nawilżania skóry, musicie sobie uświadomić, jak wielkie ma dla niej znaczenie nie tylko sama woda, ale również właściwy tłuszcz. Jeżeli więc stosujecie bardzo zdrową dietę, ale nie używacie odpowiedniej ilości tłuszczu dobrej jakości, to trudno będzie wam trwale odbudować skórę. Oprócz zakłócenia w organizmie równowagi pH oraz zaburzenia pracy wątroby, która ma ścisły związek z przemianą tłuszczową, powodem przewlekłych problemów skórnych jest również brak właściwej regulacji hormonalnej. Osoby, które cierpią np. na przewlekłe zapalenie tarczycy typu Hashimoto, mają często skórne problemy wynikające z niedoboru witaminy D3 oraz słabej pracy wątroby, obciążonej stresem, niewłaściwą dietą oraz brakiem regularnej aktywności. Bardzo częstą przyczyną osłabienia skóry oraz towarzyszących mu zaparć jest też niekontrolowany gniew.

JAGLANY DETOKS KONTRA CELLULIT!

Skupiając się najczęściej na działaniu zewnętrznym, stosujemy przeróżne techniki masażu, zabiegi kosmetyczne, a nawet katorżnicze treningi, a mimo to nie możemy sobie poradzić z niezwykle trudnym przeciwnikiem, jakim jest cellulit. Podstawową „pożywką" dla cellulitu są jak już wiadomo estrogeny – hormony, których kobiece organizmy produkują wielokrotnie więcej niż męskie.

Hormony te mają znaczący wpływ na gospodarkę płynów w organizmie, kiedy zaburzone zostaje mikrokrążenie krwi oraz limfy, w tkance podskórnej pojawia się cellulit. Nie zdajemy sobie nawet sprawy, jak znacząca w walce z „pomarańczową skórką" jest właściwa dieta. Stosowana regularnie detoksykacja przyśpiesza odkwaszanie krwi i przyczynia się do lepszego odżywienia skóry, może więc być niezwykle pomocna w walce z cellulitem. Pamiętajcie, że im więcej spożywacie przetworzonej żywności, tym więcej będzie przybywać podskórnych grudek. Wszelkie konserwanty, utwardzane tłuszcze oraz skondensowane cukry, które odkładają się najczęściej w podskórnej tkance tłuszczowej, zaburzają znacznie metabolizm oraz krążenie płynów. Żeby wzmocnić działanie diety na cellulit, warto podczas programu Jaglany Detoks wprowadzić zielone koktajle z dodatkiem chlorelli lub spiruliny. Te głęboko zielone i nasycone zdrowiem glony obfitują w wysokiej jakości białko, minerały oraz witaminy, wspierające proces odkwaszania organizmu. Dzięki zawartości nienasyconych kwasów tłuszczowych oraz związków aktywnych biologicznie przyśpieszają rozkład i spalanie tkanki tłuszczowej. Doskonale odżywiają skórę, ujędrniając ją w naturalny sposób. Dieta antycellulitowa powinna obfitować szczególnie w zielone warzywa. Doskonałe będą również buraki oraz kiełki, kurkuma, która doskonale pobudza krążenie krwi i redukuje poziom toksyn oraz produkty pełnoziarniste z kaszą jaglaną na czele! W diecie detoksykacyjnej i wzmacniającej skórę nie powinno zabraknąć również ryb i zielonej herbaty, a ulubionym daniem wszystkich pań dbających o zdrową skórę będzie z pewnością pudding jaglany z awokado i bananem, na który inspiracje znajdziecie w rozdziale z przepisami.

ZRÓB DETOKS I POCZUJ RADOŚĆ Z PIĘKNYCH I ZDROWYCH WŁOSÓW

Piękne i lśniące włosy są naszą wielką radością. Kobiety bardzo troskliwie dbają o ich wygląd. Wiem coś na ten temat, ponieważ mieszkam z żoną i dwiema córkami. Liczne badania oraz statystyki podkreślają, że powodem utraty włosów jest wysokotłuszczowa i wysokobiałkowa dieta, która uszkadza nerki i prowadzi do zakwaszenia krwi. Biorąc pod uwagę słodycze, desery, pokarmy konserwowane cukrem czy napoje słodzone, spożywane na całym świecie w ogromnych ilościach, mamy obraz tego, jak powszechnie dominuje w naszej diecie smak słodki. Nie jest tajemnicą, że nadmiar cukru blokuje przyswajanie składników pokarmowych i wyniszcza podstępnie nasz organizm. Upośledza jego funkcje, a utrata włosów, słabe paznokcie i dolegliwości skórne to tylko wierzchołek góry lodowej, często prowadzi bowiem do poważniejszych i przewlekłych schorzeń. Oczywiście, każdy organizm jest inny i błędy żywieniowe przechodzące w patologie każdego z nas dotykają inaczej. Trafiają jednak w najczulszy punkt. Nie ma wątpliwości, że za stan naszej skóry, włosów i paznokci odpowiadają nie tylko geny, ale także – i to w bardzo dużym stopniu – nasz tryb życia i sposób, w jaki się odżywiamy.

Paznokcie mogą być dla nas niezwykle cennym drogowskazem do zdiagnozowania pewnych dysfunkcji organizmu. Kiedy pojawiają się na nich białe przebarwienia, możemy być niemal przekonani, że mamy pewien deficyt witamin. Natomiast kiedy są pofalowane, szczególnie na kciuku to prawdopodobnie mamy niedobór żelaza lub złogi jelitowe, a nawet grzybicę. W każdym z tych przypadków podstawą będzie podjęcie diety oczyszczającej, odkwaszenie organizmu i wprowadzenie do codziennego stylu życia bardziej odżywczej diety. Czasem wskazane jest laboratoryjne sprawdzenie poziomu witamin we krwi oraz okresowa, najlepiej naturalna suplementacja. Dzisiaj pod wpływem mody lub dla pięknego wyglądu kobiety poddają paznokcie wyniszczającym stylizacjom. Ich przedłużanie, malowanie lub przyklejanie fantazyjnych wzorków doprowadza do tego, że płytka paznokciowa ulega zniszczeniu i konieczna jest jej odbudowa. Przez paznokcie wchłania się do organizmu dużo toksycznych związków oraz metali ciężkich – nie tylko w trakcie zabiegów pielęgnacyjnych, ale również w czasie sprzątania przy użyciu chemii gospodarczej. Jeżeli pragniecie zregenerować swoje paznokcie, zrezygnujcie na czas programu Jaglany Detoks z ich lakierowania i rozejrzyjcie się na rynku za ekologicznymi i naturalnymi środkami czyszczącymi.

ZAPAMIĘTAJ!

Skóra, paznokcie i włosy są wizytówką waszego zdrowia wewnątrzkomórkowego. Najczęstszą przyczyną ich dolegliwości jest zakwaszenie organizmu. Aby skutecznie je wzmocnić, warto jak najszybciej wyeliminować nadmiar kwasotwórczych produktów spożywczych w diecie oraz toksyn. Jeżeli przeprowadzicie nawet kilkudniowy program Jaglany Detoks, przekonacie się, że zmieni się wasza skóra. Wyobraźcie więc sobie, jak będzie wyglądała po kilku miesiącach oraz latach bardziej świadomego odżywiania. Wzmacniajcie skórę, włosy i paznokcie poprzez regularne oczyszczanie organizmu!

KIEDY JELITA STRAJKUJĄ

Niemal cały świat zwariował na punkcie jedzenia. We wszystkich mediach ukazuje się ogromna liczba kulinarnych inspiracji. Blogerzy coraz częściej przejmują ster nad dietą przeciętnego Kowalskiego, coraz bardziej liczymy się z ich opinią w naszych wyborach żywieniowych. Czy to jednak dobra droga do zdrowia? Z jednej strony jest to niezwykle cenne, że powraca zainteresowanie kulturą kulinarną i gromadzimy się wokół stołu – w końcu wspólne gotowanie bardzo nas łączy. Z drugiej zaś strony warto się zastanowić czy nieustanne zaspokajanie zmysłów smakiem i wyglądem potrawy jest czymś naturalnym, i dlaczego, pomimo tak wielkiej dbałości o potrawy, coraz częściej chorujemy?

Człowiek ma taką naturę, że wszystko, co mu sprawia przyjemność, uwielbia natychmiast zwielokrotniać, najczęściej do absolutnego przesytu. Internet pobudza jeszcze bardziej nasze pragnienia, bo daje nam możliwość konkurowania ze sobą, co również uwielbiamy. Przykładem tego może być ostatnio coraz częściej spotykany „ekshibicjonizm rodzicielski", który w kulturze obrazkowej stwarza niestety tylko pozory zdrowej rodziny. Każdy jednak nadmiar niezgodny z naszą wrodzoną wydolnością intelektualną, fizyczną i zmysłową prowadzi z czasem do choroby. Radość życia umyka nam w ciągu dnia pełnego nie zawsze chcianych i przyjemnych obowiązków, coraz częściej wyrównujemy sobie jej brak poprzez szybkie nasycenie się czymkolwiek, co tylko poprawi nam humor. W ten sposób zaczynamy się konkretnie przejadać, gdyż najkrótsza droga do radości prowadzi przez podniebienie, które przy obecnym modelu życia, szczególnie wieczorem, kona z głodu. Ssanie w żołądku sprawia, że nasz apetyt na wspomnianą radość życia staje się jeszcze większy i około dwudziestej zaczyna się wielka uczta! Niestety efektem tej krótkiej, choć radosnej chwili przyjemności jest wielogodzinny proces dalszego przetwarzania spożytego pokarmu, a cały spektakl rozgrywa się na powierzchni stadionu piłkarskiego! Taką bowiem powierzchnię mają przeciętnie „po rozłożeniu" jelita dorosłego człowieka. Samo jelito cienkie to około 200 m2 powierzchni chłonnej! Trudno sobie coś takiego wyobrazić, ale to prawda.

Kiedy spoglądamy na niechlubne statystyki chorób nowotworowych, na pierwszym miejscu mamy raka jelita grubego. Nie ma się jednak czemu dziwić, a obwinianie lekarzy za brak skutecznego lekarstwa nie jest do końca słuszne, gdyż lekarz leczy tak, jak go wykształcił system edukacji. Ten sam lekarz, który przyjmuje pacjenta, również zmaga się z problemami codziennej diety, a jeśli wierzy wyłącznie w działanie farmakologii, to na pewno nie przekaże pacjentowi żadnych wskazówek na temat zdrowszego odżywiania. Służba zdrowia, która powinna być przecież dla nas autorytetem, nie wykazuje jakiegokolwiek zainteresowania kształceniem lekarzy w kierunku diety. Społeczeństwo natomiast nie interesuje się w ogóle umiarkowaniem i codzienną profilaktyką.

Aby zrozumieć, skąd bierze się większość naszych chorób, wystarczy wybrać się do jakiegokolwiek supermarketu i już po kwadransie przyglądania się produktom, które kupujemy, doznać olśnienia. Co robi przeciętny Polak, kiedy dostaje wypłatę? Wyjeżdża z koszem wypchanym po brzegi przetworzonym jedzeniem! Po samym koszyku z zakupami można wstępnie ocenić, jaka czeka nas przyszłość. Dlaczego tak się dzieje? Obfitość na stole i pełna lodówka daje człowiekowi poczucie bezpieczeństwa, ale kiedy to wszystko znajdzie się w naszym żołądku, to pozorne szczęście i złudny stan obfitości zamieniają się w ospałość, znużenie, biegunki, zaparcia i niekończące się dolegliwości jelitowe, które prowadzą do kolejnych zniewoleń, ale już farmakologicznych. Paradoks polega zaś na tym, że w lekach i suplementach jest też jedzenie, tylko w formie syntetycznej i wyizolowanej.

Znamy już bardzo dobrze Hipokratesowy slogan, że jesteśmy tym, co jemy, wiemy też, że jedzenie jest naszym lekarstwem. Jednak w dalszym ciągu wiele osób nie rozumie, że jedzenie kupowane w supermarketach, choć wygląda niezwykle atrakcyjnie, jest nafaszerowane chemią i konserwantami, a kolor, zapach i smak wielu potraw jest sztucznie uszlachetniany. Jednym słowem to, co jemy, nie jest już naszym lekarstwem, bo stało się zatrute! Proces zatruwania będzie trwał nadal, ponieważ jest to globalny interes, zresztą powiązany z leczeniem nas farmakologicznie. Jedna korporacja nas zatruwa, a druga „stara się" nas wyleczyć. Człowiek przestał kochać ludzi, gdyż ci stali się niestety marionetkami w rękach komercyjnych gigantów, którzy zresztą trują również siebie i swoich najbliższych. Żniwo zbieramy tymczasem wszyscy, pracując od rana do wieczora w tychże korporacjach. Możemy to jednak zmieniać każdego dnia, po prostu dokonując innego wyboru!

Rozpatrując powyższy problem w kategoriach holistycznych, Stworzyciel przewidział nasz przerost ambicji, ratując nas zawsze jak dobra matka, która odbiera małemu dziecku nożyczki. Zresztą mówi o tym wszystkim Pismo Święte. Znamy to chociażby z biblijnej opowieści o wieży Babel, kiedy chcieliśmy za wszelką cenę „dobić" do nieba. Stwórca, patrząc na nasze poczynania i głupotę, zabrał nam nożyczki i poplątał języki. Sadzę, że od samego początku stworzenia przewidział również nasz ostateczny upadek na zdrowiu i globalne zatrucie. Z ogromnej miłości do swoich dzieci znalazł jednak dla nas, ludzi, najtańszy z możliwych sposobów uzdrawiania. Tylko czy przyjmiemy ten dar i czy będziemy umieli przebudzić się z letargu? Czy uwierzymy, że umiarkowanie, właściwa dieta, aktywność i świadomość, a co najważniejsze odnowa postu sprawią, że będziemy mogli uchronić się od wielkiego cierpienia i żyć w większym poczuciu miłości? Pamiętajmy, że wszyscy mamy to za darmo! Niestety ta wielka łaska spoczywa obecnie na niewielkiej grupie ludzi. Nie warto jej jednak zbyt pochopnie odrzucać. Może teraz pomyślicie: „Dlaczego mielibyśmy sobie odmawiać przyjemności?". Nie chcemy tego czytać! Po co mamy robić jakiś detoks i przez kilka dni męczyć się z myślą, że będziemy głodni. To prawda, każdy ma prawo do przyjemnego życia i doświadczania jego radości w pełni. Zresztą taki był, jest i zawsze będzie Boży zamysł. Człowiek dalej chce jednak po swojemu, nie zdając sobie sprawy, że główną przyczyną chorób są toksyny zalegające w jelitach oraz niedobór podstawowych składników odżywczych. Paracelsus, wspaniały medyk z Bazylei, uważał, że medycyna powinna być ugruntowana w poznaniu Boga i natury. Podobnie jak św. Hildegarda z Bingen był przekonany, że Bóg dał ludziom lek na każdą chorobę, a żeby ułatwić nam drogę do zdrowia, dodał odpowiednie znaki zewnętrzne. Choroba i jej objawy są więc dla nas sygnałem do tego, że należy zmienić myślenie, zatrzymać się i spojrzeć w niebo.

Bardzo często pracujemy ponad siły, mamy mało czasu dla najbliższych, a te chwile, kiedy doświadczamy szczęśliwości, są niezwykle krótkie i rzadkie. Owszem, ale mogą być przyjemniejsze, kiedy zrozumiemy, że zdrowe jelito to długie i szczęśliwe życie, najkrótszą zaś drogą, aby doświadczać tego stanu, jest racjonalne oczyszczanie organizmu. Zwiększenie wartości odżywczej i nieustanne poszukiwanie żywności z pewnych źródeł, choć jest niezwykle ważne, staje się naszym kolejnym stresem kulturowym. Czytając na moim blogu tysiące komentarzy i setki e-maili, mogę z czystym sumieniem potwierdzić – jako aktywny bloger z przerostem ambicji w propagowaniu odnowy postu oraz wzajemnej miłości – że dieta to tylko wierzchołek góry lodowej. Dopóki nie wejdziecie świadomie i głębiej w siebie, nie poczujecie dotyku zdrowia. Post jest w obecnych czasach wielkim darem i ułatwieniem, nie musicie bowiem robić niczego szczególnego, wystarczy odmówić sobie przyjemności i otworzyć się na nowe doznania. Nagroda jest wielka. Przekonują się o tym wszyscy uczestnicy naszych tygodniowych postów jaglanych. Za największym lękiem przed głodem czeka największa radość, którą sam Stwórca gwarantuje każdemu, kto zdecyduje się pójść drogą odnowy postu! Pokój w sercu, lepsze zdrowie, umiarkowanie, moc przebaczenia rodzą się właśnie podczas diety oczyszczającej – choćby kilkudniowej. Wiemy przecież, jak bardzo nam obecnie tego brakuje…

ZDROWE JELITA, ZDROWE ŻYCIE!

Jak już wspomniałem we wstępie, nie jest to książka poświęcona wyłącznie medycznym aspektom pracy układu pokarmowego, to przede wszystkim sprawdzony na setkach, a nawet tysiącach uczestników kilkudniowy program diety oczyszczającej z kaszą jaglaną w roli tytułowej. Łatwy i wyjątkowo skuteczny, co potwierdzają opinie i komentarze. Niektóre osoby stosują go z powodzeniem nawet 3–4 tygodnie. Pragnę zatem odsłonić przed wami najważniejsze informacje na temat jelita, które każdy powinien zapamiętać i przekazać jak najszybciej także swoim najbliższym, aby wzrastali w lepszym zdrowiu. Obiecuję, że będzie krótko, zwięźle i na temat.

Jelito cienkie to najbardziej inteligentny narząd w układzie pokarmowym. Szacując, że średnio spędzamy blisko 15 lat życia na samym tylko jedzeniu, możemy śmiało powiedzieć, że jelito porządkuje i tworzy nasze procesy życiowe. Przyjrzyjmy się temu z bliska. Nasze jelito cienkie, sterowane przez wątrobę i trzustkę, zajmuje się wydzielaniem hormonów oraz tranzytem pożywienia. Składa się z trzech części: dwunastnicy, jelita czczego i jelita krętego, tworząc niezwykle zaawansowany narząd, który odpowiada za wchłanianie składników odżywczych. Każdy milimetr jelita cienkiego ma około 18–40 kosmków jelitowych, więc cała błona śluzowa jelita posiada ich – u przeciętnego człowieka – blisko 40 milionów! Wchłanianie jelitowe składników odżywczych zależy od funkcjonowania kosmków jelitowych, które działają jak „wrota". Jeżeli ten niezwykły aksamitny dywan jest zatruty zalegającym, sfermentowanym i niestrawionym pokarmem, wygląda dramatycznie, nie wspomnę o zapachu. Wystarczy sobie wyobrazić starą wykładzinę biurową, po której przechadzają się setki osób, a dopiero po kilku latach ktoś być może wpadnie na pomysł, aby wezwać ekipę piorącą. Oczywiście wykładzinę można w każdej chwili wymienić na nową, jednak jelito można najwyżej chirurgicznie skrócić.

Kiedy już macie przed sobą ten obraz, to zachęcam do dalszego czytania. Jeżeli waszym utrapieniem jest nieznośny układ trawienny, dowiecie się wreszcie, jaka może być tego podstawowa przyczyna i gdzie należy szukać lekarstwa. Otóż gastrolog lub obecnie nawet lekarz pierwszego kontaktu, kiedy mówimy podczas wizyty o przewlekłych problemach typu zaparcia, biegunka lub nieustanne przelewanie się w jelitach, często określa taki problem mianem jelita drażliwego. Diagnoza ekspresowo postawiona! Leki z apteki i dieta lekkostrawna! Następny, proszę! Pytamy jeszcze grzecznie, co powinniśmy spożywać? Słyszymy: dieta lekkostrawna, biały ryż, biały chlebek, jogurt. Jednym słowem produkty, które są niezwykle kwasotwórcze! Jak pokazuje coraz więcej badań i publikacji naukowych, jednym z naszych podstawowych problemów zdrowotnych jest zakwaszenie organizmu, czemu poświęciłem z tego powodu osobny rozdział.

Bardziej zasadne byłoby określenie jelita drażliwego jelitem nieszczelnym. Obrazowo wygląda to następująco – jeżeli w naszych jelitach gromadzą się zalegające toksyczne złogi lub kiedy alergia pokarmowa zaczyna obciążać nasz układ immunologiczny, to podrażniona błona śluzowa przechodzi w stan zapalny. W jelicie tworzą się uszkodzenia, pęknięcia i ubytki, a wspomniana w poprzednim akapicie „dieta lekkostrawna" pomoże tylko pozornie. Najważniejszą sprawą powinno być bowiem wykluczenie produktów z zawartością glutenu lub – na początku – chociażby tych z udziałem pszenicy. Nie jest bowiem powiedziane, że musimy mieć uczulenie na gluten i pszenicę równocześnie. Jeżeli nie będzie dość znacznej poprawy po odstawieniu produktów pszennych, warto przeprowadzić test na nietolerancję pokarmową i sprawdzić, czy inne pokarmy nie powodują stanu zapalnego. Osobiście uważam jednak, że najlepsze jest wprowadzenie programu diety oczyszczającej z udziałem kaszy jaglanej i, co najważniejsze, zwiększenie aktywności fizycznej.

Trawiąc nasz temat dalej, dorzucę jeszcze kilka ważnych szczegółów, dzięki którym łatwiej będzie zrozumieć, jak się dalej leczyć – o ile przewlekła nietolerancja pokarmowa nie doprowadziła już do choroby autoagresywnej, zwanej celiakią. Nasz pokarm zazwyczaj jest trawiony i poddawany oczyszczaniu, a następnie trafia do systemu obronnego, skąd – po zbadaniu przez pewne mechanizmy immunologiczne – jest absorbowany do ustroju przez jelitową błonę śluzową. Warto zapamiętać, że do krwiobiegu przedostaną się wyłącznie cząsteczki o tym samym rozmiarze. Ten proces nazwany jest wybiórczą przepuszczalnością błony. Kiedy jest on zaburzony, powstaje stan zapalny, który niszczy powierzchnię jelita i barierę pomiędzy nim, a naszym organizmem. Błona zostaje uszkodzona, jelito można więc nazwać jelitem cieknącym, gdyż jego zawartość, która miała zostać wydalona, rozpoczyna proces zatruwania sterylnego obiegu krwi. Przy okazji warto sobie uświadomić, że kosmki jelitowe są niezwykle obficie ukrwione.

Toksyny, które przedostały się w ten sposób do naszej krwi, blokują również system detoksykacyjny wątroby (więcej o tym procesie dowiecie się w rozdziale poświęconym najważniejszemu z organów detoksykacyjnych na s. 151). Warto zapamiętać, że kiedy oprócz dolegliwości w układzie pokarmowym często odczuwacie wyczerpanie, zmęczenie, skroniowe bóle głowy i budzicie się często pomiędzy pierwszą a trzecią w nocy, to wasza wątroba prawdopodobnie wręcz domaga się detoksykacji!

Trzeba sobie świadomie zdać sprawę z tego, że nawet okresowe odstawienie pewnych produktów typu pszenica, alkohol, cukier oraz nabiał jest dużym krokiem ku poprawie naszego samopoczucia, często wręcz spektakularnej! Nasze jelito z pewnością zacznie się wtedy regenerować, a każdy, kto zdecyduje się choćby na kilkudniowy program oczyszczania z jaglaną dietą bezglutenową – odstawiając produkty osłabiające kanały detoksykacji, a wprowadzając w ich miejsce produkty o wysokim działaniu odżywczym i oczyszczającym – poczuje mocny dotyk zdrowia! Wyobraźcie więc sobie, Drodzy Czytelnicy, co poczujecie, kiedy wprowadzicie taką łatwą i skuteczną profilaktykę na kilka lat!

Warto jeszcze dodać, że pewne lekarstwa mogą powodować nadmierną przepuszczalność jelita. Są to przede wszystkim niesteroidowe leki przeciwzapalne. Jeśli liczycie na to, że dzięki nim znikną dolegliwości układu pokarmowego, to wiedzcie, że mogą podrażniać one jeszcze bardziej błonę śluzową. Weźcie więc sobie głęboko do serca, że odpowiedni detoks może być remedium na ból, a dodatkowo świetnym sposobem na poprawę samopoczucia.

Nadmiar niebezpiecznych mikroorganizmów, bakterii oraz grzybów, które zaburzają pracę jelita, może być również związany z częstym zażywaniem antybiotyków. Farmakologia oczywiście pomaga i skutecznie leczy wiele dolegliwości, ale często burzy również znacznie osłabioną naturalną równowagę mikroflory jelitowej. Ze względu na coraz słabszą odporność, coraz częściej zapadamy na uporczywe infekcje oraz przewlekle stany zapalne, które zostają poddane leczeniu z udziałem antybiotyków. Warto zapamiętać, że antybiotyk jest zimny termicznie oraz gorzki w procesie trawienia. Co to oznacza? Otóż, dość często ma to wpływ na powstawanie środowiska wilgotnego. Przy niewłaściwym odżywianiu, czyli w połączeniu ze śluzotwórczą dietą, popowstaje często patologiczne środowisko, w którym może mieć początek grzybica typu kandydoza. Leczenie przerostu grzyba *Candida* wymaga znacznie większego poświęcenia – w mojej praktyce dietetycznej stosuję nawet specjalny program dietetyczny Anty Candida.

Czynniki dietetyczne przyczyniające się do powstawania nadmiernej wilgoci są często zbytnio bagatelizowane. Tymczasem nadmiar śluzu, wilgoci i zakwaszenie ustroju to obecnie chyba najczęstszy powód przewlekłych chorób cywilizacyjnych. Wymienione czynniki chorobotwórcze stanowią od tysięcy lat fundament w diagnostyce – zarówno w medycynie wschodniej, jak i w nauce św. Hildegardy z Bingen, odkrytej ostatnio na nowo niezwykle wartościowej wiedzy na temat leczniczej i profilaktycznej wartości pokarmów.

Kiedy spożywacie podczas infekcji zbyt dużo produktów kwaśnych i słodkich o zimnej termice, możecie szybko doprowadzić do zgaszenia „ognia trawiennego". Śledziona i trzustka zostają wtedy znacznie osłabione. Klasycznie podczas leczenia infekcji spożywamy często twarożki, miód, banany, pieczywo z białej mąki, owsiankę na mleku z suszonymi owocami, jajka smażone na maśle oraz przetworzone produkty zawierające skoncentrowane substancje słodzące. Takie odżywianie znacznie przyczynia się do wzrostu wilgotności, a pomimo farmakologicznego wyleczenia objawów samej infekcji w jelicie pozostaje jeszcze na długo środowisko sprzyjające powstaniu wspomnianych patologii. Właściwie przeprowadzony program detoksykacji, w połączeniu z suplementacją probiotyczną, zrównoważy środowisko mikroflory, przyczyniając się do szybszego wyleczenia grzybicy oraz podniesienia naszej odporności.

W tym miejscu warto zapamiętać, że największa aktywność pracy jelita grubego w ciągu roku to jesień. Wtedy nasz organizm wspierany jest dodatkowo przez naturę i możemy skutecznie podjąć program Jaglany Detoks wskazany przy regeneracji jelitowej. Kiedy więc odczuwamy długotrwały dyskomfort trawienny związany z jelitem, nie warto czekać. Trzeba jak najszybciej poświęcić choćby weekend na wykonanie pierwszego kroku do oczyszczenia i wzmocnienia naszego jelita. Bez względu na porę roku! Jaglany Detoks jest właściwie skomponowany pod względem smaku i natury pożywienia – tak, aby każdy znalazł dla siebie przepisy odpowiednie na każdą porę roku.

Sześć kroków do uzdrawiania jelit

Aby poprawić pracę układu pokarmowego i wzmocnić jego mechanizm odtruwania z toksyn, należy wykonać następujące kroki:

1. Okresowe odstawienie produktów kwasotwórczych (alkohol, kawa, cukier, pszenica, nabiał, mięso)
2. Poprawa trawienia z odpowiednim planem diety oczyszczającej
3. Wprowadzenie działań uszczelniających jelita
4. Poruszenie zastojów pożywienia poprzez zwiększenie płynów, błonnika i hydrokolonoterapię
5. Wzbogacenie mikroflory jelita sprzyjającymi kulturami bakterii
6. Zwiększenie aktywności ruchowej

DETOKS PRZY ZAPARCIACH, CZYLI JAK „PORUSZYĆ" WSTYDLIWY TEMAT

Aby skuteczniej poradzić sobie z problemem, trzeba go najpierw lepiej poznać, a skupiać się nie na nim samym, ale na tym, jak z niego wybrnąć. Jeżeli jesteście chorzy, po prostu zacznijcie inaczej myśleć! Wśród chorób cywilizacyjnych najczęściej wymienia się obecnie cukrzycę, astmę czy migreny, tymczasem statystycznie zaparcia plasują się pod względem częstotliwości występowania powyżej wymienionych schorzeń. Moim zdaniem, wciąż za mało się o tym mówi, traktując temat jako wstydliwy. Powodem naszego zamknięcia jest również niewielkie zainteresowanie lekarzy podczas rozmowy z pacjentem, a przecież ograniczenie się do kuracji farmakologicznej nie gwarantuje wyleczenia w pełni. Niestety nie wystarczy pokazany w reklamie cudowny środek, który po wypiciu wyleczy każde, często przewlekłe i wieloletnie zaparcia, stanowiące coraz częściej główną przyczynę choroby nowotworowej jelita. Przy leczeniu należy zawsze pamiętać, że naszą jelitową perystaltykę regulują niezwykle złożone mechanizmy. Samo zaparcie może mieć różne podłoża i wpisywać się w odmienne wzorce chorobowe. Dzięki wielu badaniom naukowym możemy z całą pewnością powiedzieć, że jelito grube jest czymś więcej niż tylko kanałem wydalniczym. Zresztą pod koniec lat 90. po raz pierwszy zostało nazwane przez Michaela Gersona tzw. drugim mózgiem. Dlatego, wkraczając na drogę do trwałego wyleczenia z zaparć, warto zapamiętać wagę słowa „złożoność".

W medycynie klasycznej rozróżniamy zaparcia pierwotne, wtórne i czynnościowe. Te ostatnie reguluje się leczeniem głównie farmakologicznym.

W przypadku stwierdzenia zaparcia wtórnego lekarz powinien zalecić zmianę diety, wprowadzenie większej ilości płynów oraz błonnika, ale często przepisuje od razu leki. Tymczasem dietoterapia, poprzez właściwe i nieco bardziej trafne spojrzenie zarówno na aspekt psychologiczny, jak i na leczniczą naturę pożywienia, rozróżnia zaparcia jako nadmiarowe i niedoborowe. Temat ten został dokładniej opisany w książce Paula Pitchforda *Odżywianie dla zdrowia*. Warto się nią zainteresować, jeśli chce się jeszcze mocniej pogłębić wiedzę o leczniczej wartości pożywienia. Choć autor przedstawia bardzo skomplikowany system medycyny wschodniej, robi to w dość przystępny sposób, często porównując go z zachodnim kanonem medycznym.

O ile medycyna akademicka we wspomnianym rozróżnieniu zaparć koncentruje się głównie na samym jelicie, medycyna wschodnia pokazuje, że zaparcia mogą mieć swój początek np. w nadmiarowym gorącu żołądka, zastoju energetycznym w pracy wątroby, niedoborze „substancji" organizmu, a nawet w niewydolności nerek oraz płuc. Najczęstszym problemem, z jakim się spotykamy, to zaparcia nadmiarowe, którym towarzyszą zastoje metaboliczne i stan tzw. gorąca w wątrobie. Powstały w ten sposób deficyt płynów organicznych sprawia, że z czasem stolec staje się zbyt suchy, a jego ruch jest znacznie utrudniony ze względu na słabszą perystaltykę, będącą z kolei wynikiem niedoboru energetycznego spowodowanego zastojem w wątrobie. W takim przypadku zamiast skupiać się wyłącznie na „cudownych" lekach na zaparcia, wystarczy zmienić nawyki żywieniowe, przeprowadzić kilkudniowy detoks lub hydrokolonoterapię. Należy znacznie zredukować ilość spożywanego mięsa, wszelkich tłustych potraw, dań nabiałowych, słodkich i mącznych. Pamiętając, że najbardziej toksyczne dla jelita jest połączenie skrobi oraz białka, czyli klasyczny polski obiad. Warto wprowadzić w ciągu dnia płyny o oczyszczającym działaniu. Mogą to być herbatki ziołowe, zielone koktajle oraz soki owocowe, a najlepsze działanie ma ciepła woda z cytryną. Pomocne może być także spożywanie większej ilości kiełków brokuła, lucerny lub rzodkiewki wraz z tłuszczem roślinnym.

Podczas poruszania zastojów jelitowych warto pamiętać o odżywianiu intuicyjnym, które w trakcie nawet kilkudniowych postów jaglanych wyraźnie się uaktywnia. Organizm zaczyna sam regulować wiele wcześniej zablokowanych funkcji, gdyż program Jaglany Detoks oparty jest na bardziej holistycznym, czyli całościowym aspekcie oczyszczania, dzięki któremu przezwyciężamy również emocjonalne przywiązanie do jedzenia. Obecnie demon łakomstwa na dobre zagnieździł się w naszym życiu, powodując naszą ociężałość i niszcząc harmonię pomiędzy ciałem i duszą. Nie bójmy się tego rodzaju stwierdzeń, bo logika i nauka często zawodzą w procesie uzdrawiania, a formę odzyskujemy częściej wtedy, gdy stajemy się świadomi, że wyłącznie zmiana postawy względem naszej prawdziwej duchowej tożsamości może nas doprowadzić do prawdziwego celu naszej egzystencji. Umiarkowanie rodzące się z takiej świadomości staje się naszą terapeutyczną cnotą, a Jaglany Detoks jest bramą do zdrowszej postawy wobec jedzenia. Ten, kto potrafi utrzymać się w takiej postawie, buduje w sposób niezwykle dojrzały nie tylko swoją osobowość, ale i swoją duchowość. Stan naszego organizmu, a szczególnie jelita wskazuje bowiem na to, czy żyjemy w umiarkowaniu. Być umiarkowanym to znaczy mieć nie tylko zdrowe jelita, ale i lepsze, szczęśliwsze życie.

Zaparcie najczęściej symbolizuje, że w naszym życiu jest jakiś zastój. Dotyczy to często niespełnionych marzeń, naszych lęków oraz braku zaspokojenia w miłości z drugą osobą. Kiedy praca, którą wykonujemy, nas nie uszlachetnia, to również mogą pojawić się w ciele blokady energetyczne powodujące zaparcia. Stajemy się wtedy zniechęceni względem życia i zmniejsza się nasza aktywność, a zastój ten ogranicza nas w doświadczaniu obfitości, którą przygotował dla nas sam Stwórca. Nasze wybory wynikają z naszego myślenia, które możemy przecież zmienić w każdej chwili, rozpoczynając wszystko lepiej. Taka odnowa jest często aktem poświęcenia – coś w nas musi obumrzeć, aby powstało nowe. Dotyczy to naszych dawnych przekonań, przyzwyczajeń i myślenia – chodzi o to, aby w ich miejsce pojawiła się nowa przygoda życia! Jaglany Detoks może być dla was tym impulsem, ale musicie uwierzyć, że wasze życie zmieni się natychmiast, kiedy wyruszycie w poszukiwaniu szczerej miłości. Bóg na pewno przygotował już dla was coś wyjątkowego! W dodatku zrobił to, zanim podjęliście decyzję o zmianie! Więc teraz już tylko wasza wola musi tego dokonać. Poruszcie jak najszybciej ten „wstydliwy temat"! Nie lękajcie się drogi do miłości! Uśmiechnijcie się! Kto by pomyślał, że w rozdziale poświęconym zaparciom będę pisał o miłości!

Aby poruszyć podczas programu detoksykacji zastoje pożywienia, warto wprowadzić produkty ochładzające i wzmacniające wątrobę, które są świetnym lekarstwem na tzw. zaparcia nadmiarowe. Zupa krem z pieczonego buraka i jabłka, zupa makrobiotyczna z warzywami, poranna kasza jaglana z pietruszkowym pesto oraz soki warzywne usprawnią pracę wątroby i uwolnią zablokowaną energię, która przyśpieszy działanie jelita. Wyraźną poprawę odczujecie również dzięki odpowiedniemu nawilżeniu i mniejszej ilości obciążającego pokarmu. Poruszenie i wydalenie zastojów pożywienia zawsze wpływa korzystnie na naszą psychikę. Przekonacie się więc bardzo szybko, że dieta ma wpływ nie tylko na wasz wygląd, ale również – co najważniejsze – na samopoczucie. Poza właściwie przeprowadzonym oczyszczaniem, ważnym aspektem w dalszej profilaktyce będzie utrzymanie zdrowszych nawyków. Pokarmy nawilżające jelita – siemię lniane, szpinak, jabłka, migdały, marchew, dynia, kalafior i kiełki – powinny na stałe zagościć w waszym jadłospisie. Nie zapominajcie też o właściwych przyprawach, ponieważ zbyt jałowa kuchnia zgasi wasz ogień trawienny. Koper włoski, curry, kurkuma, majeranek, tymianek, kmin rzymski i nasiona kolendry to podstawa zdrowej kuchni! Do codziennej diety warto włączyć także produkty zbożowe o lekko schładzającym i nawilżającym działaniu (np. kasza jęczmienna i kukurydziana), jednak częściej powinny je spożywać osoby z nadmiarowym gorącem. Dobrze jest również stosować z umiarem oleje tłoczone na zimno – szczególnie olej lniany (on też ma działanie lekko schładzające). Latem można śmiało zwiększyć udział produktów schładzających. Szczegółową tabelę znajdziecie na s. 104.

Drugim rodzajem zastojów jelitowych są zaparcia niedoborowe, a głównym ich powodem jest najczęściej niedostatek płynów w organizmie. Ten problem dotyka częściej osób szczupłych, szczególnie kobiet, chociaż nie jest to regułą. Wskazanym remedium na takie problemy jest właściwe nawilżenie organizmu, sen i regeneracja po dużym wysiłku. Zbyt aktywna praca umysłowa w godzinach wieczornych, połączona z nieodpowiednią dietą, prowadzi często do wyczerpania tzw. substancji w organizmie. Należy wtedy zwiększyć ilość płynów, spożywać więcej dań jednogarnkowych, zup kremów z dodatkiem kaszy jaglanej oraz orkiszowych zup makrobiotycznych. Doskonałe w leczeniu niedoborowych zaparć są dania z dyni, jarmużu i szpinaku. Domowe kompoty z gruszek lub jabłek, koktajle z nasion chia oraz siemię lniane będą również wyjątkowo skutecznie nawilżać organizm. Najważniejsze jest, aby nie popijać posiłków podczas spożywania. Należy dokładnie przeżuwać pokarm, nawilżając go śliną, dzięki czemu będzie lepiej przyswojony. Warto ograniczyć, a najlepiej na jakiś czas w ogóle odstawić kawę, która ze względu na skoncentrowany smak gorzki działa na jelito wysuszająco. W przypadku zaparć niedoborowych dobre są delikatne napary przeczyszczające z mniszka lub rzewienia, warto też wprowadzić rośliny „powlekające", jak korzeń prawoślazu czy lukrecji oraz znane i łatwo dostępne siemię lniane. Sporadycznie lub z większym umiarem należy używać kurkumy, suszonego imbiru i kardamonu, dodając je najlepiej do dań jednogarnkowych i zup, które mają naturalny smak słodki. W codziennej diecie profilaktycznej warto wprowadzić doskonale nadające się do zup makrobiotycznych daktyle, które nie tylko mają działanie nawilżające, ale też świetnie równoważą smaki wspomnianych przypraw.

W programie Jaglany Detoks znajdują się wybrane przepisy, które korzystnie wpływają na wymienione rodzaje zaparć. Dodatkowo warto pamiętać o pokarmach wzmacniających florę bakteryjną. Polecam ciemnozielone warzywa, kiełki lucerny, sok z kiszonej kapusty, a szczególnie zakwas z buraka (przepis na s. 248)

Leczenie zaparć typu niedoborowego wymaga więcej czasu i poświęcenia, jednak przy właściwym podejściu możemy odzyskać sprawność i komfort wydalania. Bardzo ważną strategią jest odbudowa ilościowa i jakościowa krwi, gdyż ta, kiedy są w niej niedobory, wpływa bardzo niekorzystnie na przewlekle stany zaparciowe. Do uzupełniania krwi ważne są żelazo, kwas foliowy oraz witamina B12. Niezbędne jest również białko, a kasza jaglana – jak na produkt roślinny – ma dobry poziom zarówno białka, jak i żelaza. Jeżeli chcecie wyleczyć się z zaparć, polecam przepis ze s. 292, w którym kasza jaglana połączona jest z pesto pietruszkowym. Ta kombinacja doskonale wpływa na odbudowę „substancji" i porusza zastój w wątrobie, gdyż natka pietruszki jest kwaśna w smaku, ale zasadotwórcza w procesie trawienia. Ma także sporo witaminy C, niezbędnej do właściwego przyswajania w organizmie żelaza. Wspaniały wpływ na perystaltykę ma również komosa ryżowa, którą często zalecam w programie. Jeżeli jesteście mocno wyczerpani i macie niedokrwistość, wprowadźcie okresowo do diety spirulinę lub chlorellę. Stosujcie dietę przyjazną śledzionie, współodpowiedzialnej za jakość krwi, pamiętając że narząd ten lubi ciepłe dania o naturalnym smaku słodkim, np. kaszę jaglaną. Zdrowa i zrównoważona śledziona ma wpływ na naszą odporność. Niepohamowany apetyt na słodycze świadczy o tym, że prawdopodobnie jest ona w bardzo słabej kondycji. Kobiety z dysfunkcją pracy śledziony mogą mieć wydłużony cykl menstruacyjny. Program Jaglany Detoks jest wyjątkowo skuteczny w regeneracji oraz wzmacnianiu śledziony, a najlepszy czas na jej odnowę to późne lato.

Żeby pozbyć się niedoborowych zaparć lub usprawnić perystaltykę – a przy okazji wspomóc znacznie pracę wątroby – warto spożywać pesto pietruszkowe z olejem z ostropestu, niezwykle pomocne w odbudowie komórkowej wątroby. Wątroba, ze względu na jej procesy żółciotwórcze, ma duży wpływ na działanie jelita grubego. To kolejny powód, dla którego troska o jej wydolność jest tak istotna – program detoksykacji znacznie usprawni działanie tego najważniejszego organu detoksykacyjnego. U wielu bardzo szczupłych i znacznie wychłodzonych osób często występują zaparcia niedoborowe, przy których nawet wiosną i latem należy stosować właściwe dania o rozgrzewającej naturze. Pijąc poranną kawę z kardamonem i suszonym imbirem (pozornie pomocną w zaparciach), można sobie w takich przypadkach zaszkodzić, lepiej rozpocząć dzień od szklanki ciepłej wody z cytryną, a najlepiej od makrobiotycznej zupy warzywno-zbożowej. Kawę, jeśli nie możecie bez niej żyć, pijcie najlepiej z roślinnym mlekiem i ugotowaną w garnku. Powinna być spożywana najlepiej pomiędzy śniadaniem i obiadem.

W wielu przypadkach podczas leczenia zaparć pomaga wspomniana ciepła woda z cytryną, co zresztą jest absolutnie zgodne z zasadami leczenia według koncepcji natury pożywienia. Cytryna ma skoncentrowany smak kwaśny, który porusza zastój wątroby, a więc także – piszę o tym w poprzednim akapicie – usprawnia wydalanie. Jaglany Detoks jest kompletnym programem, który przez kilka dni uruchamia zastoje energetyczne oraz porusza pokarmy trwale zalegające w jelicie.

Podczas diety detoksykacyjnej i po jej zakończeniu polecam przy zaparciach niedoborowych kaszę z dodatkiem oleju kokosowego, zupy makrobiotyczne z dynią i fasolką adzuki oraz pełnoziarnisty ryż. Jeśli spożywacie białko zwierzęce, najlepszy będzie łosoś gotowany na parze. Ten sposób gotowania jest niezwykle wskazany w codziennej profilaktyce odbudowy płynów – powinny o tym pamiętać wszystkie osoby z niedoborem „substancji" oraz krwi. Kolejną ważną sprawą w profilaktyce i leczeniu zaparć są tłuszcze, które występują również w diecie detoksykacyjnej, choć w nieco mniejszej ilości niż w codziennej. Przy niedoborowych zaparciach szczególnie wskazany jest wspomniany olej kokosowy, a także tłoczony na zimno olej sezamowy, choć warto pamiętać, że sezam zawiera trochę szczawianów, wykluczonych przy pewnych schorzeniach – osoby cierpiące na te schorzenia powinny tę informację zapamiętać.

Problem przewlekłych zaparć staje się coraz bardziej powszechny, gdyż nasz obecny styl życia sprzyja tej jeszcze zbyt mocno ignorowanej patologii. Stres kulturowy, przejadanie się, otyłość oraz brak regularnej aktywności to przyczyny zastojów pożywienia. Przez wiele lat takiego życia w jelitach powstają ogromne złogi – znane są nawet przypadki, kiedy osoba dorosła nosiła w sobie ponad 10 kilogramów takiego „bagażu". Nie trzeba wielkiej wyobraźni, aby poczuć zapach takiego środowiska. Jelita, oprócz właściwej zasadotwórczej i bogatej w błonnik diety, potrzebują wówczas hydrokolonoterapii, a najprościej rzecz biorąc – lewatywy. Wlewy i okresowe płukanie okrężnicy są niezwykle pomocne w leczeniu wszelkich zaparć, szczególnie tych spowodowanych nadmiarem gorąca, którego oznaką może być język z grubym nalotem.

Omawiając wpływ detoksykacji na okresowe zaparcia nie możemy pominąć zaparć po 50. roku życia. W tym wieku warto zadbać o profilaktykę oraz leczenie, ponieważ przewlekłe zastoje pożywienia, a w konsekwencji – zaparcia, mogą prowadzić do choroby nowotworowej. Bagatelizowany problem jest w skutkach niezwykle groźny, a warto już po raz kolejny zaznaczyć, że choroba nowotworowa dotyka najczęściej właśnie jelita grubego.

Jeżeli jesteście w ciąży, a po przeczytaniu tej książki poczujecie pragnienie, aby przeprowadzić Jaglany Detoks, to w pierwszym i drugim trymestrze możecie śmiało podjąć kilka dni programu. Zaparcia oraz refluks przełykowy, pojawiające się w zaawansowanej ciąży, są spowodowane najczęściej wzrostem i aktywnością dziecka w łonie matki.

JELITO DRAŻLIWE PODCZAS OCZYSZCZANIA

Dobry ogrodnik znający swoje rośliny oraz ich życiodajne źródła, zanim zabierze się za odcinanie gałęzi lub całkowite usunięcie ukochanego drzewka, najpierw zastanowi się, co mogło spowodować jego obumieranie. Nie zasugeruje się wyłącznie czynnikami zewnętrznymi, ale szybko zacznie sprawdzać podłoże, w którym ono rośnie. My, kiedy czujemy, że nasze jelita odmawiają posłuszeństwa, rzadko bierzemy pod uwagę całą masę toksycznych złogów, które mogły nazbierać się przez lata i zacząć zatruwać naszą krew. Kiedy już nie możemy sobie dać rady, udamy się do pana doktora. On postawi diagnozę „drażliwe jelito" i wypisze receptę. Dalszy ciąg scenariusza opisałem już wcześniej we fragmencie poświęconym zaparciom.

Ponieważ jelito to nasz „drugi mózg", wiele jego dolegliwości ma związek z naszą psychiką, ale potrafi również reagować samoczynnie. Kiedy wrzucicie do wody kamyk, zobaczycie po chwili kręgi, które rozchodzą się po tafli jeziora. Im większy kamień, tym większa reakcja na powierzchni. Tak samo działamy na nasze jelita, odżywiając się niewłaściwie, natomiast w układzie immunologicznym, który ściśle współpracuje z jelitem, paradoksalnie czasami nawet bardzo mały kawałek niestrawionego pokarmu może wywołać reakcje jak po wrzuceniu ogromnego głazu.

Nietolerancja pokarmowa to kolejny ważny element naszej jelitowej układanki. Aby w pełni zrozumieć i wykorzystać program Jaglany Detoks, należy rozpocząć od wprowadzenia zdrowych nawyków. Warunkują one dalsze leczenie i skuteczną profilaktykę przez całe życie, dla nas i naszych najbliższych. Moja bezglutenowa dieta jaglana dość szybko przywraca dobre samopoczucie – coraz więcej moich pacjentów przeprowadza nawet dwu-, trzytygodniową kurację, stosując nadal większość przepisów w codziennej diecie.

Błona śluzowa jelita cienkiego jest niezwykle inteligentnym narządem, który rejestruje jakość molekularną pojedynczych pokarmów, a następnie programuje zarówno fazy trawienia, jak i wchłaniania. Niezwykle precyzyjnie koordynuje cały układ pokarmowy oraz wydalniczy, a także wątrobę i trzustkę, a przez wytwarzanie odpowiednich hormonów informuje również nasz mózg.

Trawienie początkowo odbywa się przy udziale enzymów trzustkowych (amylaza, lipaza oraz trypsyna), a następnie przy pomocy żółci. Proces trawienia zostaje zakończony tzw. interwencją enzymów produkowanych przez mikrokosmki oraz kosmki jelitowe. Kiedy więc następuje zmiana (np. uszkodzenie) w ich strukturze, zakłócone zostaje również wchłanianie jelitowe. Taki stan może trwać nawet długie lata, a najczęściej przyczynia się do niego niewłaściwa dieta oraz stres. Kiedy organizm nie jest odpowiednio nawodniony, wiemy bowiem, że podstawowym procesem trawienia jest hydroliza, wtedy dochodzi również szybko do dysfunkcji w jelicie cienkim. Dieta uboga w wodę oraz produkty nawadniające znacznie spowalnia trawienie, a układ pokarmowy zabiera wówczas więcej płynów z naszej krwi.

Jeżeli zatem macie tzw. drażliwe (nieszczelne) jelito lub podejrzewacie – obserwując nasilające się objawy – reakcję na pewne pokarmy, pamiętajcie, by zarówno podczas programu Jaglany Detoksu, jak i w codziennej diecie, zadbać o właściwe nawadnianie. Najlepiej rozpoczynajcie każdy dzień programu od makrobiotycznej zupy i starajcie się zawsze wypić coś przed posiłkiem, najlepiej ciepły napar lub wodę z cytryną.

ZAPAMIĘTAJ!

Każdego dnia sprzątamy nasze domy, mieszkania, dbamy o samochody, a zęby myjemy nawet kilka razy dziennie! W dalszym ciągu zapominamy jednak, że nasze jelita również potrzebują higieny i czystości. Często nosimy w sobie kilogramy niestrawionego pokarmu, który zamienia się w złogi pleśni, tworząc często idealne środowisko do rozwoju szkodliwych drobnoustrojów, grzybów i pasożytów. Jeżeli pragniecie doświadczyć pełni zdrowia, czym prędzej zacznijcie dbać o swoje jelita. Najszybciej pomoże wam w tym właściwie przeprowadzony program detoksykacji, a kasza jaglana doskonale wzmacnia i oczyszcza nasze jelita. Zaplanujcie niezwłocznie swój Jaglany Detoks i cieszcie się zdrowymi jelitami!

CHUDNIJ ZDROWO Z JAGLANYM DETOKSEM!

NADWAGA JEST jednym z głównych utrapień naszych czasów. Zewsząd docierają modne diety odchudzające, ale ich skuteczność jest już dla wielu niewystarczająca. Na naszych półkach przybywa coraz to nowszych poradników odchudzania, a problem otyłości staje się coraz poważniejszy. Jaglany Detoks nie jest typowym programem odchudzającym, ale – jak wspominam w wielu miejscach tej publikacji – holistycznym programem odnowy organizmu z wykorzystaniem diety oczyszczającej. Programem, który daje motywację do zdrowego stylu życia opartego na równowadze emocjonalno-duchowej. Jednak mam dobrą wiadomość również dla tych wszystkich, którzy liczą na schudnięcie! Wielu uczestników programu Jaglany Detoks cieszy się bowiem – przy rzetelnym podejściu do programu – sporą redukcją wagi. Osoby szczupłe nie tracą kilogramów, nie muszą się zatem martwić, że za bardzo schudną. Może się zdarzyć, że u szczuplejszych osób nastąpi niewielka redukcja wagi, ale organizm szybko ją odbuduje, ponieważ dieta oczyszczająca usprawnia wchłanianie i przyswajanie pokarmów. Osoby nadmiarowe w ciągu tygodnia tracą nawet do 3,5 kilograma! Kontynuując jaglaną dietę przez następne tygodnie, mogą pozbyć się kolejnych zbędnych kilogramów. Jeśli zdecydujecie się na dalszą detoksykację, wasza waga powinna się utrzymać – o ile oczywiście nie rzucicie się w wir niezdrowego odżywiania. Pragnę podkreślić, że nadwaga najczęściej ma swój początek w zanieczyszczonych i nie w pełni sprawnie działających jelitach. Dlatego przy jakimkolwiek programie odchudzającym warto zrobić najpierw kilkudniową kurację oczyszczającą oraz wprowadzić regularną aktywność. Należy usprawnić pracę jelit, usunąć przewlekłe zaparcia, często pojawiające się przy nadwadze, oraz rozpocząć radykalne odkwaszanie organizmu. Chodzi o to, aby poprzez eliminację produktów obciążających kanały detoksykacji oraz tych, które wywołują nietolerancję pokarmową, odzyskać naturalne zdolności organizmu do kontrolowania właściwej wagi. Jaglany Detoks znacząco usprawnia także tę funkcję organizmu!

Zachowanie powyższych zasad i kontynuacja diety opartej głównie na warzywach, kaszach oraz owocach jest doskonałym pomysłem na trapiące nas powszechnie dolegliwości i gwarancją utrzymania odpowiedniej wagi. Mechanizm jest bardzo prosty. Jeżeli spożyjecie trzy lub cztery pełnowartościowe posiłki

z programu detoksykacyjnego, wykluczycie produkty znacząco obciążające organizm w samooczyszczaniu i zastosujecie regularny, ale umiarkowany ruch na świeżym powietrzu, to nagrodą będzie nie tylko oczyszczenie organizmu, ale ugruntowanie nowych nawyków, które możecie zachować przez resztę życia. Kiedy stosujemy regularne oczyszczanie jelit i zwiększamy ruch fizyczny, nasz organizm zaczyna przyswajać więcej składników pokarmowych i tym samym, nawet przy mniejszych porcjach pokarmu, znacząco poprawia się jego wchłanianie. Organizm więc się stopniowo odtruwa i uwalnia od tego, co w nim zalegało nawet przez długie lata, a zatem i układ trawienny będzie funkcjonować o wiele lepiej. Nowe nawyki, które wprowadzicie oraz zmiana sposobu odżywiania pozwolą również na folgowanie sobie, kiedy przyjdzie wam ochota na niezdrowe przekąski, których w obecnym świecie niestety nie unikniemy. Jeśli przytrafi się wam niespodziewana „bardzo słodka przygoda" na imprezach lub spotkaniach towarzyskich, możecie bez większych wyrzutów skosztować małego co nieco, ponieważ wasz organizm przestawiony na nowy model odżywiania świetnie strawi te słodkie grzeszki. W końcu nie chodzi przecież o katorżniczą dietę, tylko o radość życia, której w pełni zasmakujecie właśnie dzięki umiarkowaniu.

HIGIENA I NAWILŻANIE OKRĘŻNICY, GWARANCJĄ WŁAŚCIWEJ DETOKSYKACJI

Warto nadmienić, że osoby ze znaczną nadwagą, które długo nie mogą sobie z nią poradzić, nawet pomimo stosowania wielu restrykcyjnych diet odchudzających, powinny podczas kuracji oczyszczającej zdecydować się także na czyszczenie okrężnicy w celu usunięcia zalegających resztek pokarmowych w jelicie grubym oraz kamieni kałowych. Zaburzają one bowiem perystaltykę jelit i powodują zaparcia, które nieleczone mogą prowadzić do perforacji jelitowej, a nawet do choroby nowotworowej. W jelitach zachodzą procesy gnilne, które uszkadzają błonę śluzową. Ponadto komórki jelit narażone są na kontakt z toksycznymi substancjami, sprzyjającymi powstawaniu i rozwijaniu się komórek nowotworowych. Niestrawione resztki pokarmu oraz wspomniane kamienie kałowe zalegają również w uchyłkach jelita grubego. Zachodzące tam procesy gnicia powodują powstawanie toksycznych związków, które wchłaniają się również do krwiobiegu. Pogarsza nam się samopoczucie, pojawiają się wzdęcia, bóle brzucha i nudności oraz wiele nietolerancji pokarmowych. Dlatego wprowadzenie właściwej domowej kuracji lewatywą lub hydrokolonoterapii w specjalistycznym gabinecie zapobiegnie powstawaniu złogów, zwiększy wchłanianie i pomoże nam w efektywnej utracie wagi oraz jej utrzymaniu. Więcej na ten temat dowiecie się w rozdziale **Kiedy jelita strajkują** – osoby zmagające się z nadwagą powinny go bardzo dokładnie przeczytać!

Oczywiście jest wiele teorii na temat najbardziej efektywnego spalania tłuszczu. Uważam jednak, że właśnie zachowanie umiaru oraz stosowanie się do pewnych zasad jest kluczem do sukcesu. Mimo że jesteśmy różni i mamy inny metabolizm, prawdą uniwersalną jest to, że dieta oparta na warzywach, owocach i kaszach, czyli bogata w błonnik, nie jest przeciwwskazana dla nikogo, świetnie natomiast wspomaga proces detoksykacji oraz odchudzania. Regularne – nawet jednodniowe – zbożowo-warzywne posty, które sam stosuję raz w tygodniu, są wspaniałą formą profilaktyki w codziennej diecie.

Niezwykle istotny w dietach redukujących wagę oraz programach detoksykacyjnych jest błonnik pokarmowy, czyli włókno roślinne, które po spożyciu nie ulega w organizmie strawieniu ani wchłonięciu. Nie dostarcza też kalorii. Pełni jednak w jelitach znaczącą rolę oczyszczającą, usuwa i odkleja resztki pokarmowe. Źródłem błonnika są przede wszystkim warzywa i owoce oraz pełnoziarniste produkty jak ziarna zbóż oraz kasze.

W diecie oczyszczająco-odchudzającej bardzo istotną rolę odgrywa regularne przyjmowanie posiłków małej objętości. Aby pokarmy nie musiały być zbyt długo trawione, należy wypijać około dwa litry płynów w postaci wody lub odpowiednich naparów. Wówczas masy kałowe znajdujące się w jelicie grubym będą miękkie i łatwiej przesuwane.

CHUDNIJ W NOCY PODCZAS DETOKSU!

Nadwaga jest niewątpliwie dużym wyzwaniem dla każdego, kto się z nią już bardzo długo zmaga. W dzisiejszych czasach jest wręcz problemem ogólnospołecznym. Istnieje niezwykle ciekawa teoria, którą sam stosuję w swojej praktyce dietetycznej u osób ze sporą nadwagą. Po kolejnych nieskutecznych dietach problem nadwagi często spędza nam sen z powiek, ale tymczasem – wykorzystując pewne znane nam funkcje metaboliczne – możemy chudnąć właśnie podczas snu, i to bez większego wysiłku! Pisze na ten temat niemiecki lekarz Detlef Pape, który przekonuje, że podczas snu spalamy tłuszcz.

Aby spalić nocą dodatkową tkankę tłuszczową, musimy – zgodnie ze wspomnianą teorią – największą uwagę skupić na kolacji. Dlaczego? Jeżeli nasz wieczorny posiłek zawiera bowiem duże ilości węglowodanów, rośnie poziom insuliny we krwi, co może hamować spalanie tłuszczu nawet do pięciu godzin. Aby więc utrzymać nocą poziom insuliny na niskim poziomie, a spalanie tłuszczu na wysokim, trzeba unikać wieczorem produktów bogatych w węglowodany. Jakże proste! Niestety przy naszym obecnym stylu życia najczęściej zasiadamy do uczty wieczorem, a obfituje ona właśnie w węglowodany. Planując posiłki w ramach programu Jaglany Detoks, zadbajcie, aby wieczorne dania były niskowęglowodanowe – o ile oczywiście pragniecie szybciej schudnąć. By zapewnić sobie maksymalne nocne spalanie tłuszczu, trzeba również odżywiać się odpowiednio w ciągu dnia. Według koncepcji dr. Pape, uwzględnionej zresztą w programie diety oczyszczającej, należy zachować cztery, pięć godzin przerwy pomiędzy poszczególnymi posiłkami. Najlepiej spożywać więc tylko trzy posiłki w ciągu dnia. To bardzo ważne, żeby dostarczyć organizmowi odpowiednią dawkę energii. Możemy sobie pozwolić na obfite śniadanie, zawierające większą ilość węglowodanów, najlepiej połączonych z warzywami lub owocami oraz odpowiednim tłuszczem. Zasadotwórcze kasze lub pełnoziarnisty ryż będą więc doskonale pasowały do takiego modelu odżywiania. Warto podkreślić, że według zasad diety makrobiotycznej zboża najlepiej trawią się do godziny trzynastej – to kolejna dobra nowina pokrywająca się z naszą koncepcją! Podczas obiadu także nie musicie sobie niczego odmawiać. Nie ma specjalnych przeciwwskazań, oczywiście w granicach zdrowego rozsądku! Posiłek powinien składać się zarówno z węglowodanów, jak i z białka, przy czym ilość białka powinna być stosunkowo niewielka, węglowodanów natomiast może być trochę więcej. Dla lepszego strawienia warto spożywać je jednak rozdzielnie, o czym więcej przeczytacie w rozdziale **Dieta**. Sałatki możecie wcinać bez ograniczeń, o ile dobrze trawicie surowe produkty i nie jesteście zbytnio wychłodzeni. Dla osób odczuwających permanentny chłód (np. w kończynach) zdecydowanie lepsze będą rozgrzewające warzywne zupy z dodatkiem mleka koksowego oraz imbiru. Kolacja, jak już wspomniałem, jest tym posiłkiem, który wymaga największego poświęcenia. O ile nie jesteście wegetarianami, najlepsze są wtedy białka zwierzęce – ryby lub chude białe mięso – połączone z właściwą ilością warzyw, dzięki którym poziom pH będzie bardziej zasadowy. Musimy więc przyjąć, że na 100 gramów ryby trzeba przygotować 250 gramów brokułów. Kolację należy zjeść najpóźniej o godzinie osiemnastej. Aby dieta odchudzająca przyniosła jak najlepsze rezultaty, powinno się spać minimum siedem, osiem godzin, organizm będzie miał wtedy czas, żeby spalić tłuszcz. Na podstawie badań przeprowadzonych na tysiącach pacjentów, dr. Pape potwierdza, że przy opisanej kombinacji możemy spalić nawet 75 gramów tłuszczu w czasie jednej nocy! Po kolacji należy podjąć aktywność fizyczną, zatem ten model diety odchudzającej doskonale wpisuje się w koncepcję programu Jaglany Detoks.

ZAPAMIĘTAJ!

Wasza waga nie jest podstawowym wyznacznikiem zdrowia. Oczywiście osoby mocno otyłe, które notorycznie się przejadają i nie wykazują zainteresowania aktywnością fizyczną, częściej chorują. Jednak główną przyczyną ich dolegliwości jest zatrucie organizmu niestrawionym właściwie pożywieniem, często zbyt przetworzonym. Stosowanie diet odchudzających zamiast kuracji detoksykacyjnej powoduje gwałtowne wahania wagi w krótkim czasie – na dłuższą metę może zaś prowadzić do niedożywienia komórkowego oraz przewlekłego zakwaszenia organizmu. Najlepszym profilaktycznym rozwiązaniem jest odnalezienie równowagi emocjonalnej, która pomoże ograniczyć przejadanie się. Właściwie przeprowadzana higiena okrężnicy oraz stosowanie regularnych, nawet jednodniowych postów, sprawi, że odzyskacie i utrzymacie właściwą wagę. Zaplanujcie zatem Jaglany Detoks jak najszybciej!

ROZPOCZNIJ JAGLANY DETOKS!

Jeżeli uważnie przeczytaliście wszystkie rozdziały, dowiedzieliście się wielu bezcennych informacji. Poznaliście i lepiej zrozumieliście podstawowe zasady zdrowego przygotowywania potraw, wiecie już, jak funkcjonuje organizm, skąd najczęściej biorą się choroby, czym jest natura pożywienia i jak ważna dla zdrowia jest równowaga emocjonalno-duchowa oraz dieta oczyszczająca z kaszą jaglaną w roli głównej. Jeżeli zapragniecie w naturalny sposób pozbyć się uporczywych dolegliwości, poczuć smak życia w lepszym zdrowiu i jak najdłużej cieszyć się tym z najbliższymi, możecie śmiało zaplanować swój pierwszy Jaglany Detoks!

Podsumujmy najważniejsze informacje tak, abyście w łatwy i przyjemny sposób przeprowadzili swoją jaglaną dietę oczyszczającą. Pamiętajcie, że motywacja i dobry plan to podstawa, a najważniejszym słowem w programie jest „eliminacja"! Do dzieła!

1 **Zanim rozpoczniesz oczyszczanie organizmu**

Jeżeli nie jesteście jeszcze w pełni zdecydowani, pomyślcie, że program Jaglany Detoks przeszły już tysiące osób i nikt nie zgłosił, że jest niezadowolony! Pochwalcie się więc komuś z najbliższego otoczenia, czego zamierzacie dokonać. Być może bliska wam osoba, mąż, żona, rodzeństwo, a nawet kolega lub koleżanka z pracy zechcą również włączyć się w wasz plan detoksykacji. Będziecie wówczas mogli liczyć na wzajemne wsparcie i już po kilku dniach cieszyć się z nowej wyprawy po zdrowie. Siła w grupie!

2 **Aktywność fizyczna**

Oprócz dostarczenia odpowiednich substancji odżywczych kluczem do skuteczności programu Jaglanego Detoks jest odpowiednia aktywność. To podstawowy filar zdrowia, który pobudza właściwe krążenie krwi oraz limfy. W trakcie ćwiczeń fizycznych zwiększa się proces pocenia. Automatycznie zaczynamy głębiej oddychać, a ruch wpływa na funkcje wewnętrzne. Jelita, pobudzone do lepszej pracy, przyśpieszają wydalanie. Spalamy kalorie, a w trakcie przemian biochemicznych aktywują się funkcje hormonalne. Wzrasta poziom endorfin, czyli hormonów szczęścia, które odprężają umysł. Warto zwrócić uwagę, aby w trakcie programu zachować umiar. Najlepszym rozwiązaniem jest regularna i niezbyt intensywna aktywność fizyczna rano i po południu.

3 **Odpoczynek i sen**

Przy niezwykle szybkim tempie życia w mocno zapracowanym społeczeństwie nasza naturalna forma odpoczynku i odnowy organizmu jest coraz częściej zaburzona. Sen odpowiada za większość funkcji regeneracyjnych, dlatego zatrzymajcie się i wykorzystajcie program Jaglany Detoks, aby wyregulować te funkcje i zapewnić ciału odpowiedni relaks. W trakcie programu wasz organizm może mieć większe zapotrzebowanie na sen, więc zaplanujcie sobie program tak, aby stał się on sprawą priorytetową – nawet jeśli będzie się to wiązało z ograniczeniem dostępu do internetu, telewizji lub spotkań towarzyskich.

4 **Detoksykacja emocjonalna**

Harmonijne funkcjonowanie naszego ciała w dużej mierze zależy od stanu naszego umysłu. Kiedy jest przeciążony ciągłą gonitwą myśli, trudno, aby sprawnie wpływał na regulację biochemiczną organizmu i co najważniejsze, aby utrzymywał stan wewnętrznej równowagi. Nasz umysł jest niezwykle energochłonny – w zasadzie pochłania on większość energii z przemian metabolicznych. Oprócz sterowania układem nerwowym, dąży nieustannie do utrzymania w organizmie homeostazy.

Holistyczny program odnowy Jaglany Detoks, to najkrótsza droga do uzyskania pożądanego efektu detoksykacji emocjonalno-duchowej. W programie uwzględniamy bowiem nierozerwalny związek ciała i umysłu. Podstawą oczyszczenia na poziomie psychofizycznym jest pozytywne myślenie i szukanie w trakcie trwania programu okazji do wyciszenia się oraz relaksu. Oprócz ćwiczeń relaksacyjnych, medytacji, kontemplacji i modlitwy niezwykle pomocne będą stosowne afirmacje, które należy napisać na karteczkach i poprzyklejać w domu, pracy lub w samochodzie, a najlepiej na pulpicie naszego komputera. Czytanie pozytywnych myśli sformułowanych w pierwszej osobie korzystnie stymuluje nasz umysł. Prowadzi do swoistej samoakceptacji, która otwiera świadomość na nasze wewnętrzne JA oraz radość poszukiwania Boga.

Przykłady moich ulubionych afirmacji:

„Z ufnością otwieram się na wszystko, co Bóg ma dla mnie teraz"

„Mam wspaniałe, czyste i zdrowe ciało"

„Jestem zdrowy i witalny"

„Całe moje ciało istnieje dla radości i miłości"

„Kocham moje ciało i duszę"

„Jestem gotowy na przyjęcie uzdrowienia od Boga"

„Jezu, ufam Tobie"

W trakcie programu Jaglany Detoks warto ograniczyć do minimum słuchanie wiadomości i przeglądanie stron internetowych o profilu informacyjnym. Dobrze jest przygotować sobie również odpowiednią muzykę relaksacyjną, słuchając jej w ciągu dnia i powtarzając ulubione afirmacje. Krótki spontaniczny taniec w rytm ulubionej muzyki będzie podczas programu doskonałym i radosnym impulsem do emocjonalnej detoksykacji.

Jeżeli podczas programu poczujecie przygnębienie i smutek, nie tłumcie emocji. Płacz ma terapeutyczną moc – pamiętajcie, że po burzy zawsze świeci słońce.

ZAPAMIĘTAJ!

Kluczem do zdrowia jest wasze spojrzenie na otaczający was świat. Jeżeli nie kochacie siebie i ludzi, łatwo się denerwujecie i nie osiągacie zamierzonych planów, szybko się poddając, wasz organizm prawdopodobnie wręcz domaga się detoksykacji!

5 Jak rozpocząć Jaglany Detoks?

Program Jaglany Detoks uwzględnia kilka filarów koniecznych w procesie oczyszczania.

- Redukcja spożycia pokarmów, które zużywają dużą ilość energii na procesy przemiany metabolicznej, aby zwiększyć potencjał oczyszczania się organizmu.
- Wprowadzenie równowagi kwasowo-zasadowej, odpowiedzialnej za naturalną przemianę biochemiczną w organizmie – odkwaszanie organizmu prowadzi do wzmocnienia flory jelitowej, a produkty bogate w błonnik uwzględnione w planie odżywiania wpływają korzystnie na odbudowę ścian jelit.
- Wprowadzenie dwunastogodzinnej przerwy pomiędzy kolacją i śniadaniem wspomaga i usprawnia proces regeneracji oraz wydalania toksyn z organizmu.
- Regeneracja i oczyszczanie wątroby, która jest głównym motorem procesów detoksykacji naszego organizmu – składniki odżywcze uwzględnione w planie odżywiania usprawniają jej pracę, korzystnie wpływając na przebieg oczyszczania.

- Usprawnienie procesów wydalania poprzez odpowiedni poziom produktów zawierających błonnik oraz napary ziołowe.
- Wprowadzenie regularnej aktywności fizycznej, najlepiej na świeżym powietrzu.
- Detoksykacja emocjonalno-duchowa oparta na wewnętrznym uzdrowieniu, modlitwie oraz właściwej ilości snu.

6 Przygotowanie do przeprowadzenia programu Jaglany Detoks

Etap 1 Samoświadomość i nastawienie emocjonalne do oczyszczenia organizmu.

Etap 2 Zaplanowanie harmonogramu – w domu i w pracy – żeby przejście programu było jak najprzyjemniejsze.

Etap 3 Przygotowanie niezbędnych produktów spożywczych.

Etap 4 Przygotowanie kuchni oraz akcesoriów kuchennych.

Etap 5 Ustalenie czasu spożywania posiłków i sporządzenie listy zakupów.

Etap 6 Zaplanowanie regularnej aktywności fizycznej na cały okres programu.

7 Przeciwwskazania do przeprowadzenia programu Jaglany Detoks

Jeżeli chorujecie na cukrzycę insulinozależną lub przyjmujecie specjalne leki zapobiegające powstawaniu zakrzepów, antyarytmiczne lub przeciwdrgawkowe, nie możecie bez zgody dietoterapeuty lub lekarza prowadzącego realizować programu Jaglany Detoks.

Jeżeli chorujecie przewlekle, przeszliście poważną operację oraz jesteście pod stałą ochroną lekarską, a po zapoznaniu się z treścią tej publikacji oraz przepisami nie macie pewności, czy możecie podjąć ten program, skontaktujcie się ze mną drogą e-mailową: jaglanydetoks@gmail.com. Otrzymacie krótką ankietę, na podstawie której odpowiem, czy możecie przystąpić do programu Jaglany Detoks i doradzę, jak go indywidualnie zmodyfikować, aby przyniósł właściwe efekty.

8 Lista produktów wykluczonych w programie Jaglany Detoks

Owoce i przetwory owocowe: truskawki, sok pomarańczowy, śliwki

Nabiał: jaja, mleko, sery, twaróg, śmietana, jogurt, masło, lody

Zboża: pszenica (w tym kuskus), jęczmień, orkisz modyfikowany, żyto, owies (w tym płatki owsiane)

Białko zwierzęce: surowa ryba, wieprzowina, wołowina, cielęcina, kiełbasa, wędlina, parówki, skorupiaki

Białko roślinne: produkty sojowe, oliwa sojowa, tofu, mleko sojowe, jogurt sojowy

Orzechy i nasiona: orzeszki ziemne, masło orzechowe, pistacje, orzechy makadamii

Warzywa: ziemniaki, warzywa w postaci purée, surowa papryka

Oleje i tłuszcze: masło, margaryna, majonez, oleje rafinowane

Napoje: alkohol, kawa, napoje z kofeiną, słodkie napoje gazowane, napoje smakowe

Cukry: biały, brązowy, trzcinowy, syrop kukurydziany, melasa (oprócz karobu)
Dodatki spożywcze: czekolada, ketchup, mieszanki przypraw, sos sojowy z dodatkiem pszenicy, sosy przemysłowo przetworzone

9 Lista produktów dozwolonych przed oraz w trakcie programu Jaglany Detoks

Owoce: wszystkie owoce w całości, niesłodzone, mrożone (sporadycznie)
Substytut nabiału: ryż (dziki, brązowy, czerwony, czarny), mleko migdałowe, jaglane lub ryżowe
Zboża bezglutenowe: kasza jaglana, komosa ryżowa, gryka, amarantus, ryż pełnoziarnisty
Białko zwierzęce: ryby, dziczyzna, kurczak, indyk
Białko roślinne: cieciorka, groszek, soczewica, rośliny strączkowe
Orzechy i nasiona: sezam, pestki dyni, słonecznika, migdały, orzechy laskowe, orzechy pekan, orzechy nerkowca, orzechy włoskie
Warzywa: świeże, surowe, duszone, pieczone, soki warzywne
Oleje i tłuszcze: wszystkie roślinne tłoczone na zimno
Napoje: woda filtrowana lub butelkowa, napary i herbatki
Do słodzenia dressingów, puddingów i kompotów: syrop z brązowego ryżu, syrop z agawy, syrop daktylowy, stewia, ksylitol, syrop klonowy, miód akacjowy (sporadycznie), karob
Przyprawy i dodatki: sól morska lub himalajska, bazylia, cynamon, kminek, koper włoski, nasiona kolendry, szałwia, czosnek, imbir, oregano, pietruszka, lawenda, majeranek, suszony koperek, curry, rozmaryn, tymianek, kurkuma, cząber, bertram, galgant, kardamon, imbir, czarnuszka, pasta sezamowa (tahini), octy w tym balsamiczny i jabłkowy

ZAPAMIĘTAJ!

Odżywianie w trakcie detoksykacji ma być przyjemne i kolorowe. Starajcie się, aby każdy posiłek był niemal ucztą. Nawet picie soku powinno być celebrowane – rozkoszujcie się każdym łykiem z zamkniętymi oczami. Pamiętajcie, że każda myśl wywołuje w organizmie miliony wiązań biochemicznych. Od was zależy, jakie one będą. Dobre nastawienie, odpowiedni nastrój, kompozycja na talerzu to obietnica wspaniałych doznań smakowych. Starajcie się, aby każdy kęs odpowiednio przeżuwać i połykać. Nie popijajcie posiłków. Wodę, napary lub soki pijcie 30 minut przed lub 40 minut po jedzeniu. Uświęcajcie każdy posiłek, dziękując Bogu za każdy nowy dzień życia!

10 Jak poradzić sobie z głodem?

Sprawą naturalną i oczywistą jest to, że skutkiem ograniczenia spożycia produktów spożywczych, które dominowały w waszej diecie, będzie pewne uczucie głodu – chociaż nie jest to regułą. Pamiętajcie jednak, że to jedynie kwestia umysłu, bo nasze ciało może się obyć bez jedzenia nawet przez wiele tygodni. Dość łatwo może się również przyzwyczaić do mniejszej ilości jedzenia, a korzyści są ogromne. Dla przykładu, kiedy zwierzęta chorują, instynktownie przestają praktycznie odczuwać głód. Kładą się w ustronnym miejscu, aby organizm miał jak najwięcej energii do samoleczenia. Podobny proces następuje w trakcie programu Jaglany Detoks, szczególnie kiedy zaplanujecie go na dwa tygodnie. Wasze ciało zacznie samo redukować nadmiary i leczyć stany zapalne w organizmie. Uzyskacie w ten sposób ogromny zastrzyk energii i wzbudzicie podziw otoczenia. Głód pojawiający się w trakcie kuracji to nie problem, lecz doskonała szansa. Pozytywne nastawienie i przejście programu oczyszczania wzbogaci wasze życie o rozwój na innych – materialnych i duchowych – poziomach. Jeżeli zdarzy się chwila słabości i skusicie się na mały krok w tył, nic straconego. To nie przekreśla kontynuacji programu Jaglany Detoks, ale daje szansę na dwa kroki do przodu!

11 Dieta rozdzielna podczas programu oczyszczania

Właściwie połączone pokarmy są w pełni trawione, a organizm przyswaja z nich odpowiednie substancje odżywcze. Kiedy źle łączycie produkty, nawet gdy nie odczuwacie podczas trawienia większego dyskomfortu, wasz organizm zużyje do ich przemiany metabolicznej więcej energii. Tym samym będzie miał jej mniej na oczyszczanie się. Zwróćcie uwagę na odpowiednie konfiguracje produktów w posiłku.

Pożądane podstawowe połączenia to:

- warzywa z białkiem
- węglowodany z warzywami

12 Harmonogram i planowanie programu Jaglany Detoks

Zaplanujcie wszystko starannie. Osoby, które lubią dobrą organizację, mają większe szanse na właściwe i skuteczne przejście programu detoksykacji. Pozostałym osobom proponuję wcześniejsze sporządzenie odpowiedniego planu. Pozwoli to skupić się na efektywnym działaniu i osiągnięciu upragnionego rezultatu. Przed rozpoczęciem kolejnego dnia dokonajcie wyboru tego, co będziecie jeść i pić. O jakich porach to nastąpi i w jakim miejscu? Starajcie się zaopatrzyć

Przykładowy plan jaglany detoks na 7 dni (wegetariański)

	ŚNIADANIE	OBIAD	KOLACJA
PONIEDZIAŁEK	Jaglany słoik zdrowia z pieczonym burakiem, jabłkiem i pestkami dyni (s. 216)	Kasza gryczana z kalafiorem, granatem z nutą curry i dressingiem imbirowym (s. 288)	Zupa krem z brokułów z kaszą jaglaną (s. 234)
WTOREK	Warzywna zupa makrobiotyczna z kaszą jaglaną i fasolką adzuki (s. 242)	Zapiekana cukinia z kaszą jaglaną (s. 290)	Zupa buraczano-jaglana z kokosową nutą (s. 246)
ŚRODA	Kasza jaglana z winogronami i płatkami migdałów (s. 224)	Zupa kokosowa z dynią, marchewką lub słodkim ziemniakiem (s. 244)	Carpaccio z pieczonego buraka z kaszą jaglaną (s. 304)
CZWARTEK	Warzywna zupa makrobiotyczna z kaszą jaglaną i fasolką adzuki (s. 242)	Jaglane burgery z pieczonego buraka lub marchewki (s. 268)	Zupa pomidorowo-paprykowa (s. 238)
PIĄTEK	Komosa ryżowa z brokułem (s. 266)	Kasza jaglana z pesto i pieczoną papryką (s. 214)	Carpaccio z cukinii z kaszą jaglaną i sosem pietruszkowym (s. 252)
SOBOTA	Kasza jaglana a'la kuskus z cieciorką, migdałami i granatem (s. 220)	Zupa marchewkowo-pomidorowa z kaszą jaglaną i kukurydzą (s. 232)	Kasza jaglana z pieczoną marchewką, cukinią i brokułem (s. 274)
NIEDZIELA	Gryczane placuszki (s. 254). Jaglany hummus z burakiem (s. 256)	Gulasz à la curry z pieczoną dynią, jarmużem i cieciorką (s. 264)	Pieczone jabłko z kaszą jaglaną (s. 284)

PRZYKŁADOWY PLAN JAGLANY DETOKS NA 7 DNI (Z RYBĄ I DROBIEM)

	ŚNIADANIE	OBIAD	KOLACJA
PONIEDZIAŁEK	Jaglany słoik zdrowia z pieczonym burakiem, jabłkiem i pestkami dyni (s. 216)	Zupa buraczano-jaglana z kokosową nutą (s. 246)	Sałatka jaglana z tuńczykiem, jarmużem, oliwkami i kukurydzą (s. 302)
WTOREK	Warzywna zupa makrobiotyczna z kaszą jaglaną i fasolką adzuki (s. 242)	Roladki drobiowe z jarmużem i suszonym pomidorem (s. 292)	Carpaccio z pieczonego buraka z kaszą jaglaną (s. 304)
ŚRODA	Komosa ryżowa z brokułem (s. 266)	Zupa pomidorowo-paprykowa (s. 238)	Ryżowe pierożki z jaglano-szpinakowym nadzieniem (s. 280)
CZWARTEK	Warzywna zupa makrobiotyczna z kaszą jaglaną i fasolką adzuki (s. 242)	Kasza gryczana z kalafiorem, granatem z nutą curry i dressingiem imbirowym (s. 288)	Zapiekana cukinia z kaszą jaglaną (s. 290)
PIĄTEK	Kasza jaglana z winogronami i płatkami migdałów (s. 224)	Zupa marchewkowo-pomidorowa z kaszą jaglaną i kukurydzą (s. 232)	Pieczony dorsz i łosoś z warzywami i ananasem (s. 270)
SOBOTA	Zupa krem z dyni z nutą imbiru i kokosa (s. 240)	Zielone detoks curry z łososiem i brokułem (s. 282)	Zupa krem z brokułów z kaszą jaglaną (s. 234)
NIEDZIELA	Gryczane placuszki (s. 254). Jaglany hummus z burakiem (s. 256)	Burger z indyka z cukinią i marchewką (s. 286)	Pieczone jabłko z kaszą jaglaną (s. 284)

w odpowiednie produkty spożywcze. Na zakupy wybierajcie się zawsze z listą zakupów. Działajcie racjonalnie. Sprawdzajcie, co macie w lodówce i w szafkach, aby nie marnować jedzenia. Jeżeli pieczecie buraki, upieczcie sobie od razu paprykę lub jaglane muffiny – to pozwoli oszczędzić energię. Aby ułatwić sobie zadanie, zacznijcie notować przebieg programu. Najpierw spiszcie intencje oraz motywacje, które skłaniają was do podjęcia programu oczyszczania. Oprócz zamiarów, opiszcie także swoje obecne samopoczucie i odczucia, które towarzyszą wam każdego dnia programu. Zanotujcie skutki spożywania konkretnych produktów i potraw. Te zapiski przyczynią się do wzrostu waszej uwagi oraz świadomości w kwestii najważniejszego z procesów życia, czyli racjonalnego odżywiania się. Pamiętaj, jesteś tym, co jesz!

ŚNIADANIA

KASZA JAGLANA Z PESTO, PIECZONĄ PAPRYKĄ, ORZECHAMI WŁOSKIMI I GRANATEM

Ta kolorowa i odżywcza wariacja z kaszy jaglanej to doskonały przepis na cały rok. Warto rozpocząć jak najszybciej Jaglany Detoks i rozkoszować się wyjątkowym smakiem tego dania!

♥ ♥ ♥

Składniki na 2–4 porcje

2 szklanki ugotowanej kaszy jaglanej, czyli 1 szklanka suchej kaszy
1 papryka czerwona
2 orzechy włoskie lub inne dowolne
tymianek świeży lub suszony
½ łyżeczki soku z cytryny
⅓ łyżeczki octu balsamicznego
1 łyżka oliwy
1 granat
świeża bazylia (opcjonalnie)

Do pesto

1 szklanka rukoli lub natki pietruszki
1 łyżeczka soku z cytryny
sól morska lub himalajska do smaku
½ ząbka czosnku
2 łyżki nasion słonecznika
4 łyżki oliwy

Przygotowanie

Paprykę upiecz w temp. 180°C, aż pojawi się lekko czarna skórka. Odstaw do miski i przykryj. Po około 10 minutach obierz paprykę, a miąższ potnij w cienkie paseczki. Przełóż do miseczki i wymieszaj z oliwą, octem balsamicznym, drobno posiekanymi orzechami włoskimi (możesz je wcześniej uprażyć) i tymiankiem. Wymieszaj wszystko dokładnie, posmakuj i dopraw w razie potrzeby.

Zrób pesto. Na suchej patelni upraż delikatnie nasiona słonecznika. Do słoika lub malaksera przełóż uprażony słonecznik i pozostałe składniki. Wszystko zmiksuj. W razie potrzeby wlej odrobinę wody mineralnej, aby uzyskać właściwą konsystencję.

Do miseczki lub słoika wsyp kaszę jaglaną, najlepiej jeszcze ciepłą, wymieszaj z 1 łyżką pesto. W razie potrzeby dodaj więcej pesto. Następnie dodaj paprykę, wyłuskane wcześniej ziarenka granatu oraz listki bazylii.

MOJA RADA

To jedna z moich ulubionych jaglanych kombinacji. Niejeden sceptyk poległ na tym przepisie, przyznając, że kasza jaglana w tym wydaniu jest wyborna! Jeżeli nie trawicie surowej papryki, to po jej upieczeniu wraz z dodatkiem oliwy nie powinniście już raczej mieć większych problemów trawiennych.

JAGLANY SŁOIK ZDROWIA Z PIECZONYM BURAKIEM, JABŁKIEM I PESTKAMI DYNI

Żeby rozpocząć detoks w niezwykle łatwy sposób i już od początku zatroszczyć się o równowagę kwasowo-zasadową, warto przygotować sobie ten niezwykle odżywczy jaglany słoik zdrowia, który dostarczy solidną dawkę energii oraz wiele doznań smakowych!

♥ ♥ ♥

Składniki na 1–2 porcje

1 szklanka ugotowanej kaszy jaglanej
1 średni upieczony burak
1 jabłko
pestki dyni

Do dressingu

4–6 łyżek oliwy
sok z ½ cytryny
1 łyżeczka syropu klonowego, syropu z agawy lub płynnego miodu
szczypta soli morskiej do smaku

Przygotowanie

Wymieszaj dokładnie wszystkie składniki dressingu, aby uzyskać jednolitą konsystencję. Dopraw solą i spróbuj.

Buraka i jabłko pokrój w kostkę. Skrop delikatnie sokiem z cytryny, aby jabłko zachowało swój naturalny kolor oraz jędrność. Dodaj kaszę, dressing, wymieszaj wszystko dokładnie i przełóż do słoika.

MOJA RADA

Jeżeli macie zbyt dużo ugotowanej kaszy jaglanej, nie przejmujcie się tym. Możecie przechowywać ją w lodówce nawet kilka dni, a następnie błyskawicznie podprażyć na oleju kokosowym i dodać do ulubionych jaglanych wariacji. Wypełniony po brzegi jaglanką słoik powinien zawsze stać na straży waszego zdrowia! Możecie w nim umieszczać kaszę – w dowolnych proporcjach! – z burakiem, jabłkiem, gruszką, borówką lub marchewką i serwować z ulubionym dressingiem!

CZARNY RYŻ Z NUTĄ KOKOSA, MANGO I MALINAMI

Azjatycka kuchnia nie słynie z deserów, ale ten przepis inspirowany kuchnią tajską jest naprawdę obłędny. Podczas programu Jaglany Detoks łatwo rozsmakować się w tej kolorowej porcji zdrowia!

♥ ♥

Składniki na 2 porcje

- 1 szklanka ugotowanego czarnego ryżu
- 1 dojrzałe mango
- 2 łyżki mleka kokosowego
- maliny lub borówki
- ½ łyżeczki uprażonego sezamu
- świeża bazylia lub mięta do dekoracji

Przygotowanie

Ryż dodaj do garnka z mlekiem kokosowym i gotuj 2 minuty, stale mieszając. Odstaw.

Mango obierz, a miąższ zmiksuj blenderem.

Do słoików lub miseczek wsyp ryż, mango i maliny, dodaj uprażony sezam i udekoruj listkami bazylii lub mięty.

MOJA RADA

Czarny ryż jest coraz bardziej popularny i bez większych problemów można go kupić w sklepach ze zdrową żywnością lub w lepszych supermarketach. Gotuje się go ponad 30 minut, ale za to może stać w lodówce nawet przez kilka dni. Najlepiej ugotujcie sobie więcej czarnego ryżu i wykorzystajcie go jako dodatek do innych dań podczas programu Jaglany Detoks. Wspaniale pasuje do pieczonego łososia! Czarny ryż uprawiany jest w Azji oraz we Włoszech. Ma wyjątkowe właściwości krwiotwórcze i posiada cenne związki o nazwie antocyjany, które znajdują się również w owocach, np. w jeżynach. Antocyjany są bardzo wskazane w profilaktyce oraz leczeniu choroby nowotworowej, a mango i maliny bogate w witaminę C sprawią, że kiedy spróbujecie tego dania, podskoczycie z radości, że nakarmiliście swój organizm samym zdrowiem! Polecam ten przepis na śniadanie, kolację lub jako wspaniały pomysł na lunch!

KASZA JAGLANA À LA KUSKUS Z CIECIORKĄ, MIGDAŁAMI I GRANATEM

To jedno z moich ulubionych śniadań z kaszą jaglaną. Aromatyzowana szczyptą cynamonu i curry cieciorka wraz z orzeźwiającymi ziarenkami granatu oraz cytrynowym dressingiem dodają kaszy jaglanej wspaniałego animuszu i zamieniają ją w istny wulkan zdrowia!

♥ ♥

Składniki na 2–3 porcje

1 szklanka ugotowanej kaszy jaglanej
½ szklanki ugotowanej lub konserwowej cieciorki
½ łyżki syropu z agawy lub daktylowego
1 łyżka oliwy
1 łyżeczka cynamonu
szczypta curry (opcjonalnie)
kilka migdałów
ziarenka granatu
listki melisy lub mięty

Do dressingu

3–4 łyżki oliwy
1 łyżeczka pasty sezamowej tahini (opcjonalnie)
sok z ½ cytryny
1 łyżeczka syropu z agawy lub daktylowego
sól morska do smaku

Przygotowanie

Do miseczki wsyp ugotowaną lub konserwową cieciorkę, dodaj syrop, oliwę, cynamon, szczyptę curry i delikatnie wymieszaj. Przełóż na patelnię i podduś przez 2–4 minuty. Przełóż z powrotem do miseczki.

W innej miseczce dokładnie wymieszaj wszystkie składniki dressingu. Migdały pokrój na trzy części.

Ugotowaną, najlepiej jeszcze ciepłą kaszę jaglaną wymieszaj z cieciorką, skrop dressingiem, posyp migdałami i ziarenkami granatu. Udekoruj listkami melisy lub mięty.

MOJA RADA

To niezwykle pożywna i aromatyczna kombinacja, która na długo pozostawia uczucie przyjemnej sytości, jest zatem świetną propozycją na pierwsze dni detoksu. Będziecie rozkoszować się tym wyjątkowym smakiem, nie odczuwając większego głodu. Jeżeli nie tolerujecie smaku cynamonu lub curry, możecie cieciorkę przygotować ze szczyptą kardamonu lub roztartego w palcach rozmarynu. Najważniejsze jest wasze zadowolenie, a przepis to tylko inspiracja. Kasza jaglana à la kuskus to także świetne danie na wynos. Możecie zabrać ją do pracy lub do szkoły.

KASZA JAGLANA Z PAPRYKOWYM PESTO, CUKINIĄ, POMIDORAMI I GRANATEM

Kaszę jaglaną można aromatyzować na wiele niezwykle smacznych, a nawet wykwintnych sposobów. Każdy, kto lubi kuchnię włoską, musi koniecznie włączyć to danie do swojego programu Jaglany Detoks!

♥ ♥ ♥

Składniki na 2 porcje

1 szklanka ugotowanej kaszy jaglanej
½ cukinii
szczypta suszonego oregano
kilka pomidorków koktajlowych
ziarenka granatu (opcjonalnie)
świeża bazylia do dekoracji
1 łyżka oliwy
sól morska lub himalajska

Do paprykowego pesto

1 czerwona papryka
2–3 orzechy włoskie
kilka listków świeżej bazylii
1 mały ząbek czosnku
sok z ½ cytryny
szczypta soli do smaku
świeży rozmaryn (opcjonalnie)

Przygotowanie

Rozgrzej piekarnik do temperatury 190°C i piecz paprykę około 15 minut, aż skórka zacznie się robić lekko czarna. Wyjmij z piekarnika, przełóż do miski i przykryj. Po 15 minutach skórka łatwo odejdzie od miąższu.

Do odpowiedniego naczynia włóż paprykę i pozostałe składniki pesto. Zmiksuj i spróbuj. Dopraw w razie potrzeby.

Cukinię pokrój w cienkie plasterki lub drobną kostkę i smaż przez 2–3 minuty na oliwie. Cukinia powinna być al dente. Dopraw solą oraz szczyptą roztartego w dłoniach oregano. Odstaw.

Kaszę jaglaną wymieszaj z pesto i przełóż do miseczki lub słoika. Serwuj z usmażoną cukinią, pociętymi w małe kawałki pomidorkami koktajlowymi, ziarenkami granatu i listkiem świeżej bazylii.

MOJA RADA

Jeśli lubicie paprykę, to danie z pewnością będzie was cieszyć nie tylko podczas detoksu. Jestem przekonany, że wprowadzicie je do codziennej diety. To również doskonały pomysł na przystawkę podczas domowej imprezy – gwarantuję, że kasza jaglana w takiej postaci będzie wszystkim bardzo smakować! W programie Jaglany Detoks jest kilka posiłków z dodatkiem pieczonej papryki, więc warto zaoszczędzić energię i upiec od razu kilka sztuk więcej.

KASZA JAGLANA Z WINOGRONAMI I PŁATKAMI MIGDAŁÓW

Bardzo lubię to połączenie kaszy z winogronami. Jest niezwykle orzeźwiające, pełne koloru i przyjemnej naturalnej słodyczy. Zgryzaj dokładnie pestki winogron, tam bowiem jest najwięcej antyoksydantów!

♥ ♥ ♥

Składniki na 2 porcje

½ szklanki suchej kaszy jaglanej
szczypta soli morskiej lub himalajskiej
1 łyżka oleju kokosowego
plasterek świeżego imbiru (opcjonalnie)
szczypta mielonego kardamonu (opcjonalnie)
płatki migdałów
listki mięty (opcjonalnie)

Przygotowanie:

Ugotuj kaszę jaglaną w lekko osolonej wodzie z dodatkiem oleju kokosowego. Do gotującej się kaszy możesz dodać plasterek świeżego imbiru oraz szczyptę mielonego kardamonu. Winogrona umyj i przetnij na pół.

Kaszę i winogrona wsyp do miseczki. Dodaj uprażone na suchej patelni płatki migdałów. Udekoruj listkami świeżej mięty.

MOJA RADA

To ekspresowa wersja kaszy jaglanej – niezwykle aromatyczna i soczysta. Lubię ją bardzo jako dodatek do marokańskich dań jednogarnkowych. Olej kokosowy, który dodacie do gotowania, sprawi, że po lekkim ostygnięciu kasza będzie bardziej sypka, z delikatnym aromatem kokosa. Jeżeli zdecydujecie się dodać do niej w czasie gotowania imbir oraz kardamon, uzyskacie niepowtarzalny smak, który doskonale połączy się z winogronami i płatkami migdałów. Przyśpieszycie też proces detoksykacji, ponieważ imbir wzmacnia jelito grube, a dodający orientalnej nuty kardamon działa stymulująco na nerki.

PUDDING JAGLANO-BANANOWY Z KAROBEM I ANANASEM

Puddingi jaglane to niezwykle pożywna i smakowicie wyglądająca propozycja na oczyszczające śniadanie. W kilka minut łączymy w małym słoiku wiele zdrowych produktów, dodajemy przyprawy, ulubione owoce i z radością zaczynamy nowy dzień!

♥ ♥

Składniki na 1–2 porcje

- ½ ugotowanej kaszy jaglanej
- ½ awokado (wybierz bardziej miękkie)
- szczypta kardamonu
- szczypta cynamonu
- ½ łyżeczki karobu
- szczypta kurkumy (opcjonalnie)
- ½ banana lub 2 daktyle
- 1 świeży ananas
- ziarenka granatu

Przygotowanie

Odetnij plaster ananasa grubości 1,5 cm, obierz ze skórki i potnij na drobne kawałki, odcinając stwardniałe części.

Do słoika lub specjalnego naczynia wsyp ugotowaną kaszę jaglaną, awokado, przyprawy, karob, daktyle lub banana i miksuj, aż uzyskasz jednolitą konsystencję.

Serwuj z ananasem i ziarenkami granatu.

MOJA RADA

Jeżeli nie zdecydujecie się na pełne siedem dni programu Jaglany Detoks, możecie zaplanować jaglany weekend i każdy dzień rozpocząć od jaglanego puddingu z owocami lub orzechami. Sproszkowany karob, który dodałem do przepisu, można kupić w sklepach ze zdrową żywnością lub w internecie. To świetna alternatywa dla kakao, które w trakcie programu diety oczyszczającej lepiej wykluczyć. Karob jest wskazany dla wszystkich, którzy lubią smak czekolady, ale niestety często im ona nie służy. Co bardzo istotne, karob jest zasadotwórczy i wzmacnia żołądek oraz śledzionę, ma naturalny smak słodki i warto go mieć zawsze pod ręką jako dodatek do zdrowych deserów.

JAGLANY PUDDING Z DYNIĄ, JABŁKIEM I GRANATEM

Ten aksamitny dyniowo-jaglany pudding można serwować z ulubionymi owocami. Doskonale pasuje do niego prażony na kokosowym oleju ananas lub – tak jak w przepisie – jabłko i granat. Delektuj się smakiem kaszy jaglanej z dynią i nie zapomnij o ulubionych korzennych przyprawach!

♥ ♥ ♥

Składniki na 2–3 porcje

½ dyni piżmowej lub innej dowolnej
½ szklanki mleka kokosowego lub innego roślinnego
szczypta cynamonu
szczypta gałki muszkatołowej
szczypta kurkumy (opcjonalnie)
szczypta soli morskiej lub himalajskiej
łyżka syropu z agawy lub miodu akacjowego
ziarenka granatu
1 jabłko
uprażony sezam (opcjonalnie)

Przygotowanie

Dynię obierz ze skórki, pokrój w kostkę i ugotuj na parze do miękkości. Zmiksuj z dodatkiem mleka kokosowego, szczypty soli morskiej lub himalajskiej, przypraw korzennych i syropu z agawy. Spróbuj i dopraw w razie potrzeby.

Serwuj z jabłkiem pokrojonym w kostkę i ziarenkami granatu.

MOJA RADA

Gałka muszkatołowa, którą dodałem do tego przepisu, poza wyrafinowanym smakiem posiada również działanie rozkurczowe. Jest sprawdzonym środkiem przy zaburzeniach czynności jelit i żołądka. Nawet osoby z bardzo delikatnym żołądkiem mogą śmiało przygotować sobie ten przysmak. Aby dynia zachowała jak najwięcej właściwości, najlepiej ugotować ją na parze, ale śmiało można także zalać ją niewielką ilością wody. Po zmiksowaniu ciepłej dyni z mlekiem kokosowym powstanie delikatna kremowa konsystencja. To wspaniała i rozgrzewająca propozycja na Jaglany Detoks!

ZUPY

ZUPA MARCHEWKOWO-POMIDOROWA Z KASZĄ JAGLANĄ I KUKURYDZĄ

Już nie trzeba się martwić, co przygotować sobie na jaglane lunche podczas detoksu. Ta ekspresowa zupa z marchewki i pomidora z dodatkiem kaszy jaglanej i kukurydzy zaspokoi energetyczne potrzeby organizmu nawet w trakcie intensywnej pracy!

♥ ♥ ♥

Składniki na 2–4 porcje

1 kg pomidorów lub 2 puszki konserwowych
4 duże marchewki
¾ litra wody
1 posiekany ząbek czosnku
1 pokrojona w piórka mała cebula
2 daktyle
2–4 łyżki ugotowanej kaszy jaglanej
½ łyżeczki curry
szczypta kurkumy
kukurydza do dekoracji
olej kokosowy do smażenia
sól morska lub himalajska

Przygotowanie

Marchew umyj, obierz i pokrój w grubszą kostkę. Pomidory natnij, sparz wrzątkiem i obierz ze skórki.

W dużym garnku rozgrzej olej kokosowy, dodaj cebulę i czosnek. Delikatnie podsmażaj z dodatkiem curry 2–3 minuty. Wrzuć pomidory i marchew, wlej gorącą wodę tak, aby jej poziom nie przekraczał poziomu warzyw. Gotuj 10 minut.

Dodaj daktyle, czosnek i ugotowaną kaszę jaglaną. Gotuj jeszcze 5 minut. Odstaw z palnika i zblenduj na krem.

Serwuj z dodatkiem kukurydzy.

MOJA RADA

Jeżeli planujecie swój pierwszy Jaglany Detoks, a w domu macie kilku starszych lub młodszych domowników, nie zastanawiajcie się, tylko przygotujcie jak najszybciej ten sycący i kolorowy krem jaglany z marchewką i pomidorem. Szczególnie dzieci będą nim zachwycone, a wy poczujecie jeszcze większą radość, widząc, że troczycie się również o zdrowie najbliższych. Po przygotowaniu możecie przechowywać tę zupę w lodówce przez dwa dni i zabierać sobie w termosie czy w słoiku w podróż lub do pracy. Jeżeli często odczuwacie wychłodzenie organizmu, dodajcie do zupy trochę startego świeżego imbiru.

ZUPA KREM Z BROKUŁÓW Z KASZĄ JAGLANĄ

Brokuły mają silne działanie przeciwnowotworowe. Wspaniale wpisują się w każdy program detoksykacji. Nie zapomnij zaplanować pysznych i zdrowych dań z brokuła. Zupa z dodatkiem kaszy jaglanej pobudzi cię do życia!

♥ ♥ ♥

Składniki na 2–4 porcje

2 brokuły
⅓ szklanki ugotowanej kaszy jaglanej
1 małe jabłko (opcjonalnie)
2 ząbki czosnku
1 mała cebula
1 mała łyżeczka majeranku
mała szczypta gałki muszkatołowej
½ małej łyżeczki curry
⅓ małej łyżeczki kurkumy
starta skórka z 1 cytryny
1 łyżka oleju kokosowego lub oliwy
sól morska lub himalajska do smaku
płatki migdałowe lub orzechy włoskie (opcjonalnie)

Przygotowanie

Umyj brokuły i podziel na mniejsze różyczki. Zostaw sobie kilka małych kawałków, które dodasz pod koniec gotowania. Cebulę potnij w piórka, czosnek w paseczki.

W rozgrzanym garnku rozpuść olej kokosowy. Dodaj cebulę i czosnek. Podsmażaj na delikatnym ogniu przez 2–3 minuty, dodaj curry, majeranek oraz kurkumę i wymieszaj. Wrzuć do garnka kawałki brokułów oraz pokrojone w kostkę jabłko. Wlej gorącą wodę do wysokości ¾ brokuła. Dopraw solą, wymieszaj i spróbuj. Gotuj pod przykryciem na średnim ogniu przez około 10 minut. Dodaj kaszę jaglaną i zmiksuj blenderem na gładki krem. Wsyp gałkę muszkatołową, skórkę z cytryny oraz drobne kawałki brokuła.

Serwuj z dodatkiem płatków migdałowych lub posiekanych orzechów włoskich.

MOJA RADA

W tym przepisie dodane są jabłko oraz skórka z cytryny, które wzbogacają smak i dodają świeżości. Kasza jaglana wspaniale zagęści zupę krem, a węglowodany dodadzą wam więcej energii. Podczas programu Jaglany Detoks to danie możecie sobie przygotować już wieczorem, aby o poranku wcinać na śniadanie zdrową zupę. Pozostałą część zabierzcie w termosie albo w słoiku do pracy lub na uczelnię. Pamiętajcie, że jest wyjątkowo zasadotwórcza i możecie rozpocząć radykalne odkwaszanie organizmu! Brokuł ma właściwości przeciwnowotworowe, jest szczególnie pomocny w trakcie leczenia raka piersi. Dlatego polecam ten przepis w codziennej profilaktyce przeciwnowotworowej. Gałka muszkatołowa ma właściwości odprężające, więc kiedy czujecie się zestresowani i przemęczeni, zaplanujcie sobie tę zupę na kolację!

ZUPA DYNIOWA Z JABŁKIEM, ORZECHAMI WŁOSKIMI I NUTĄ ROZMARYNU

W programach detoksykacyjnych zupa dyniowa to podstawa diety! Jeżeli nie uda się wam kupić dyni, możecie przygotować tę zupę z pieczonych batatów lub marchewki. Kiedy dodacie domowe czipsy z jabłka, wyjątkowy smak tego dania zostanie z wami na długo!

♥

Składniki na 2–4 porcje

- 4 szklanki pokrojonej w kostkę dyni
- 1 duża cebula
- 4 ząbki czosnku
- 1 małe jabłko
- 1 łyżka posiekanych orzechów włoskich do dekoracji
- 1 mała łyżeczka posiekanego świeżego rozmarynu (opcjonalnie może być suszony)
- 1 mała łyżeczka startego korzenia imbiru (opcjonalnie)
- curry (mała łyżeczka)
- szczypta gałki muszkatołowej
- ½ łyżeczki kurkumy
- ½ łyżeczki kopru włoskiego
- olej kokosowy do smażenia
- oliwa do skropienia dyni
- sól morska lub himalajska do smaku

Do chipsów jabłkowych

- 1–2 małe jabłka
- szczypta cynamonu
- szczypta kardamonu (opcjonalnie)
- syrop z agawy, daktylowy lub klonowy

Przygotowanie

Rozgrzej piekarnik do temperatury 180°C. Wyłóż blaszkę pergaminem, wysyp dynię, skrop oliwą, delikatnie dopraw solą i piecz około 15 minut.

Jeżeli zdecydujesz się przygotować do zupy czipsy jabłkowe, potnij jabłko na plasterki, rozłóż na pergaminie, posmaruj z jednej strony syropem i piecz 10 minut w piekarniku rozgrzanym do temperatury 180°C. Posyp delikatnie mielonym kardamonem i cynamonem.

W garnku rozgrzej tłuszcz koksowy, wrzuć posiekaną w piórka cebulę, imbir oraz pokrojony dowolnie czosnek. Dodaj przyprawy i duś na wolnym ogniu około 3 minuty. Do garnka dodaj dynię, pokrojone w kostkę jabłko oraz posiekany świeży lub suszony rozmaryn. Uzupełnij wodą tak, aby nie do końca przykryć dynię. Gotuj około 15 minut. Dopraw solą do smaku. Zmiksuj, spróbuj i w razie potrzeby dopraw mocniej. Jeśli wolisz rzadszą konsystencję, możesz dodać więcej wody.

Przed podaniem posyp posiekanymi orzechami włoskimi i udekoruj czipsami z jabłek.

ZUPA POMIDOROWO-PAPRYKOWA Z PESTO I ORZECHAMI WŁOSKIMI

Miłośnicy włoskiej kuchni powinni koniecznie rozpocząć swój detoks od tej zainspirowanej toskańskimi aromatami pysznej zupy z dodatkiem kaszy jaglanej. Poza cudownym smakiem gwarantuję wam natychmiastowy przypływ dobrej energii!

♥ ♥

Składniki na 2–4 porcje

3–4 czerwone papryki
4 pomidory lub 1 puszka konserwowych
¾ litra wody
2 suszone daktyle (opcjonalnie)
1 cebula (opcjonalnie)
2 ząbki czosnku
1 mała łyżeczka listków świeżego lub suszonego rozmarynu
1 mała łyżeczka listków świeżego lub suszonego tymianku
szczypta kurkumy
skórka starta z ½ cytryny (opcjonalnie)
2–4 łyżki ugotowanej kaszy jaglanej (opcjonalnie)
sól morska lub himalajska
2–4 orzechy włoskie
świeża bazylia

Do pesto

1 ½ szklanki rukoli lub natki pietruszki
sok z ⅓ cytryny
1 duża łyżka uprażonych nasion słonecznika
4 łyżki oliwy
sól morska lub himalajska do smaku
woda źródlana lub mineralna

Przygotowanie

Piekarnik rozgrzej do temperatury 190°C. Papryki ułóż w naczyniu do pieczenia i wstaw do piekarnika na 20–30 minut. Wyciągnij i przełóż do miski, przykryj talerzem i odstaw na 15 minut. Kiedy ostygną, obierz je delikatnie ze skórki.
Pomidory natnij delikatnie, sparz wrzątkiem, przelej zimną wodą i obierz ze skórki. Rozgrzej garnek i dodaj olej kokosowy lub inny olej tłoczony na zimno. Wrzuć pokrojoną w piórka cebulę, posiekany rozmaryn i tymianek. Obsmażaj 2 minuty na średnim ogniu, stale mieszając. Dodaj pomidory, upieczoną paprykę bez skórki, posiekany w plasterki czosnek oraz daktyle. Wlej gorącą wodę, dopraw solą i skórką z cytryny. Gotuj zupę pod przykryciem przez około 15 minut. Dodaj ugotowaną kaszę jaglaną. Spróbuj i w razie potrzeby dopraw solą. Dodaj kilka listków bazylii i zmiksuj zupę blenderem na gładki krem. Jeśli jest za gęsta, możesz rozcieńczyć ją przegotowaną wodą.

Do specjalnego naczynia lub dużego słoika wrzuć wszystkie składniki pesto. Zmiksuj i spróbuj. W razie potrzeby dopraw, a jeśli pesto wyjdzie zbyt gęste, dodaj odrobinę wody.

Zupę serwuj z listkami świeżej bazylii, domowym pesto oraz posiekanymi orzechami włoskimi.

MOJA RADA

Jeżeli lubicie pieczoną paprykę, to znajdziecie w przepisach jeszcze kilka ciekawych inspiracji. Dlatego zachęcam was, byście upiekli sobie kilka sztuk więcej, ponieważ paprykę po upieczeniu można przechowywać w lodówce przez kilka dni. Bardzo lubię tę zupę zarówno w lecie, jak i w zimie. Jest lekka i sycąca. Rada dla wszystkich zmarzluchów – jesienią lub zimą dodajcie trochę startego imbiru!

ZUPA KREM Z DYNI Z NUTĄ IMBIRU I KOKOSA

Dyniowe zupy są doskonałą propozycją na Jaglany Detoks. Dzięki odpowiednim przyprawom można błyskawicznie przygotować sobie zdrową i aromatyczną zupę krem, która wystarczy na kilka dni. Kto lubi chrupać, może dodać do niej ulubione orzechy, pestki i nasiona!

♥ ♥ ♥

Składniki na 2–4 porcje

1 mała dynia, np. hokkaido
2 średnie marchewki
1 duża cebula
4 ząbki czosnku

½ szklanki mleka kokosowego
2–3 cm świeżego kłącza imbiru
1 łyżeczka curry
½ łyżeczki kurkumy

olej kokosowy do smażenia
sól morska lub himalajska
pestki dyni
szczypta cynamonu (opcjonalnie)

Przygotowanie

Rozgrzej piekarnik do temperatury 180°C. Dynię umyj, usuń gniazdo nasienne, a jeśli to inny gatunek niż hokkaido, obierz ją ze skóry. Pokrój dynię w kostkę, wyłóż na pergamin, dopraw delikatnie solą i piecz około 15 minut. Możesz również ugotować ją na parze.

Marchewkę umyj, obierz i pokrój w kostkę. W garnku rozgrzej tłuszcz, wrzuć posiekaną w piórka cebulę. Dodaj przyprawy i smaż na wolnym ogniu około 3 minuty. Następnie wrzuć dynię, marchewkę, uzupełnij wodą (około 5 cm poniżej poziomu dyni) i dopraw solą do smaku. Gotuj około 15 minut. Wlej mleko kokosowe i gotuj jeszcze 5 minut na delikatnym ogniu. Zmiksuj, spróbuj i dopraw w razie potrzeby. Podawaj udekorowaną pestkami.

Serwuj z pestkami dyni oraz szczyptą cynamonu.

MOJA RADA

Upieczona dynia ma wspaniały i głęboki smak. Jeżeli uda się wam kupić hokkaido, to pamiętajcie, że zawiera ona – spośród wszystkich gatunków dyni – najwięcej beta-karotenu, który przyśpiesza regenerację śluzówki żołądka, wzmacnia śledzionę, a co najważniejsze, nie tracimy go w procesie gotowania! Bardzo dobra do zupy dyniowej będzie również dynia piżmowa, ale w zasadzie każdy gatunek może być niezwykle cenny w programie detoksykacji. Pamiętajcie, że oprócz lub zamiast dyni zawsze można użyć słodkich ziemniaków. Jeżeli dyniowy krem wyda się wam zbyt rzadki, zawsze możecie go zagęścić ugotowaną kaszą jaglaną!

WARZYWNA ZUPA MAKROBIOTYCZNA Z KASZĄ JAGLANĄ I FASOLKĄ ADZUKI

Podczas diety oczyszczającej zupy są podstawowym posiłkiem wzmacniającym układ pokarmowy i wspomagającym procesy regeneracji jelitowej. Przygotowując poranną zupę makrobiotyczną, trzeba pamiętać o właściwych przyprawach!

♥ ♥ ♥

Składniki na 4 porcje

2 duże marchewki lub kawałek dyni
1 korzeń pietruszki lub kawałek selera
½ szklanki ugotowanej kaszy jaglanej
1 mała cebula
1 ząbek czosnku
natka pietruszki
⅓ szklanki fasolki adzuki
½ łyżeczki nasion kopru włoskiego
szczypta curry
szczypta kurkumy
1–2 daktyle
siemię lniane
sól morska lub himalajska do smaku
1 łyżka oliwy lub oleju z ostropestu
szczypta majeranku (opcjonalnie)

Przygotowanie

Fasolkę adzuki namocz dzień wcześniej. Kolejnego dnia odlej wodę, zalej świeżą, lekko posól i gotuj do miękkości.

Pokrój warzywa w małą kostkę, cebulę w piórka, a czosnek w plasterki. Wlej do garnka ¾ litra wody i doprowadź do wrzenia. Dodawaj kolejno marchewkę (lub dynię), korzeń pietruszki (lub seler), daktyle i gotuj kilka minut.

Dopraw solą i wsyp przyprawy, dodaj czosnek i cebulę. Gotuj 5–6 minut, spróbuj i dopraw w razie potrzeby.

Serwuj z ugotowaną kaszą jaglaną i fasolką adzuki. Jeżeli stały wcześniej w lodówce, wrzuć je minutę przed końcem gotowania do garnka z wywarem.

Serwuj z drobno posiekaną natką pietruszki i uprażonymi na suchej patelni ziarenkami siemienia lnianego.

MOJA RADA

Jeżeli odczuwacie częste dolegliwości układu trawiennego – zwłaszcza, jeśli źle trawicie produkty zimne oraz kwaśne i często macie zgagę, to jak najczęściej rozpoczynajcie dzień od makrobiotycznego śniadania z zupą na czele. Koper włoski bardzo dobrze wpłynie na wszelkie zastoje niestrawionego pożywienia – nie przejmujcie się, jeśli nie bardzo odpowiada wam jego smak, ponieważ łagodzą go naturalnie słodkie daktyle. Ich działanie koncentruje się również na wzmacnianiu śledziony. Taką zupę można serwować z kaszą jaglaną, komosą ryżową lub z samymi warzywami.

ZUPA KOKOSOWA Z DYNIĄ, MARCHEWKĄ I SŁODKIM ZIEMNIAKIEM

Smak tej zupy pamięta się długo! Swój intensywny żółtopomarańczowy kolor zawdzięcza słodkim ziemniakom, dyni i marchewce, niezwykle bogatym w beta-karoten i bardzo wzmacniającym żołądek. Podczas detoksu ta doskonała zupa może być dowolnym posiłkiem w ciągu dnia.

♥ ♥ ♥

Składniki na 4–6 porcji

- 2 puszki pomidorów konserwowych lub 8–10 świeżych
- 1–2 marchewki
- 1 średni batat (słodki ziemniak)
- 1 szklanka pokrojonej w kostkę dyni
- ½ szklanki czerwonej soczewicy (opcjonalnie)
- 1 puszka mleka kokosowego
- 2–4 cm świeżego kłącza imbiru
- 3 ząbki czosnku
- 1 łyżeczka curry
- kilka nasion kolendry (opcjonalnie)
- szczypta cynamonu (opcjonalnie)
- olej kokosowy do smażenia
- szczypta kurkumy
- sól morska lub himalajska do smaku
- 10–15 listków świeżej bazylii (plus kilka do dekoracji)
- sok z ½ małej cytryny
- ziarna sezamu (opcjonalnie)

Przygotowanie

Zetrzyj drobno imbir oraz czosnek. Cebulę pokrój w kostkę lub w cienkie piórka, a warzywa potnij w kostkę.

Do rozgrzanego garnka dodaj olej kokosowy. Obsmaż delikatnie imbir i cebulkę. Wsyp curry i kurkumę. Po chwili dodaj pomidory, czosnek, soczewicę i warzywa. Dopraw solą. Wlej mleko kokosowe oraz 2 szklanki wody i gotuj przez około 15 minut, aż soczewica zmięknie. Spróbuj i dopraw w razie potrzeby. Wrzuć listki bazylii i wymieszaj.

Serwuj z listkami świeżej bazylii, posypaną sezamem (opcjonalnie) i skropioną sokiem z cytryny. Jeżeli chcesz, aby zupa była mniej gęsta, dodaj wcześniej więcej wody.

MOJA RADA

To moja ulubiona zupa – zajadam się nią przez cały rok. Często przygotowujemy ją także na naszych warsztatach gotowania, więc możecie być pewni, że ten przepis was nie rozczaruje. Niezwykle łatwo ją przyrządzić, a w dodatku działa na zgagę niemal jak skalpel! Jest lekko rozgrzewająca i na długo pozostawia swój słodkawo-ostry posmak oraz dotyk zdrowia. Gotujcie tę zupę jak najczęściej dla wszystkich domowników – zawsze będziecie chwaleni, nawet jeśli zabraknie wam jakiegoś składnika! Nie zapominajcie jednak dodać sporo bazylii. Zaopatrzcie się też w solidny termos i zabierajcie zupę do pracy. Polecam ten przepis osobom wychłodzonym, o słabym układzie trawiennym.

ZUPA BURACZANO-JAGLANA Z KOKOSOWĄ NUTĄ

Buraki są łatwo dostępne, niezwykle zdrowe i działają odkwaszająco. Dlatego podczas detoksu warto jak najczęściej sięgać po buraczane inspiracje. Krem z pieczonego buraka z dodatkiem jaglanki będzie wspaniałą kolacją lub pomysłem na pełen zdrowia termos do pracy!

♥ ♥ ♥

Składniki na 4 porcje

8 średnich buraków
½ szklanki ugotowanej kaszy jaglanej
½ szklanki mleka kokosowego
1 cebula
2 duże ząbki czosnku
1 jabłko
2 cm świeżego kłącza imbiru
½ łyżeczki curry
⅓ łyżeczki kurkumy
⅓ łyżeczki nasion mielonej kolendry
⅓ łyżeczki mielonego kopru włoskiego (opcjonalnie)
szczypta majeranku (opcjonalnie)
1 łyżka oleju kokosowego
sól morska lub himalajska

Przygotowanie

Rozgrzej piekarnik do temperatury 200°C. Umyte buraki zawiń w folię aluminiową. Piecz około 40 minut. Kiedy przestygną, obierz je ze skórki i pokrój w ćwiartki.

W garnku rozgrzej tłuszcz koksowy. Dodaj pokrojoną w piórka cebulę, posiekany czosnek oraz starty imbir. Gotuj około 3 minuty. Wsyp przyprawy i wymieszaj. Wrzuć buraki oraz pokroje w kostkę jabłko i zalej wodą do wysokości ¾ warzyw. Dopraw solą do smaku.

Po upływie 10 minut wlej mleko kokosowe i dodaj ugotowaną kaszę jaglaną. Gotuj jeszcze około 5 minut. Zmiksuj wszystko na gładki krem. Zachowaj trochę mleka kokosowego do dekoracji.

MOJA RADA

Nasze zdrowie jest ściśle związane z równowagą kwasowo-zasadową, zatem produkty alkalizujące są w codziennej diecie niezwykle ważne. Dlatego właśnie w trakcie programu Jaglany Detoks buraki stanowią trzon odkwaszania organizmu. Jeżeli macie problemy ze strawieniem surowego soku z buraka, to z upieczonym raczej nie powinno być większego problemu, ale zawsze pamiętajcie o przyprawach. Po upieczeniu buraki można przechowywać w lodówce nawet kilka dni, więc nie zastanawiajcie się i jak najszybciej upieczcie sobie większą ilość. Dodawajcie je do ulubionych dań. Moimi faworytami są buraczane carpaccio z koperkową oliwą i orzechami włoskimi oraz jaglany słoik zdrowia z pieczonym burakiem i jabłkiem!

BARSZCZYK Z KASZĄ JAGLANĄ I KOLENDRĄ, DOMOWY ZAKWAS Z BURAKÓW

Buraki w detoksie to podstawa! Są łatwo dostępne, tanie i niezwykle skuteczne w oczyszczaniu i odkwaszaniu organizmu, a domowy zakwas buraczany będzie jeszcze zdrowszy!

♥ ♥ ♥

Składniki na 4–6 porcji

1½ kg buraków
2 duże marchewki
1 pietruszka
2 ząbki czosnku
2 suszone daktyle (opcjonalnie)
sól morska lub himalajska do smaku
1 łyżeczka majeranku lub cząbru
½ łyżeczki suszonego tymianku
2 liście laurowe
150–250 ml zakwasu z buraków
1 szklanka ugotowanej kaszy jaglanej
świeża kolendra lub natka pietruszki do dekoracji

Do zakwasu

2 kg średnich buraków
5–6 litrów wody
1 łyżka soli morskiej
3–4 liście laurowe
10 ząbków czosnku
½ cebuli
sok z 1 cytryny
1 plaster cytryny
1 łyżeczka nasion kopru włoskiego
½ łyżeczki nasion kolendry (opcjonalnie)

Przygotowanie

Buraki pokrój w kostkę, a resztę warzyw w plasterki. Wrzuć do garnka, zalej wrzątkiem i gotuj całość około 35 minut. W połowie gotowania dodaj daktyle. Wlewaj powoli zakwas buraczany i próbuj, czy barszcz ma właściwy smak. Odstaw na około 30 minut, a następnie dopraw do smaku solą, dodaj majeranek oraz tymianek. Barszcz powinien być słodkawo-kwaskowy. Serwuj z dodatkiem kaszy jaglanej i świeżą kolendrą.

Jak przygotować domowy zakwas?

Buraki umyj dokładnie lub obierz ze skórki (kupując, wybieraj bardzo twarde i bez ognisk pleśni). Następnie pokrój nożem lub za pomocą szatkownicy w cienkie plastry. Zagotuj wodę, dodaj sól morską i trochę ostudź. Do glinianego naczynia lub dużego słoika włóż buraki, czosnek i przyprawy. Wlej ciepłą wodę, wrzuć cebulę i plaster cytryny oraz wciśnij sok z cytryny. Następnie zakryj naczynie gazą lub lnianą ściereczką i odstaw w ciepłe miejsce. Po dwóch dniach zdejmij nadmiar piany i wymieszaj. 2–3 dni później zakwas będzie gotowy. Przelej go przez sitko do butelek i przechowuj w lodówce.

MOJA RADA

Występujący w kiszonkach kwas mlekowy i błonnik pobudzają pracę jelit i działają odtruwająco. W procesie fermentacji zmniejsza się zawartość cukru w warzywach, są więc mniej kaloryczne. Polecam popijać zakwas od późnej wiosny do wczesnej jesieni. Wystarczy mała szklaneczka dziennie!

PRZEKĄSKI

CARPACCIO Z CUKINII Z KASZĄ JAGLANĄ I SOSEM PIETRUSZKOWYM

Oto wspaniała jaglana wariacja na wypadek, kiedy podczas Jaglanego Detoksu niespodziewanie wpadną goście. Z pewnością będą zachwyceni tą zdrową i sycącą przekąską!

♥ ♥ ♥

Składniki na 2 porcje

1 średnia cukinia
1 szklanka ugotowanej kaszy jaglanej
ziarenka granatu
oliwa
sól morska lub himalajska do smaku
natka pietruszki do dekoracji
lawenda do smaku i dekoracji (opcjonalnie)

Do sosu

1 łyżeczka pasty sezamowej (tahini)
1 łyżka stołowa oliwy
½ ząbka czosnku
⅓ szklanki posiekanej natki pietruszki
1 łyżeczka uprażonych nasion słonecznika
szczypta soli
sok z ½ cytryny

Przygotowanie

Cukinię potnij w plasterki, do miski, skrop delikatnie oliwą, dopraw solą i wymieszaj. Na patelni grillowej obsmażaj plasterki z obu stron. Odstaw do ostygnięcia.

Przygotuj sos. Zmiksuj blenderem ręcznym wszystkie składniki , dopraw solą i spróbuj.

Na płaskim talerzu rozłóż ugotowaną kaszę jaglaną, dodaj plastry cukinii, ziarenka granatu i skrop sosem pietruszkowym. Udekoruj kwiatami lawendy.

MOJA RADA

Jeżeli nie macie jeszcze patelni grillowej, możecie skropione oliwą i doprawione solą plasterki cukinii upiec w piekarniku pod grillem lub delikatnie podsmażyć na zwykłej patelni z dodatkiem oliwy lub oleju kokosowego. Po obsmażeniu odsączcie je na ręczniku papierowym, aby pozbyć się nadmiaru tłuszczu. Sos pietruszkowy można przechowywać w słoiczku do 7 dni, wykorzystując go, jako dodatek do innych dań, np. jako dressing do sałatek lub sos do upieczonej ryby. Ten przepis jest niezwykle prosty do przygotowania, a składniki są łatwo dostępne. Taka efektowna wersja kaszy jaglanej z cukinią będzie doskonałą przystawką lub lekką kolacją podczas detoksu. Owoc granatu jest bogaty w antyoksydanty i dostarczy wam sporą dawkę witaminy C!

GRYCZANE PLACUSZKI À LA PODPŁOMYKI

Oto wspaniała alternatywa dla wszystkich smakoszy pieczywa, którzy na kilka dni diety oczyszczającej będą musieli się z nim rozstać. Uwielbiam wcinać te placuszki z warzywnymi pastami lub hummusem!

♥ ♥

Składniki na 6–8 sztuk

½ szklanki kaszy gryczanej niepalonej
szczypta gałki muszkatołowej
sól morska lub himalajska
szczypta mielonego kminu rzymskiego (opcjonalnie)
szczypta mielonego cynamonu (opcjonalnie)
szczypta curry (opcjonalnie)
1 starty ząbek czosnku (opcjonalnie)
1 szklanka szpinaku (opcjonalnie)

Przygotowanie

Ciasto gryczane trzeba przygotować dzień wcześniej. Zalej kaszę gryczaną wodą i odstaw na całą noc.

Następnego dnia odlej wodę i uzupełnij świeżą około 5 cm ponad poziom kaszy. Dodaj sól oraz pozostałe przyprawy. Zmiksuj blenderem na gładkie ciasto. Rozgrzej patelnię typu non-stick bez dodatku tłuszczu. Smaż na średnim ogniu, na suchej patelni około 5 minut z jednej i 5 minut z drugiej strony.

Jeżeli chcesz uzyskać placuszki szpinakowe, przed miksowaniem dodaj szpinak wraz ze szczyptą gałki muszkatołowej.

MOJA RADA

W połączeniu z jaglanym hummusem z pieczonego buraka te placuszki będą doskonałym pomysłem na efektowną kolację – nie tylko podczas detoksu. Są również doskonałe na „detoks kanapkę" do pracy, szczególnie kiedy połączycie je z cienkimi plastrami pieczonego buraka i rukolą. Po usmażeniu i ostygnięciu, zawinięte w pergamin, mogą być przechowywane do następnego dnia, ale warto je przed spożyciem delikatnie podgrzać na suchej patelni lub w piekarniku.

JAGLANY HUMMUS Z BURAKIEM I CZIPSY Z JARMUŻU

Najlepszy pomysł na zdrową kolację? Oczywiście hummus party! Podczas detoksu już nie trzeba się martwić, co przygotować, kiedy nagle wpadną wygłodniali goście. Wystarczy zrobić hummus z buraka!

♥ ♥ ♥

Składniki na 2–4 porcje

- 2 małe buraki (upieczone)
- ½ szklanki ugotowanej ciecierzycy
- ½ szklanki ugotowanej kaszy jaglanej
- 1 mały ząbek czosnku
- 2 duże łyżki pasty sezamowej (tahini)
- ½ szklanki wody źródlanej lub mineralnej
- sól morska do smaku
- sok z ½ cytryny
- szczypta mielonego kminu rzymskiego
- skórka z ½ cytryny (opcjonalnie)

Do czipsów

- 2–3 szklanki jarmużu
- 1 mały ząbek czosnku
- 1 łyżka oliwy
- sok z ⅓ cytryny
- sól morska lub himalajska do smaku

Przygotowanie

Rozgrzej piekarnik do temperatury 200°C. Buraki owiń folią aluminiową i piecz 45–50 minut – w zależności od wielkości buraka. Kiedy ostygną, obierz je ze skórki i potnij na mniejsze kawałki. Miksuj je wraz z pozostałymi składnikami, aż uzyskasz delikatną i kremową konsystencję. Hummus z pieczonego buraka możesz przechować w lodówce w szczelnie zamkniętym słoiku i zjeść następnego dnia.

Jarmuż porwij na drobne listki, odcinając stwardniałe części. Zalej na kilka minut wrzątkiem, następnie osusz dokładnie na ściereczce kuchennej lub ręczniku papierowym. Wymieszaj z wyciśniętym lub drobno startym czosnkiem, szczyptą soli i odrobiną soku z cytryny. Rozłóż listki na pergaminie i piecz przez 10–15 minut w temperaturze 160–180°C. Sprawdzaj, aby się nie przypaliły. Gotowe czipsy posyp sezamem i czarnuszką.

MOJA RADA

Pieczone buraki są doskonałą bazą do wielu dań zdrowej kuchni. Mają działanie wysoce alkalizujące, więc w programie Jaglany Detoks odgrywają niezwykle ważną rolę. Jeżeli planujecie kilkudniowy detoks, upieczcie sobie więcej buraków, z których przygotujecie wiele wspaniałych i zdrowych dań. Carpaccio z buraka, zupa krem z buraka czy buraczane prosotto z orzechami włoskimi to łatwe i proste dania nie tylko na detoks! Cienkie plasterki pieczonego buraka dodałem również do mojego ulubionego burgera z indyka, a jaglano-buraczany hummus pasuje doskonale do gryczano-szpinakowych placuszków!

WEGEPASZTET JAGLANY Z CUKINIĄ, FASOLKĄ ADZUKI I SUSZONYM POMIDOREM

Gwarantuję, że ten warzywny pasztet z dodatkiem kaszy jaglanej i fasolki adzuki na stałe zagości w waszej kuchni. Jest niezwykle sycący i można go zabierać do pracy lub na uczelnię. Z dodatkiem rukoli jest świetną propozycją na oczyszczającą kolację!

♥ ♥

Składniki na 4–6 porcji

- ⅔ szklanki ugotowanej fasolki adzuki
- ½ szklanki ugotowanej kaszy jaglanej
- 2 łyżki mielonego siemienia lnianego
- 1 duża cukinia
- 6–7 suszonych pomidorów
- ⅓ białej części dużego pora lub połowa małego
- ½ puszki pomidorów lub 2 duże świeże
- 1 mała łyżeczka curry
- 1 mała łyżeczka majeranku
- 1 mała łyżeczka suszonego koperku
- ½ małej łyżeczki suszonego tymianku
- 2 duże drobno posiekane ząbki czosnku
- 2–3 łyżki oleju kokosowego
- 2 łyżki oliwy (opcjonalnie)
- sól morska lub himalajska

Przygotowanie

Piekarnik rozgrzej do temperatury 190°C. Cukinię zetrzyj na tarce o dużych oczkach, pomidory suszone i pora pokrój w drobną kostkę. Pomidory natnij, sparz wrzątkiem, przelej zimną wodą, obierz ze skórki i pokrój w kostkę. Czosnek zetrzyj na drobnej tarce lub przeciśnij przez praskę.

Na patelni rozgrzej olej kokosowy, wrzucaj kolejno warzywa, mieszając od czasu do czasu. Dodaj przyprawy, czosnek, ugotowaną fasolkę, kaszę jaglaną i sól do smaku. W razie potrzeby dolej trochę wody, aby masa nie była zbyt sucha.

Po upływie 10 minut dodaj mielone siemię lniane oraz oliwę. Wymieszaj. Formę (keksówkę) wyłóż papierem do pieczenia. Wylej całość i wstaw do piekarnika. Piecz około 30 minut.

MOJA RADA

Ten wegepasztet możecie przechowywać w lodówce kilka dni. Jeżeli zaplanowaliście detoks, a dużo czasu spędzacie poza domem, przygotujcie ten pasztet na początku programu – dzięki temu będziecie mieć zawsze pod ręką coś konkretnego do spożycia. Fasolka adzuki ma wspaniale właściwości detoksykacyjne, w książce znajdziecie kilka innych pomysłów na dania z jej udziałem. Dlatego warto ugotować jej od razu więcej. Pamiętajcie, że wody z moczenia nie trzeba odlewać, a fasolkę wystarczy gotować 25 minut.

JAGLANO-CYTRYNOWY HUMMUS Z FASOLKĄ ADZUKI I GRANATEM

Nie ma nic lepszego niż spontaniczne spotkanie z najbliższymi i wspólne zanurzanie chrupiących gryczanych podpłomyków w tym aksamitnym jaglanym hummusie. Istna ambrozja!

♥ ♥

Składniki na 2–4 porcje

⅓ szklanki ugotowanej fasolki adzuki
ziarenka granatu
natka pietruszki
1 czerwona cebula
oliwa do skropienia

Do hummusu

⅔ szklanki ugotowanej kaszy jaglanej
½ szklanki ugotowanej cieciorki
⅔ szklanki zimnej wody źródlanej lub mineralnej
sok z ½ cytryny
drobna szczypta kuminu (kmin rzymski)
drobna szczypta cynamonu (opcjonalnie)
skórka z ½ cytryny
1 mały ząbek czosnku
sól morska lub himalajska do smaku
2 duże łyżki pasty sezamowej (tahini)

Przygotowanie

Posiekaj drobno natkę pietruszki, a cebulkę potnij w cienkie piórka lub plasterki.

Zmiksuj wszystkie składniki na hummus tak, aby powstała jednolita kremowa konsystencja. Jeżeli będzie zbyt gęsty, dodaj więcej wody, jeśli okaże się zbyt rzadki, wsyp trochę ugotowanej kaszy lub cieciorki i jeszcze raz zmiksuj. Latem możesz schłodzić nieco hummus przed serwowaniem – wstaw go do lodówki na 15–20 minut.

Na płaskim talerzu lub półmisku rozprowadź hummus dużą łyżką. Posyp fasolką adzuki, ziarenkami granatu, cebulą i skrop delikatnie oliwą. Udekoruj natką pietruszki i serwuj z gryczanymi podpłomykami (str. 254).

MOJA RADA

Hummus jaglany ma działanie nieco schładzające. Osoby mocno wychłodzone powinny go więc spożywać z umiarem. Jeśli macie częste zaparcia, wprowadźcie ten przepis nie tylko podczas detoksu, ale również do codziennej diety. To dobry pomysł na kolację, lekkie śniadanie lub szybki lunch, szczególnie w połączeniu z placuszkiem gryczanym. Fasolka adzuki świetnie oczyszcza nerki, a jej delikatny smak wspaniale pasuje do tego przepisu. Jestem przekonany, że poczujecie wyjątkowy dotyk zdrowia, a jaglany hummus na zawsze zagości w waszej zdrowej kuchni!

DANIA GŁÓWNE

GULASZ À LA CURRY Z PIECZONĄ DYNIĄ, JARMUŻEM I CIECIORKĄ

♥ ♥ ♥

Składniki na 2–4 porcje

150 g dyni hokkaido
oliwa
2 szklanki listków jarmużu (bez stwardniałych części)
3 pomidory lub 1 puszka konserwowych
½ szklanki ugotowanej ciecierzycy
½ szklanki mleka kokosowego
1 czerwona cebula
szczypta cynamonu
świeża bazylia lub kolendra do dekoracji
2 cm świeżego kłącza imbiru
2 ząbki czosnku
½ łyżeczki kurkumy
½ łyżeczki curry
½ łyżeczki nasion kopru włoskiego (opcjonalnie)
olej kokosowy do smażenia
szczypta startej lub mielonej gałki muszkatołowej
sok z ½ cytryny (opcjonalnie)
sól morska do smaku
ugotowana komosa ryżowa lub ryż pełnoziarnisty do degustacji

Przygotowanie

Rozgrzej piekarnik do temperatury 180°C. Dynię pokrój w kostkę, skrop oliwą i delikatnie posól. Wyściel blaszkę pergaminem, rozłóż na nim dynię i piecz około 15 minut.

Pomidory natnij, sparz wrzątkiem, obierz ze skórki i pokrój na średniej wielkości cząstki. Jarmuż umyj na sitku. Cebulę pokrój w piórka, czosnek w cienkie płatki, a imbir zetrzyj na drobnej tarce.

Do rozgrzanego szerokiego garnka lub głębokiej patelni dodaj olej kokosowy. Następnie wrzuć cebulę, a po chwili przyprawy. Zamieszaj i dodaj pomidory. Dopraw solą, dodaj czosnek oraz starty imbir i gotuj 10 minut. Następnie wrzuć cieciorkę i jarmuż, wlej też mleko kokosowe. Gotuj kolejne 5 minut na średnim ogniu. Spróbuj i dopraw według uznania. Jeżeli pomidory były zbyt kwaśne, dodaj trochę syropu z agawy lub daktylowego. Skrop delikatnie sokiem z cytryny.

Wyciągnij dynię z piekarnika, dodaj do gulaszu i wymieszaj. Danie serwuj z dodatkiem ugotowanej komosy ryżowej lub pełnoziarnistego ryżu, udekorowane listkami bazylii.

MOJA RADA

Kolejność składników w tym gulaszu nie jest przypadkowa. W kuchni azjatyckiej imbir oraz czosnek dodajemy najczęściej na początku smażenia. Natomiast w kuchni detoksykacyjnej, aby danie było lżej strawne, staramy się ograniczać dłuższe smażenie ostrych przypraw i dodajemy je w trakcie gotowania sosu. Polecam stosować częściej łagodniejszą w smaku czerwoną cebulę, która potrzebuje tylko chwilkę, aby się zrumienić. Nie gotujemy zbyt długo. Od momentu rozpoczęcia pieczenia dyni ten gulasz à la curry powinien być gotowy w 15 minut! Smak, kolor i aromat są obłędne. Azjaci mają najniższy poziom zachorowań na choroby nowotworowe, warto zatem zaczerpnąć czasem coś z tamtejszej kuchni, wkomponowując niezwykle zdrowy polski jarmuż!

KOMOSA RYŻOWA Z BROKUŁEM, CZOSNKIEM I PRAŻONYM SEZAMEM

To idealny przepis dla tych, którzy mają bardzo mało czasu na gotowanie. Wystarczy mieć pod ręką ugotowaną komosę ryżową lub kaszę jaglaną, połączyć ją z brokułem, odrobiną czosnku oraz uprażonym wcześniej sezamem, i w kilka minut cieszyć się talerzem pełnym zdrowia!

♥ ♥ ♥

Składniki na 1–2 porcje

1–2 szklanki ugotowanej komosy ryżowej
½ małego brokuła
1–2 ząbki czosnku
sól morska lub himalajska do smaku
1 łyżka oleju kokosowego nierafinowanego
prażony sezam (opcjonalnie)
kilka listków bazylii (opcjonalnie)

Przygotowanie

Podziel brokuł na drobne różyczki, a czosnek posiekaj w plasterki.

Na patelnię wlej trochę wody (do wysokości 0,5 cm) i włóż różyczki brokuła. Od momentu wrzenia gotuj je przez około 4 minuty. Pod koniec gotowania, kiedy woda praktycznie wyparuje, dodaj olej kokosowy, czosnek i dopraw delikatnie solą.

Wsyp na patelnię ugotowaną komosę lub kaszę jaglaną, wymieszaj i przełóż na talerz lub do miseczki.

Serwuj z prażonym sezamem i listkami świeżej bazylii.

MOJA RADA

Komosa ryżowa działa korzystnie w zasadzie na cały układ pokarmowy, wzmacnia nerki, a w procesie trawienia jest zasadotwórcza. Kiedy połączycie ją z brokułem i czosnkiem, uzyskacie w niezwykle prosty sposób danie o wysokim potencjale prozdrowotnym. Polecam ten przepis szczególnie w profilaktycznej diecie przeciwnowotworowej. Brokuły nie powinny być zbyt długo gotowane, starajcie się też spożywać je od razu, aby nie utraciły swoich cennych właściwości.

JAGLANE BURGERY Z PIECZONEGO BURAKA I MARCHEWKI

To hit detoksu! Trzeba ich koniecznie spróbować, żeby w pełni poczuć smak zdrowej jaglano-warzywnej kuchni. W domu, w pracy czy w podróży – jaglany wegeburger z buraka lub marchewki zawsze będzie upajał smakiem i zdrowiem!

♥ ♥ ♥

Składniki na ok. 4 porcje
Burger z buraka

2–4 średnie buraki
natka pietruszki
½ szklanki ugotowanej kaszy jaglanej
½ szklanki ugotowanej cieciorki
1–2 ząbki czosnku
2 łyżki stołowe mielonego siemienia lnianego
szczypta cynamonu
szczypta kminu rzymskiego
szczypta curry
sól morska do smaku
½ małej cebuli (opcjonalnie)
oliwa
pestki dyni

Burger z marchewki

2–4 średnie marchewki
2 cm świeżego kłącza imbiru
½ szklanki ugotowanej kaszy jaglanej
1–2 ząbki czosnku
½ szklanki ugotowanej cieciorki
2 łyżki stołowe mielonego siemienia lnianego
szczypta cynamonu
szczypta curry
sól morska do smaku
uprażony sezam
sałata i domowe pesto do serwowania

Przygotowanie
Burger z buraka

Upieczone lub ugotowane buraki obierz ze skórki i zetrzyj na grubej tarce. Przełóż do dużej miski. Dodaj startą lub drobniutko posiekaną cebulę, starty lub wyciśnięty przez praskę czosnek, mielone siemię lniane, ugotowaną cieciorkę, kaszę jaglaną i przyprawy. Dopraw wszystko solą morską i zmiksuj blenderem ręcznym.

Posiekaj drobno natkę pietruszki i wymieszaj z masą. Zwilżonymi dłońmi formuj kształtne burgery i układaj na blaszce wyłożonej pergaminem. Posyp każdego burgera pestkami dyni. Piecz około 20 minut w temperaturze 180°C. Odstaw, aby trochę ostygły.

Burger z marchewki

Obraną i pokrojoną w kawałki marchewkę ugotuj na parze lub owiń pergaminem i piecz przez około 30 minut w temperaturze 180°C. Kiedy przestygnie, przełóż ją do dużej miski. Dodaj starty imbir, mielone siemię lniane, ugotowaną cieciorkę, kaszę jaglaną i przyprawy. Dopraw wszystko solą morską i zmiksuj blenderem ręcznym.

W razie potrzeby dodaj trochę wody lub kaszy jaglanej, aby uzyskać właściwą konsystencję. Powinna być dość zwarta. Formuj zwilżonymi dłońmi kształtne burgery i układaj na blaszce wyłożonej pergaminem. Posyp każdego burgera uprażonym sezamem. Piecz około 20 minut w temperaturze 180°C. Odstaw, aby trochę ostygły.

PIECZONY DORSZ I ŁOSOŚ Z WARZYWAMI I ANANASEM

Ten miszmasz z pieczonego dorsza i łososia w orientalnym stylu zadowoli każdego, kto lubi ryby. Wystarczy kwadrans w rozgrzanym piekarniku, aby podczas programu Jaglany Detoks rozkoszować się zdrową i kolorową ucztą!

♥

Składniki na 1 porcję

100 g filetu z łososia bez skóry
100 g filetu z dorsza bez skóry
kawałek brokuła
1 średnia marchewka
fenkuł (opcjonalnie)
½ szklanki świeżego ananasa
2 rozgniecione ząbki czosnku
⅓ łyżeczki nasion kopru włoskiego
szczypior lub czerwona cebula
pomidorki koktajlowe
oliwa
świeża bazylia do dekoracji
1 cm świeżego kłącza imbiru (opcjonalnie)
sól morska lub himalajska
uprażony sezam (opcjonalnie)
ugotowana komosa ryżowa (opcjonalnie)
cytryna lub limonka

Przygotowanie

Rozgrzej piekarnik do temperatury 190°C. Ryby umyj, osusz i pokrój w mniejsze kawałki. Przełóż do miseczki.

Marchewkę i fenkuł potnij w cienkie paseczki lub talarki, ananasa w kostkę, a brokuły podziel na różyczki.

Rozłóż kawałek folii aluminiowej i większy arkusz papieru do pieczenia. Rozłóż na nim warzywa, rozgnieciony czosnek, szczypior i kawałki ananasa. Dodaj pomidorki koktajlowe oraz kawałki ryby. Skrop oliwą i dopraw solą.

Zawiń pergamin i folię aluminiową tak, aby powstała kwadratowa paczuszka zamknięta od góry. Włóż do rozgrzanego piekarnika na 15–20 minut.

Danie serwuj skropione sokiem z cytryny lub limonki i obsypane sezamem oraz listkami bazylii.

MOJA RADA

Kiedy paczuszka się upiecze, rozwińcie delikatnie papier i złóżcie jego brzegi do wewnątrz, a uzyskacie wspaniały rustykalny talerz, na którym obok ryby z warzywami możecie położyć ugotowaną wcześniej komosę ryżową lub pełnoziarnisty ryż. Ryby w procesie trawienia są zakwaszające – żeby uzyskać właściwą równowagę kwasowo-zasadową, warto dodać dwukrotnie więcej warzyw niż ryby. Ananas, który wspaniale komponuje się smakowo z łososiem, po upieczeniu będzie lekkostrawny, a zawarta w nim bromelina pomoże lepiej przetworzyć białko. Polecam zatem ten przepis na wczesną kolację.

GULASZ MAROKAŃSKI Z DYNIĄ, CUKINIĄ I CIECIERZYCĄ, KASZA JAGLANA À LA KUSKUS Z MIGDAŁAMI I GRANATEM

Kuchnia marokańska jest niezwykle kolorowa i aromatyczna. To danie, inspirowane orientalną kuchnią, przeniesie was wprost do Marrakeszu!

♥ ♥ ♥

Składniki na 2–4 porcje

200 g dowolnej dyni (polecam hokkaido)
1 średnia cukinia
1–2 cebule
4 daktyle
2–3 cm świeżego kłącza imbiru
½ szklanki ugotowanej ciecierzycy
2–3 ząbki czosnku
5–8 pomidorów bez skórki w zależności od wielkości lub 2 puszki konserwowych
skórka z ½ cytryny (opcjonalnie)
olej kokosowy do smażenia
sól morska do smaku
świeża kolendra (opcjonalnie)
kasza jaglana à la kuskus

Mieszanka przypraw

½ łyżeczki cynamonu mielonego
½ łyżeczki nasion kolendry
½ łyżeczki kurkumy
1 łyżeczka łagodnego curry
1 łyżeczka nasion kminu rzymskiego (opcjonalnie)
1 łyżeczka nasion kopru włoskiego (opcjonalnie)

Przygotowanie

Utrzyj w moździerzu lub zmiksuj mieszankę przypraw. Imbir i czosnek zetrzyj na drobnej tarce.
Obierz dynię (hokkaido nie trzeba obierać) i pokrój w równą kostkę, posól delikatnie i piecz przez około 15 minut w piekarniku rozgrzanym do temperatury 180°C. Przed pieczeniem możesz oprószyć dynię szczyptą wcześniej przygotowanej mieszanki przypraw.
Na patelni obsmaż pokrojoną w kostkę i doprawioną odrobiną soli morskiej cukinię (jeśli jest większa, możesz usunąć gniazda nasienne). Przełóż ją do miseczki.
Do rozgrzanej patelni lub garnka dodaj olej kokosowy i podsmażaj pokrojoną w piórka cebulę, a po chwili wsyp kolejno mieszankę przypraw, starty imbir, drobno posiekany lub wyciśnięty przez praskę czosnek. Smaż około 30 sekund, stale mieszając. W razie potrzeby dodaj jeszcze trochę oleju kokosowego.
Wrzuć pomidory z puszki lub świeże, obrane i pokrojone w kawałki, a następnie daktyle pokrojone w cienkie paseczki. Dopraw wszystko solą i gotuj około 10 minut pod przykryciem na średnim palniku. Jeżeli dodajesz mniej pomidorów, wlej szklankę wrzątku, aby sos nie był zbyt gęsty.
Dodaj ugotowaną ciecierzycę oraz skórkę startą z cytryny. Przykryj i gotuj gulasz na wolnym ogniu jeszcze przez około 10 minut. Następnie dodaj cukinię, dynię i delikatnie wymieszaj. Spróbuj i dopraw w razie potrzeby.
Gulasz serwuj ze świeżą kolendrą, z kaszą jaglaną lub komosą ryżową i z dodatkiem prażonego sezamu lub czarnuszki.

KASZA JAGLANA Z PIECZONĄ MARCHEWKĄ, CUKINIĄ I BROKUŁEM

Kasza jaglana z warzywami to wspaniały pomysł na szybki obiad lub kolację w ramach programu Jaglany Detoks. W połączeniu z upieczoną marchewką, oregano, kurkumą i bazylią zapali was do radosnego smakowania roślinnej kuchni!

♥ ♥ ♥

Składniki na 2–3 porcje

1 szklanka ugotowanej kaszy jaglanej
½ brokuła
1 mała cukinia
kilka pomidorków koktajlowych
2 marchewki
2 cm świeżego kłącza imbiru
2 ząbki czosnku
1 mała czerwona cebula
⅓ łyżeczki oregano
⅓ łyżeczki kurkumy
szczypta suszonego tymianku
1 łyżeczka sezamu (opcjonalnie)
kilka listków świeżej bazylii
oliwa
sól morska lub himalajska do smaku

Przygotowanie

Rozgrzej piekarnik do temperatury 180°C. Marchewkę obierz ze skórki, potnij w dwucentymetrowe kawałki, przełóż do miseczki z imbirem i ząbkiem czosnku, startymi wcześniej na drobnej tarce. Dopraw solą i skrop oliwą. Wymieszaj i wyłóż na blaszkę wyłożoną pergaminem. Piecz 10–15 minut. Pilnuj, aby marchewka się nie przypaliła.

Cukinię pokrój w kawałki, czosnek w plasterki, cebulę w piórka, a brokuł podziel na drobne różyczki, odkrawając twardą cześć. Wlej na patelnię troszkę wody i gotuj brokuły przez około 4 minuty. Przełóż do miski.

Na rozgrzaną głęboką patelnię lub wok wlej oliwę i smaż cukinię przez 2 minuty, lekko doprawiając solą. Po chwili dodaj cebulkę, pomidorki, czosnek, oregano, kurkumę, tymianek i jeszcze chwilkę obsmażaj. Dodaj upieczoną marchewkę, brokuły, dopraw jeszcze solą, a w razie potrzeby także trochę oliwy.

Na minutę przed końcem smażenia dodaj kaszę jaglaną, świeżą bazylię i dobrze wymieszaj. Danie serwuj skropione oliwą.

MOJA RADA

Jeżeli zdecydujecie się na dodatek sezamu, poczujecie charakterystyczny akcent arabski. Sprawi to połączenie tymianku i sezamu, które przypomina w smaku zatar, czyli popularną przyprawę tamtejszej kuchni. Sezam w diecie detoksykacyjnej jest dosyć istotny. Te małe ziarenka działają bowiem nawilżające na jelito, a nie w pełni strawione pomagają w oczyszczaniu kosmków jelitowych. Podobnie działa siemię lniane, więc jeżeli nie przepadacie za sezamem, dodajcie ziarenka lnu.

PIECZONY POMIDOR Z KASZĄ JAGLANĄ I CUKINIĄ

W sezonie letnim mamy w Polsce chyba najlepsze pomidory na świecie! Przez kilka miesięcy możemy się nimi cieszyć, więc nie zwlekajcie, tylko wypełnijcie je po brzegi jaglanym farszem i zjedzcie na oczyszczającą kolację!

♥ ♥

Składniki na 1 porcję

1 większy pomidor
½ szklanki kaszy jaglanej
¼ cukinii
½ małej czerwonej cebuli
1 ząbek czosnku (opcjonalnie)
szczypta oregano
szczypta kurkumy
olej kokosowy do smażenia
sól morska lub himalajska do smaku

Przygotowanie

Pomidor umyj i odetnij ostrym nożem górną część. Wydryluj gniazdo i usuń pestki, a pozostałą cześć przełóż do miseczki.

Cukinię pokrój w bardzo drobną kostkę, usunąwszy wcześniej gniazdo nasienne. Wsyp do miseczki, zamarynuj na chwilkę w oliwie i przyprawach, doprawiając szczyptą soli. Podsmaż cukinię przez około 2 minuty, a następnie dodaj wydrylowany miąższ pomidora, drobno pokrojoną cebulkę i starty lub przeciśnięty przez praskę czosnek. Po chwili wsyp też kaszę jaglaną. Poddusj jeszcze przez 1–2 minuty, wymieszaj, spróbuj i dopraw w razie potrzeby. Przełóż do miseczki.

Wypełnij pomidora farszem, przykryj odciętym wcześniej wierzchem i wstaw do rozgrzanego piekarnika. Zapiekaj na blaszce wyłożonej pergaminem przez około 15 minut w temperaturze 190°C.

MOJA RADA

To naprawdę hiperekspresowy przepis na danie, które wspaniale smakuje i daje uczucie sytości. Jeżeli nie uda się wam kupić jednego większego pomidora, przygotujcie sobie dwa średniej wielkości. Nie bez przyczyny oregano i kurkuma dość często występują w przepisach diety oczyszczającej. To jedna z lepszych kombinacji w leczniczej i profilaktycznej diecie, wspomagającej kanały detoksykacyjne. Działają antynowotworowo i niszczą środowisko grzybów oraz pleśni, często zalegających w jelitach. Kurkuma wspiera pracę wątroby – największego organu odtruwającego naszą krew. Pamiętajcie, aby jak najczęściej dodawać wymienione przyprawy do swoich dań, również po zakończeniu programu Jaglany Detoks!

JAGLANE RATATOUILLE Z CUKINIĄ I FENKUŁEM

Warzywne dania z kaszą jaglaną są niezwykle wskazane przed programem oczyszczającym, w jego trakcie i po nim. Można je przygotować bardzo szybko z łatwo dostępnych produktów. Odpowiednio przyprawione zapewnią skuteczną detoksykację!

♥ ♥ ♥

Składniki na 2–4 porcje

1 duży fenkuł lub 2 mniejsze (bulwa kopru włoskiego)
3–4 pomidory lub 1 puszka pomidorów bez skórki
2 średnie cukinie
świeży tymianek
1 cebula
½ łyżeczki kurkumy
olej kokosowy do smażenia
szklanka ugotowanej kaszy jaglanej do serwowania

Do pasty pomidorowej

3 suszone pomidory z zalewy
gałązka świeżego rozmarynu lub ½ łyżeczki suszonego
1 ząbek czosnku
2 cm kłącza świeżego imbiru
2 łyżki oliwy
sól morska lub himalajska do smaku
½ łyżeczki nasion kopru włoskiego (opcjonalnie)
kilka listków świeżej bazylii (opcjonalnie)

Przygotowanie

Najpierw przygotuj pastę z suszonych pomidorów. Zmiksuj wszystkie składniki blenderem. Spróbuj i dopraw w razie potrzeby.
Pokrój cukinię na cienkie podłużne części .
Pokrój fenkuł na cząstki, odcinając stwardniałą część i pozostawiając tylko tyle, żeby utrzymywała resztę „piórek".
Rozgrzej na patelni olej kokosowy i obsmaż fenkuł. Przełóż do miseczki. Dodaj troszkę oleju i obsmażaj cukinię, aż lekko zmięknie, następnie wrzuć cebulę. Dopraw delikatnie solą. Po chwili dodaj pastę pomidorową, świeży tymianek oraz wcześniej obsmażony fenkuł. Pozostaw trochę tymianku do dekoracji.

Dodaj pomidory, kurkumę i gotuj jeszcze przez chwilę. Kiedy warzywa zmiękną, spróbuj sos i dopraw w razie potrzeby. Gulasz serwuj z kaszą jaglaną, udekorowany świeżym tymiankiem.

MOJA RADA

To jedno z moich ulubionych dań warzywnych! Fenkuł, czyli bulwa kopru włoskiego, jest dostępny w lepszych supermarketach lub warzywniakach. Można go przechowywać dość długo w lodówce i świetnie nadaje się do wyciskanych soków, najlepiej w połączeniu z jabłkiem i granatem. Koper włoski to – zgodnie z medycyną św. Hildegardy – jedna z ważniejszych roślin leczniczych. Jest w pełni przyswajany przez nasz organizm i ciepły termicznie w procesie trawienia, więc po zjedzeniu gulaszu z jego dodatkiem na długo poczujecie przyjemne lekko rozgrzewające wrażenie. Jeżeli nie uda się wam kupić fenkułu, przygotujcie to danie z większą ilością pomidorów lub dodajcie trochę upieczonej dyni hokkaido.

LE CREUSET

RYŻOWE PIEROŻKI Z JAGLANO--SZPINAKOWYM NADZIENIEM I SUSZONYM POMIDOREM

Papier ryżowy może być niezwykle pomocny w przygotowaniu wspaniałych gotowanych na parze pierożków z jaglanym nadzieniem. To danie można zjeść jako lekką, oczyszczającą kolację w azjatyckim stylu!

♥ ♥

Składniki na 10–15 pierożków

250 g szpinaku drobnolistnego lub jarmużu
½ szklanki ugotowanej kaszy jaglanej
2 cm świeżego kłącza imbiru
2–4 suszone pomidory z zalewy
1 ząbek czosnku
olej kokosowy do smażenia
szczypta mielonej gałki muszkatołowej
sól morska lub himalajska do smaku
15 arkuszy papieru ryżowego

Przygotowanie

Suszone pomidory pokrój drobno i przełóż do miseczki.

Szpinak umyj i zostaw na sitku. Imbir i czosnek zetrzyj na drobnej tarce.

Na patelni rozgrzej olej kokosowy i na większym ogniu podsmażaj partiami szpinak. Dodaj starty imbir i czosnek, dopraw solą oraz gałką muszkatołową. Kiedy szpinak będzie całkowicie miękki, dodaj kaszę jaglaną i kawałeczki suszonego pomidora. Chwilkę mieszaj i odstaw do ostygnięcia.

Do patelni lub innego okrągłego naczynia wlej ciepłą wodę i zanurz arkusz papieru ryżowego. Po chwili, kiedy zmięknie, wyjmij go i połóż na czystej ściereczce, aby odsączyć nadmiar wody. Następnie rozłóż arkusz na desce kuchennej, a na środku umieść łyżkę nadzienia.

Zawijaj delikatnie farsz tak, aby dolna część pierożka była podwójna. Obróć, zwiń górne końce i przyciśnij. Garnek do gotowania na parze lub bambusowy koszyczek wyściel pergaminem, ułóż na nim pierożki i gotuj na parze przez 2–4 minuty. Serwuj ciepłe z uprażonym sezamem.

MOJA RADA

Któż z nas nie lubi pysznych pierożków gotowanych na parze?! Ten przepis polecam w trakcie detoksu na wykwintną kolację. Przygotujecie je naprawdę bardzo szybko! Jestem przekonany, że każdy z was skusi się na ten efektowny przepis, który – mam nadzieję – zagości w waszym menu już na stałe! W ten sam sposób można przygotować ekspresowe pierożki z jagodami (lub prażonym jabłkiem), kaszą jaglaną i cynamonem.

ZIELONE DETOKS CURRY Z ŁOSOSIEM I BROKUŁEM!

Kuchnia azjatycka jest jedną ze zdrowszych na świecie. Moja wariacja na temat tego błyskawicznego orientalnego dania niezwykle urozmaica Jaglany Detoks.

♥

Składniki na 2–4 porcje

1–2 filety z łososia (bez skóry)
½ brokuła
10–15 pomidorków koktajlowych
1 puszka mleka kokosowego
świeża bazylia lub kolendra
2–3 cm świeżego kłącza imbiru
2 ząbki czosnku
1 średnia cebula
½ łyżeczki kurkumy
½ łyżeczki curry
⅓ łyżeczki nasion kopru włoskiego
ugotowany czarny lub brązowy ryż
kawałek kory cynamonu lub szczypta mielonego (opcjonalnie)
sok z ½ cytryny
uprażony sezam
sól morska lub himalajska
syrop z agawy (opcjonalnie)

Przygotowanie

Łososia dokładnie umyj, wyciągnij ości i osusz, a następnie potnij w kawałki grubości około 4 cm. Posól i odstaw na chwilkę do lodówki. Brokuł podziel na drobne różyczki i przełóż do miseczki.

Imbir obierz i posiekaj w cienkie paseczki, czosnek w płatki, a cebulkę w nieco grubsze piórka. Pomidorki możesz przekroić na pół.

Do głębokiego garnka lub woka wlej mleko kokosowe. Kiedy się zagotuje, dodaj imbir, nasiona kopru, cynamon, curry, czosnek i po chwili cebulę. Wrzuć pomidorki i różyczki brokuła. Gotuj 2–4 minuty. Dopraw solą, spróbuj i w razie potrzeby dodaj troszkę syropu z agawy.

Wrzuć łososia i po 2–3 minutach obróć kawałki ryby na drugą stronę, żeby ugotowały się równomiernie. Skrop danie sokiem z cytryny lub limonki.

Udekoruj curry liśćmi świeżej bazylii lub kolendry, uprażonym sezamem i serwuj z pełnoziarnistym ryżem.

MOJA RADA

Jednogarnkowe dania kuchni azjatyckiej najczęściej charakteryzują się bogactwem smaków. To sekret kuchni doskonałej. Energia pożywienia rozchodzi się wtedy niemal po całym ciele, a samopoczucie po zjedzeniu takiego dania będzie zawsze doskonałe. Poczujecie radość, nasycenie i harmonię, która na długo dobrze was nastroi. Zamiast łososia możecie dodać kawałki dorsza lub innej białej ryby, a nawet zamarynowanego w startym imbirze kurczaka. Ta dziecinnie prosta propozycja na zielone curry powinna zagościć zwłaszcza u tych, którzy mają niedobór „substancji", cierpią na niedokrwistość i ogólnie czują się osłabieni. Zielone curry smakuje najlepiej z czarnym ryżem!

PIECZONE JABŁKO Z KASZĄ JAGLANĄ, ORZECHAMI WŁOSKIMI I CZERWONĄ KAPUSTĄ Z DAKTYLAMI

Pieczone jabłka zawsze są wyjątkowo atrakcyjne. Sugestywność smaku z dzieciństwa sprawia, że chętnie wybieramy przepisy z ich udziałem. Czerwona kapusta okraszona daktylami i pieczone jabłko z lekko korzennym farszem z kaszy jaglanej dadzą wam wiele radości, a po takiej kolacji zaśniecie jak Kubuś Puchatek!

♥ ♥

Składniki na 1–2 porcje

2–3 jabłka
½ szklanki ugotowanej kaszy jaglanej
3–5 orzechów włoskich
2–3 suszone daktyle
szczypta cynamonu
szczypta kardamonu (opcjonalnie)
1 łyżka oleju kokosowego lub pasty sezamowej tahini (opcjonalnie)

Do czerwonej kapusty

½ czerwonej kapusty
6 daktyli
2–3 łyżki suszonej żurawiny (opcjonalnie)
1 czerwona cebula
2–3 łyżki octu balsamicznego
sól morska lub himalajska do smaku
2 liście laurowe
½ łyżeczki mielonego cynamonu lub 3 cm kory cynamonowca
⅓ łyżeczki mielonych goździków (opcjonalnie)
olej kokosowy

Przygotowanie

Z jabłek odetnij wierzchnią część i wydrąż gniazda, ułóż na blaszce wyłożonej papierem do pieczenia i piecz przez około 10 minut w temperaturze 180°C.
Ugotowaną kaszę jaglaną wymieszaj z olejem koksowym lub pastą tahini. Dodaj posiekane orzechy włoskie, daktyle i cynamon. Podpieczone jabłka ułóż na blaszce wyłożonej pergaminem i wypełnij kaszą. Przykryj odkrojonymi wcześniej wierzchami i zapiekaj do miękkości. Podczas pieczenia kontroluj, aby jabłka się nie rozpadły. Czas zapiekania zależy od gatunku jabłek.

Kapustę posiekaj w drobne paseczki, a cebulę w piórka, następnie poddus na patelni z dodatkiem oleju kokosowego. Dodaj pokrojone drobno daktyle, cynamon (mielony lub korę), liście laurowe. Skrop kapustę octem balsamicznym, dodaj szczyptę soli morskiej oraz mielone goździki, a pod koniec duszenia wsyp żurawiny.

MOJA RADA

W trakcie detoksu warto mieć zawsze pod ręką trochę ugotowanej kaszy jaglanej. Można ją sobie na przykład ugotować na dwa, trzy dni, przechowywać w lodówce i dodawać do wielu potraw. Jeśli wracacie późno z pracy, a pod ręką macie ugotowaną kaszę, zanim rozgrzeje się piekarnik, zdążycie wydrylować jabłka i przygotować ekspresowy jaglano-orzechowy farsz. Kapustę warto przygotować dzień wcześniej. Będzie gotowa do podgrzania, a jak wiadomo, następnego dnia kapusta jest o wiele smaczniejsza!

BURGER Z INDYKA Z CUKINIĄ I MARCHEWKĄ

Kto z nas nie lubi wspaniałych soczystych burgerów?! Jeżeli zdecydujecie się na włączenie drobiu do waszego programu Jaglany Detoks, koniecznie spróbujcie tego indyczego burgera z dodatkiem tartej marchewki oraz cukinii.

♥

Składniki na 2–4 porcje

150 g mielonego mięsa indyczego (z indyka zagrodowego!)
½ małej cukinii
1 mała marchewka
½ czerwonej cebuli
½ łyżeczki mielonych nasion kopru włoskiego (opcjonalnie) lub suszony koperek
szczypta kurkumy
szczypta curry (opcjonalnie)
1–2 ząbki czosnku
3–4 łyżeczki mielonego siemienia lnianego
½ łyżeczki mielonej kolendry
sól morska lub himalajska do smaku
2 łyżki posiekanej drobno natki pietruszki
½ łyżeczki octu balsamicznego (opcjonalnie)

Do serwowania

kilka cienkich plastrów jabłka
1 czerwona cebula
liście sałaty rzymskiej lub innej
1 pomidor
plaster grillowanej cukinii
1 pieczony burak
sos pietruszkowy (przepis na s. 252)

Przygotowanie

Mięso dopraw solą, dodaj drobniutko pokrojoną cebulkę, starty lub przeciśnięty przez praskę czosnek oraz przyprawy. Wymieszaj dokładnie dłońmi albo drewnianą łyżką.
Cukinię przekrój wzdłuż i odetnij gniazdo nasienne, zetrzyj razem z marchewką na drobnej tarce. Dopraw delikatnie solą, a po kilku minutach odciśnij mocno wodę i przełóż warzywa do miski z indykiem. Wsyp siemię lniane i natkę pietruszki. Wymieszaj, aby powstała jednolita masa i zwilżonymi w zimnej wodzie dłońmi uformuj kształtne burgery, układając je na blaszce wyłożonej pergaminem.

Rozgrzej piekarnik do temperatury 190°C i piecz w termoobiegu przez około 25 minut. Po upływie 20 minut możesz przełączyć piekarnik na grillowanie. Natnij lekko burgera na środku i sprawdź, czy się upiekł. Jeżeli uznasz, że jest niedopieczony, pozostaw burgery w rozgrzanym piekarniku jeszcze na 5–10 minut.

Burgery serwuj na liściu sałaty z pieczonym burakiem, plasterkami jabłka i plastrem grillowanej cukinii. Doskonałym dodatkiem będzie sos pietruszkowy albo bazyliowe pesto!

MOJA RADA

Mięso zakwasza organizm, jednak w tym przepisie warzyw jest dwukrotnie więcej, dzięki czemu po strawieniu uzyskacie praktycznie neutralne, wręcz lekko zasadowe środowisko (w zależności, ile dodacie warzyw, a szczególnie pieczonego buraka i natki pietruszki). Burgery można przechować w lodówce i śmiało odgrzać je następnego dnia.

KASZA GRYCZANA Z KALAFIOREM, GRANATEM Z NUTĄ CURRY I DRESSINGIEM IMBIROWYM

Kuchnia wegetariańska jest nie tylko kolorowa, ale również sycąca i rozgrzewająca. Warto jak najszybciej wypróbować połączenie gryki i kalafiora w curry z soczystym granatem i nutą imbiru.

♥ ♥

Składniki na 2 porcje

½ kalafiora
ziarenka granatu
olej kokosowy
1 ½ szklanki ugotowanej kaszy gryczanej
natka pietruszki
½ łyżeczki przyprawy curry
sól morska lub himalajska

Do dressingu

2 cm świeżego kłącza imbiru
¼ szklanki oliwy
sól morska lub himalajska do smaku
sok z ½ cytryny
1 łyżka syropu z agawy lub innego dowolnego

Przygotowanie

Wymieszaj w miseczce lub słoiku wszystkie składniki dressingu. Spróbuj i dopraw według uznania.

Umyj kalafior, podziel go na drobne różyczki i ugotuj w lekko osolonej wodzie. Odlej wodę i dodaj do garnka trochę oleju kokosowego oraz przyprawę curry. Podsmażaj około 2 minuty i odstaw.

Dodaj składniki do miseczki i serwuj skropione dressingiem.

MOJA RADA

Curry wspaniale ożywia smak kalafiora. Przyprawa ta ma dużo antyoksydantów i jest już niezwykle popularna w naszej kuchni. Zdecydowałem się zamieścić w książce przepis na to danie, ponieważ na naszych turnusach postu jaglanego jest bardzo chwalone przez wszystkich uczestników. Kiedyś nie przepadałem za kalafiorem, ale ta potrawa od razu przypadła mi do gustu i teraz wcinam ją bardzo często. Jest wspaniale nawilżająca, lekkostrawna i śmiało można ją także spożywać jako zimną sałatkę. Charakterystyczny smak gryki doskonale kontrastuje z pozostałymi składnikami, a cytrynowo-imbirowy dressing dodaje rozgrzewającej, nieco ostrej i świeżej nuty, która ożywia pozostałe smaki. W niezwykle prosty sposób przygotujecie sobie zdrowe i pełne koloru danie na detoks, które z powodzeniem możecie zabrać z sobą nawet w dłuższą podróż.

ZAPIEKANA CUKINIA Z KASZĄ JAGLANĄ, JARMUŻEM, SUSZONYM POMIDOREM I NUTĄ OREGANO

Cukinia w naszej kulturze kulinarnej jest bardzo popularna. W trakcie detoksu, łącząc ją z jarmużem, kaszą jaglaną i suszonymi pomidorami, można zamienić ją w odkwaszający wulkan. Subtelna nuta oregano wprowadzi zaś was w upojne klimaty śródziemnomorskiej kuchni!

♥ ♥ ♥

Składniki na 2–3 porcje

- 1–2 cukinie
- ⅔ szklanki ugotowanej kaszy jaglanej
- 1 szklanka listków jarmużu (bez stwardniałych części)
- 3–4 suszone pomidory z zalewy
- szczypta gałki muszkatołowej
- szczypta suszonego oregano
- 1 ząbek czosnku
- olej kokosowy do smażenia
- 1 cm świeżego kłącza imbiru (opcjonalnie)
- nasiona słonecznika (do serwowania)

Przygotowanie

Przetnij cukinie wzdłuż i wydryluj gniazda nasienne. Posmaruj oliwą, dopraw delikatnie solą i dopiecz około 10 minut w piekarniku rozgrzanym do temperatury 180°C. Wyjmij i odstaw.

Przygotuj farsz. Posiekaj umyty wcześniej jarmuż. Pomidory potnij na drobne kawałki. Rozgrzej na patelni trochę oleju kokosowego, dodaj jarmuż, dopraw solą i gałką muszkatołową, obsmażaj, aż zmięknie. Dodaj pomidory i roztarte w dłoni oregano. Spróbuj i dopraw. Wsyp ugotowaną kaszę jaglaną, wymieszaj i smaż jeszcze przez minutę.

Wypełnij farszem podpieczone połówki cukinii i wstaw ponownie do piekarnika na około 10 minut. Serwuj z uprażonym na suchej patelni słonecznikiem lub płatkami migdałów.

MOJA RADA

To danie powinno gościć w waszej kuchni jak najczęściej – zarówno w trakcie programu, jak i w codziennej diecie. Jarmuż ma bowiem niezwykle mocne właściwości alkalizujące, to drugi na świecie najzdrowszy produkt roślinny, a można go już kupić praktycznie przez cały rok w niemal każdym supermarkecie. W mojej lodówce jarmuż jest zawsze! Ma mnóstwo witamin i może być składnikiem wielu wyśmienitych dań! Polecam go szczególnie do porannych zup makrobiotycznych, a z kaszą jaglaną i dynią tworzy zasadowy wulkan!

ROLADKI DROBIOWE Z JARMUŻEM I SUSZONYM POMIDOREM Z KASZĄ JAGLANĄ I PESTO

Te atrakcyjne roladki można przygotować błyskawicznie! Jarmuż jest już dostępny w supermarketach przez niemal cały rok. Wraz z suszonym pomidorem zafunduje wam prowansalską ucztę, a w zestawie z kaszą jaglaną, domowym bazyliowym pesto oraz ulubioną sałatką danie to będzie wyjątkowo zdrowe i sycące!

♥

Składniki na 1–2 porcje

1 pierś kurczaka zagrodowego lub ⅓ piersi indyczej
2 szklanki listków jarmużu (bez stwardniałych części)
2 szklanki ugotowanej kaszy jaglanej
szczypta gałki muszkatołowej
2–3 suszone pomidory z zalewy
szczypta oregano lub ziół prowansalskich
sól morska lub himalajska do smaku
1 ząbek czosnku
rukola lub roszponka do serwowania
oliwa do skropienia dania

Do pesto

1 szklanka natki pietruszki
1 mały ząbek czosnku
szczypta soli do smaku
sok z ½ cytryny
3–4 uprażone migdały
¼ szklanki wody źródlanej

Przygotowanie

Zmiksuj wszystkie składniki pesto i wymieszaj z ugotowaną kaszą jaglaną.
Jarmuż umyj i drobno posiekaj. Suszone pomidory pokrój w cienkie paski. Pierś kurczaka lub indyka umyj, osusz i potnij na cienkie sznycelki. Dopraw solą i roztartymi w dłoniach ziołami prowansalskimi lub oregano.

Obsmaż na patelni jarmuż z dodatkiem startego lub wyciśniętego przez praskę czosnku, dopraw gałką muszkatołową i solą. Odstaw na chwilkę do ostygnięcia.
Na sznycelki połóż jarmuż i suszonego pomidora, a następnie zwijaj delikatnie, spinając roladki wykałaczkami.
Rozgrzej piekarnik do temperatury 190°C. Roladki obsmaż delikatnie na oleju kokosowym i wstaw na 10 minut do piekarnika. Wyciągnij wykałaczki i potnij mięso na kawałki.

Danie skrop oliwą i serwuj z ulubioną sałatą.

MOJA RADA

Jeżeli zdecydujecie się na program Jaglany Detoks z udziałem ryb i drobiu, pamiętajcie, że aby utrzymać równowagę kwasowo-zasadową, należy łączyć białko zwierzęce z bardzo alkalizującymi produktami tak, jak w tym przepisie, bo jarmuż, pesto z natki pietruszki, kasza jaglana i rukola są zasadotwórcze. Aby lepiej strawić to danie, postarajcie się spożyć roladki na samym końcu. Rozpocznijcie od sałatki skropionej oliwą lub ulubionym dressingiem, następnie wcinajcie kaszę i dopiero roladki. W ten sposób poczujecie więcej smaku i poprawicie trawienie. Przed posiłkiem wypijcie napar z kopru włoskiego!

SAŁATKI

SAŁATKA Z ŁOSOSIEM W SEZAMIE I GREJPFRUTEM

Sałatka podczas detoksu to podstawa! Polecam sprawdzone połączenie łososia z grejpfrutem i rukolą jako solidną porcję zdrowia, a przy okazji lekką i pyszną kolację.

♥

Składniki na 2 porcje

250 g świeżego łososia
150 g rukoli lub innej sałaty
1 średni grejpfrut
kilka listków bazylii
1 łyżeczka białego sezamu
sól morska do smaku
¼ świeżego ananasa (opcjonalnie)

Do dressingu

¼ szklanki oliwy
2 cm świeżego kłącza imbiru
1 łyżeczka syropu z agawy
sok z ½ cytryny
sól morska do smaku

Przygotowanie

Imbir zetrzyj na drobnej tarce. Wymieszaj dokładnie wszystkie składniki dressingu i dopraw delikatnie solą morską. Spróbuj – w smaku powinien być delikatnie słodko-kwaśny.

Ananasa przekrój na pół i wytnij wzdłuż dwa trójkątne kawałki. Podetnij skórkę nożem, ale nie odcinaj jej do końca. Dzięki temu ananas nie rozpadnie się podczas grillowania. Grilluj go z obu stron.

Umyj dokładnie łososia i osusz go papierowym ręcznikiem. Wyjmij ości i potnij mięso na równe, około 2,5-centymetrowe kwadraty. Dopraw solą morską i obsmażaj bez dodatku tłuszczu na patelni grillowej lub ceramicznej typu non-stick. Następnie włóż kawałki ryby do miseczki z uprażonym wcześniej na suchej patelni sezamem. Obtaczaj delikatnie z każdej strony.

Grejpfrut obierz ze skórki i potnij w kawałki podobnej wielkości co rybę.

W misce ułóż umytą rukolę, listki bazylii, grejpfruta, łososia i skrop wszystko dressingiem. Serwuj z grillowanym ananasem.

MOJA RADA

Uwielbiam tę sałatkę! Polecam ją – szczególnie na kolację – wszystkim tym, którzy pragną podczas detoksu znaczniej zredukować wagę. Ryby są dość kwasotwórcze, jednak grejpfrut i spora ilość sałaty o alkalizującym charakterze wspaniale równoważą to danie, które jest lekko zasadowe. Jeżeli zdecydujecie się na dodatek grillowanego ananasa, wiedzcie, że posiada on enzym o nazwie bromelina, który wspomaga procesy trawienne, zmniejszając zgagę i inne zakłócenia ze strony żołądka.

SAŁATKA Z KASZĄ JAGLANĄ, AWOKADO, POMIDORKIEM I GRANATEM

Awokado jest wyjątkowo odżywcze, granat i grejpfrut bogate w witaminy, a kaszy jaglanej jako doskonałego dodatku do sałatek reklamować nie trzeba. Nie zwlekajcie i jak najszybciej przygotujcie sobie ten kolorowy zestaw oczyszczający!

♥ ♥ ♥

Składniki na 1–2 porcje

⅔ szklanki ugotowanej kaszy jaglanej
pomidorki koktajlowe
granat
½ dojrzałego awokado
200 g rukoli
1 łyżka siemienia lnianego
1 grejpfrut
bazylia lub świeże oregano do dekoracji (opcjonalnie)

Do dressingu

¼ szklanki oliwy
1 łyżeczka octu balsamicznego
1 łyżka ksylitolu
½ łyżeczki suszonego oregano
½ ząbka czosnku
szczypta soli morskiej lub himalajskiej do smaku

Przygotowanie

Przygotuj dressing. Rozetrzyj w dłoniach oregano, niemalże na proszek. Dodaj wraz z pozostałymi składnikami dressingu do słoiczka z zakrętką i dokładnie wymieszaj, potrząsając energicznie. Wyłuskaj ziarenka granatu, z części możesz wycisnąć sok do dressingu. Awokado potnij na kawałki. Włóż do miski pozostałe składniki, polej dressingiem, delikatnie wymieszaj i serwuj z uprażonym wcześniej siemieniem lnianym oraz listkami bazylii lub oregano.

MOJA RADA

Równowaga kwasowo-zasadowa jest kluczem do lepszego zdrowia. W kwaśnym środowisku szybciej dochodzi do rozmnażania się wszelkich grzybów, pleśni oraz pasożytów. Odpowiednie posiłki, w których znajdują się produkty spożywcze o działaniu wspomagającym odbudowę wspomnianej równowagi sprawią, że organizm lepiej poradzi sobie z usuwaniem wymienionych czynników patogenicznych. Zarówno awokado, jak i grejpfrut to owoce, które wprowadzają wysoce zasadowe środowisko, ta sałatka jest zatem idealna podczas diety detoksykacyjnej. Owoce te mają również działanie grzybobójcze. Dressing z dodatkiem oregano i nutą czosnku, niezwykle wskazanych w leczeniu grzybicy, sprawi, że w jednej sałatce powstanie jedna z najlepszych kombinacji do walki z kandydozą! Większość składników tej sałatki ma działanie schładzające, dlatego osobom wychłodzonym polecam ją raczej w cieplejsze dni.

SAŁATKA NA CIEPŁO Z PIECZONĄ DYNIĄ, BROKUŁEM, KOMOSĄ RYŻOWĄ I PRAŻONYMI PESTKAMI DYNI

Ta pożywna kompozycja z komosą ryżową to doskonały pomysł dla wszystkich, którzy lubią wcinać sałatki przez cały rok. Nawet w chłodne dni zapewni wam wyjątkową dawkę ciepła, energii oraz witamin!

♥ ♥

Składniki na 1–2 porcje

½ szklanki ugotowanej komosy ryżowej lub kaszy jaglanej
szklanka pokrojonego brokuła
1 szklanka pokrojonej w kostkę dyni
ziarenka granatu
2 łyżki pestek dyni
olej kokosowy
szczypta cynamonu
listki bazylii do dekoracji

Do dressingu

1 ½ cm świeżego kłącza imbiru
oliwa
sól morska lub himalajska do smaku
sok z ½ cytryny
1 łyżka syropu z agawy lub daktylowego

Przygotowanie

Rozgrzej piekarnik do temperatury 180°C, dynię dopraw solą i skrop delikatnie oliwą. Piecz przez około 15 minut. Możesz również ugotować ją na parze.

Brokuły podziel na malutkie różyczki i wraz z ząbkiem czosnku wrzuć na patelnię. Zalej wodą (do połowy poziomu brokułów), delikatnie posól i gotuj 4 minuty.

Przygotuj dressing. Wymieszaj wszystkie składniki w słoiku lub w małej miseczce i spróbuj. Dopraw według uznania.

Na patelni rozgrzej odrobinę oleju kokosowego, wsyp pestki dyni i szczyptę cynamonu i praż przez 1 minutę.

Przełóż do miski wszystkie składniki sałatki, wlej dressing i wszystko wymieszaj. Serwuj z uprażonymi pestkami dyni, ziarenkami granatu i listkami bazylii.

MOJA RADA

Komosa ryżowa, upieczona dynia oraz granat są w procesie trawienia rozgrzewające, więc jest to idealna propozycja dla osób wychłodzonych. Jeżeli pragniecie przeprowadzić swój detoks jesienią lub zimą, lubicie sałatki i chcielibyście w chłodne dni poczuć odrobinę lata, zapamiętajcie ten przepis i upajajcie się zdrowymi kolorami warzyw oraz niezwykle aromatycznym imbirowym dressingiem, który delikatnie podkreśla i ożywia smak tej sałatki.

SAŁATKA JAGLANA Z TUŃCZYKIEM, JARMUŻEM, OLIWKAMI I KUKURYDZĄ Z NUTĄ ESTRAGONU

Tuńczyk w połączeniu z kaszą jaglaną, jarmużem i estragonowym dressingiem to wyjątkowa atrakcja dla miłośników tej szlachetnej ryby. Dotknijcie smaku zdrowia pachnącego wspaniałą kuchnią śródziemnomorską!

♥ ♥

Składniki na 1–2 porcje

1 puszka tuńczyka w kawałkach
3 szklanki jarmużu (bez stwardniałych części) lub rukoli
kilka oliwek
½ czerwonej cebuli
2–3 łyżki kukurydzy
kiełki rzodkiewki
1 mały ząbek czosnku
szczypta soli
1 łyżka oliwy
1 szklanka ugotowanej kaszy jaglanej
pomidorki koktajlowe (opcjonalnie)

Do dressingu estragonowego

¼ szklanki oliwy
sok z ½ małej cytryny
1 mały ząbek czosnku
2 łyżeczki syropu z agawy lub daktylowego
½ łyżeczki suszonego estragonu lub oregano
½ łyżeczki musztardy pełnoziarnistej (opcjonalnie)

Przygotowanie

Jarmuż włóż do miseczki i zalej na 3–4 minuty wrzątkiem, następnie przelej zimną wodą i osusz dokładnie na ręczniku papierowym lub kuchennej ściereczce. Przełóż z powrotem do miseczki, dodaj oliwę, sok z cytryny i delikatnie dopraw solą. Wymieszaj i odstaw.

Przygotuj dressing. Dodaj wszystkie składniki do naczynia i zblenduj. Spróbuj i dopraw według uznania. Odstaw.
Cebulkę pokrój w cienkie piórka, a oliwki i pomidorki na pół.
Do miski włóż wszystkie składniki sałatki, skrop dressingiem i delikatnie wymieszaj. Serwuj z kiełkami rzodkiewki.

MOJA RADA

Kiedy w trakcie diety oczyszczającej macie ochotę na tuńczyka, możecie go ekspresowo wkomponować w sałatkę. Warto pamiętać, że celem tych kilku dni detoksu jest powrót do równowagi kwasowo-zasadowej, a ryby są w procesie trawienia kwasotwórcze. Aby właściwie to zrównoważyć, warto wybrać pozostałe składniki sałatki pod kątem ich właściwości alkalizujących. Sałatka musi być jednak smaczna, więc nie warto kierować się wyłącznie tabelami, tylko kreatywnie połączyć sprawdzone smaki. W tym przepisie jest jarmuż, który jak wiadomo ma wyjątkowe działanie odkwaszające, oraz kasza jaglana – niech w połączeniu z pietruszkowym pesto, kukurydzą, czerwoną cebulką, oliwkami oraz estragonowo-musztardowym dressingiem przeniosą was wprost nad Morze Śródziemne. W końcu to przepis inspirowany klasyczną sałatką nicejską!

CARPACCIO Z PIECZONEGO BURAKA Z KASZĄ JAGLANĄ, OLIWĄ KOPERKOWĄ I ORZECHAMI WŁOSKIMI

Burak w takim wydaniu jest niezwykle ciekawą przekąską, a także wykwintną przystawką, kiedy w trakcie detoksu zaplanujecie zaprosić gości. Koperkowa oliwa wszystkich mile zaskoczy, a wy staniecie się jaglanymi bohaterami wieczoru!

♥ ♥ ♥

Składniki na 2–4 porcje

3 średnie buraki
1 łyżka pestek dyni
3–4 orzechy włoskie
kiełki rzodkiewki
1 szklanka ugotowanej kaszy jaglanej (opcjonalnie)

Do oliwy koperkowej

½ szklanki świeżego koperku
4 łyżki oliwy
sok z ½ cytryny
½ ząbka czosnku
2–3 listki świeżej bazylii (opcjonalnie)
sól morska lub himalajska do smaku
odrobina syropu z agawy (opcjonalnie)

Przygotowanie

Rozgrzej piekarnik do temperatury 200°C. Zawiń buraki w folię aluminiową. Wcześniej skrop je delikatnie oliwą i octem balsamicznym. Piecz 45–50 minut.

Przestudź buraki, obierz delikatnie ze skórki i pokrój w cienkie plasterki.

Przygotuj sos koperkowy. Zmiksuj wszystkie składniki, dopraw solą morską i spróbuj.

Ułóż plastry buraka na talerzu jak tradycyjne carpaccio. Dodaj pozostałe składniki i skrop oliwą koperkową.

MOJA RADA

Jeżeli zdecydujecie się przygotować buraczane carpaccio, pamiętajcie, że w przepisach są jeszcze inspiracje na wspaniały krem z pieczonego buraka – warto więc upiec kilka buraków więcej. Buraki mają wyjątkowe działanie alkalizujące, wzmacniają krew, a ich słodycz po upieczeniu – w połączeniu z charakterystycznym smakiem koperkowej oliwy – naprawdę mile was zaskoczy. Nie zwlekajcie, to przepis sprawdzony na tysiącach uczestników programu Jaglany Detoks. Łącząc carpaccio z ugotowaną kaszą, możecie spokojnie odetchnąć: wasz organizm otrzymał bowiem to, co najlepsze!

SOKI, KOKTAJLE I NAPARY

KOKTAJL JAGLANY Z MUSEM MALINOWO-DAKTYLOWYM I DOMOWE MLEKO JAGLANE

Do tego wspaniałego koktajlu można po prostu dodać mleko migdałowe albo podejść do sprawy bardziej fachowo i samodzielnie przygotować wspaniałe, zdrowe mleko jaglane!

♥ ♥ ♥

Składniki na 2 porcje

- 1 szklanka mleka migdałowego, kokosowego lub jaglanego
- ½ szklanki ugotowanej kaszy jaglanej
- ½ łyżeczki kurkumy (opcjonalnie)

Do musu

- szklanka świeżych lub mrożonych malin
- 1–2 daktyle
- listki mięty

Do mleka jaglanego

- 1½ szklanki ugotowanej kaszy jaglanej
- ⅓ szklanki migdałów bez skórki lub nasion słonecznika
- 1 daktyl, ksylitol lub syrop z agawy
- mała szczypta soli morskiej lub himalajskiej
- 2½ szklanki wody źródlanej
- drobna szczypta kardamonu (opcjonalnie)

Przygotowanie

Podgrzej mleko roślinne i wsyp ugotowaną kaszę jaglaną. Dodaj daktyle, kurkumę i zmiksuj na gładki krem.

Maliny podgrzewaj na patelni przez około 30 sekund, dodaj posiekanego drobno daktyla i gotuj kolejne 30 sekund. Przełóż do naczynia i zmiksuj. Przetrzyj przez sitko, aby oddzielić pestki (jeżeli masz blender o wysokiej mocy, nie musisz tego robić). Gotowy mus malinowy możesz przechowywać w słoiczku w lodówce.

Połącz koktajl z musem malinowym i serwuj z listkami świeżej mięty lub melisy.

MOJA RADA

Mleko roślinne staje się coraz bardziej popularne. Jest łatwostrawne i w zasadzie nie ma po nim alergii pokarmowych, podczas gdy coraz więcej osób cierpi na nietolerancję kazeiny oraz laktozy zawartych w krowim mleku. Wypróbujcie ten przepis jak najszybciej, a przekonacie się, że to istna ambrozja!

Jak przygotować mleko jaglane?

Ugotowaną kaszę, migdały, daktyla i sól umieść w naczyniu blendera. Wlej wodę, najlepiej źródlaną, i zmiksuj na jednolitą konsystencję. Przelej przez sitko. Gotowe! Mleko jaglane najlepiej smakuje po przygotowaniu, ale można je również przechowywać kilka dni w lodówce.

ITALIAN
SINCE
1825

KOKTAJL LNIANY Z ANANASEM, GREJPFRUTEM I JAGODAMI GOJI

Kiedy pierwszy raz przygotowałem owocowy koktajl na bazie siemienia lnianego, byłem pod wrażeniem. Teraz nawet nasze dzieci, które na hasło „siemię lniane" uciekały w podskokach, chętnie sięgają po ten wyjątkowy napój.

♥ ♥ ♥

Składniki na 2 porcje

1 szklanka świeżego ananasa
1 grejpfrut
2 łyżki jagód goji
6 łyżek siemienia lnianego
½ litra wody źródlanej lub mineralnej
kilka listków bazylii
1 łyżka syropu z agawy lub daktylowego (opcjonalnie)
listki melisy lub mięty do dekoracji

Przygotowanie

Zagotuj wodę i wrzuć nasiona lnu. Gotuj około 10 minut, aż uzyskasz konsystencję kisielu. Oddziel ziarenka od płynu. Po zmiksowaniu możesz je wykorzystać do zagęszczania innych dań lub zupy warzywnej.

Z grejpfruta wytnij miąższ. Ananas pokrój w drobną kostkę. Jeżeli jest za mało dojrzały i zbyt kwaśny, podpraż go na oleju kokosowym. Zmiksuj owoce wraz z płynem lnianym. Koktajl-kisiel serwuj na ciepło lub w temperaturze pokojowej udekorowany jagodami goji.

MOJA RADA

Kto by pomyślał, że z siemienia lnianego można przygotować tak zdrowy, sycący i wyjątkowo smaczny koktajl. Wielu uczestników programu Jaglany Detoks na własnej skórze przekonało się o jego doskonałych właściwościach nawilżających i smakowych. Ten lniany koktajl doskonale regeneruje błonę śluzową żołądka i jelit, a przy okazji wspomaga procesy odkwaszania organizmu, grejpfrut i ananas są bowiem mocno alkalizujące. Listki bazylii dodają świeżości, a jej lekko ostry posmak podkreśla owocowy charakter koktajlu, w którym siemię lniane jest praktycznie niewyczuwalne. Osoby zmagające się z refluksem oraz zaparciami powinny zapamiętać ten przepis.

SMOOTHIE Z MANGO I MŁODEGO JĘCZMIENIA Z NUTĄ IMBIRU

Młody jęczmień doskonale odkwasza organizm. Jednak jest niezwykle charakterystyczny w smaku i pomimo wysoce alkalizującego działania ma jeszcze zbyt mało swoich zwolenników. W połączeniu z mango smakuje natomiast wybornie. To smoothie jest nie tylko źródłem witamin, ale wręcz zasadowym wulkanem, ponieważ mango jest również mocno zasadowe!

♥ ♥ ♥

Składniki na 1 porcje

1 dojrzałe mango
½ łyżeczki młodego jęczmienia
1 łyżka wody źródlanej lub mineralnej
1 plasterek świeżego imbiru

Przygotowanie

Obierz mango ze skórki. Zmiksuj blenderem z dodatkiem imbiru i odrobiny wody źródlanej. Przelej do szklanki i wsyp sproszkowany młody jęczmień. Delikatnie wymieszaj.

MOJA RADA

Jest doskonały w diecie detoksykacyjnej i warto go dobrze zapamiętać. Jeżeli macie dzieci, które często sięgają po niezbyt zdrowe przekąski, zacznijcie wprowadzać im jak najczęściej takie nieprzetworzone koktajle. Szybko przekonacie się, że będą się o nie upominać, a dla was będzie to wielką radością! W przepisie dodałem kawałek świeżego imbiru, który nie tylko zrównoważy słodkawy posmak mango, ale wspaniale ożywi pracę jelita. Imbir zmieni również charakter wychładzającego mango w bardziej ciepły termicznie. Osoby bardzo wychłodzone powinny spożywać mango w okresie letnim.

KOKTAJL KOKOSOWO-JAGLANY Z AWOKADO I GRANATEM

Ten jaglany koktajl to jeden z najbardziej popularnych na moim blogu. Poczujcie smak pełni zdrowia, czyli kaszę jaglaną połączoną z awokado, granatem i kokosową nutą!

♥ ♥

Składniki na 1 porcje

½ dojrzałego awokado
⅓ szklanki ugotowanej kaszy jaglanej
½ łyżeczki kurkumy (opcjonalnie)
½ szklanki mleka kokosowego
1 łyżeczka ksylitolu lub 2 daktyle
¼ granatu

Przygotowanie

Wyłuskaj ziarenka granatu. Możesz to łatwo zrobić w miseczce z zimną wodą.

Do rondla wlej mleko kokosowe, dodaj ksylitol lub daktyle. Podgrzej, delikatnie mieszając. Dodaj ugotowaną kaszę jaglaną i awokado bez skórki. Zmiksuj na gładki krem.

Jaglany koktajl serwuj z ziarenkami granatu i listkiem świeżej melisy lub mięty.

MOJA RADA

Ten przepis polecam osobom, które pragną zdrowo rozpocząć dzień detoksu lub spożyć coś zdrowego po treningu. To również doskonały pomysł na zmianę środowiska w układzie pokarmowym na zasadowe, szczególnie nielubiane przez nieznośny grzyb *Candida*. Jeżeli dręczą was refluks i zgaga lub macie nietolerancję glutenu, ten jaglany krem będzie doskonały! Osoby z niedoborem tzw. substancji oraz wysuszonym żołądkiem powinny spożywać go jak najczęściej – szczególnie ze względu na mocno nawilżające działanie awokado oraz mleka kokosowego.

KOKTAJL JAGLANY Z BANANEM, KURKUMĄ I BORÓWKAMI

Jaglane koktajle są niezwykle odżywcze! Zaczynając od nich dzień podczas programu Jaglany Detoks i łącząc je z ulubionymi owocami już o poranku, poczujesz się nasycony i szczęśliwy!

♥ ♥ ♥

Składniki na 1–2 porcje

- ½ szklanki ugotowanej kaszy jaglanej
- borówki amerykańskie lub jagody
- ½ banana lub 2 daktyle bez pestek
- ⅓ małej łyżeczki kurkumy
- 1 szklanka mleka migdałowego lub ryżowego
- listki świeżej mięty (opcjonalnie)

Przygotowanie

Kaszę jaglaną zmiksuj z pozostałymi składnikami na gładki koktajl. Jeżeli po zmiksowaniu będzie zbyt gęsty, dodaj więcej mleka roślinnego, a jeśli wyda ci się zbyt rzadki – więcej kaszy. Ponownie zmiksuj. Dodaj kurkumę i delikatnie wymieszaj, następnie wsyp borówki lub jagody i udekoruj listkami świeżej mięty.

MOJA RADA

Ten wspaniały, aksamitny jaglany koktajl jest wyjątkowym pomysłem na niezwykle odżywcze śniadanie podczas programu Jaglany Detoks. Większość osób bardzo dobrze toleruje tę kombinację, jednak przy wyjątkowo wrażliwym układzie pokarmowym, a szczególnie przy tendencji do uporczywej zgagi, lepiej zastąpić banana daktylami. Po takim koktajlu zyskacie energię na wiele godzin i rozpoczniecie solidne odkwaszanie organizmu. Borówka amerykańska oraz czarne jagody są źródłem antyoksydantów i skutecznie opóźniają procesy starzenia. Borówki są jednak bardziej skuteczne w profilaktyce niektórych chorób nowotworowych, kurkuma zaś jeszcze wzmacnia przeciwnowotworowe działanie tego koktajlu. Jeżeli jesteście aktywni fizycznie i lubicie sport, zapamiętajcie ten przepis, ponieważ doda wam sporo zdrowia zarówno przed trenigiem, jak i po nim.

SOKI NA JAGLANY DETOKS!

Detoks bez soków nie byłby detoksem. Podczas programu oczyszczania muszą zagościć w waszym jadłospisie. Warzywne i owocowe soki to smak zdrowia, bomba witaminowa i bogactwo kolorów natury!

♥ ♥ ♥

Składniki na 1 szklankę

sok burak, jabłko, cytryna

2 buraki
2 jabłka
1 łyżeczka soku z cytryny lub limonki
1 łyżeczka oleju z ostropestu (opcjonalnie)

sok marchewka, grejpfrut, ananas

2 marchewki
1 grejpfrut
1 szklanka świeżego ananasa

sok szpinak, jarmuż, jabłko

2 szklanki szpinaku
1 szklanka jarmużu
1 jabłko
1 daktyl (opcjonalnie)
½ szklanki wody źródlanej (opcjonalnie)

Przygotowanie

Soki możesz przygotować w tradycyjnej sokowirówce lub wyciskarce ślimakowej. Jeżeli masz blender o dużej mocy, wrzuć składniki soku i blenduj przez minutę.

MOJA RADA

Nie wszyscy mogą pić surowe soki w dużych ilościach. Jeżeli smak kwaśny i zimne produkty są dla was trudne do strawienia, starajcie się soki trochę podgrzewać bądź ograniczyć ich liczbę, wprowadzając więcej jaglanych koktajli lub puddingów. Soki wyciskane metodą ślimakową mają wysoce skoncentrowane witaminy i składniki odżywcze, więc aby w pełni je przyswoić, starajcie się popijać je małymi łykami. Już po kwadransie poczujecie przypływ energii. W programie Jaglany Detoks warto spożywać soki raczej do południa lub po treningu, degustując je pomiędzy posiłkami. Rozpocznijcie jak najszybciej swój pierwszy Jaglany Detoks i zainwestujcie w siebie!

NAPAR Z KOPRU WŁOSKIEGO I SZAŁWII

Podczas diety detoksykacyjnej warto jak najczęściej pić naturalne ziołowe napary. Oto mój ulubiony, niezwykle skuteczny w procesach oczyszczających organizm i wzmacniających układ pokarmowy!

♥ ♥ ♥

Składniki na 1–2 napary

½ litra wody źródlanej
1 łyżeczka nasion kopru włoskiego
kilka listków świeżej lub suszonej szałwii
szczypta stewii (opcjonalnie)
1 łyżeczka siemienia lnianego (opcjonalnie)

Przygotowanie

Zagotuj wodę i po chwili zalej nią zioła.

Napar popijaj małymi łykami, ale dopiero, gdy trochę przestygnie.

MOJA RADA

Koper włoski i szałwia są doskonałym remedium na wszelkie zastoje niestrawionego pożywienia. Szczególnie szałwia doskonale odtruwa organizm i oczyszcza krew. Jeżeli często odczuwacie pragnienie i macie suchą skórę, dodawajcie do tego naparu siemię lniane. Możecie również zastąpić szałwię natką pietruszki, która jest delikatnie moczopędna i wspaniale wzmocni nerki. Pamiętajcie, aby podczas detoksu z każdym dniem stopniowo zwiększać ilość płynów. Koper świetnie gasi pragnienie nawet w upalne lato, a ponieważ jest termicznie ciepły, osoby wewnętrznie wychłodzone będą mogły spokojnie popijać ten napar i odczuwać przyjemne ożywienie!

DETOKS PARTY

JAGLANA SZARLOTKA!

Na tę szarlotkę można zaprosić nawet największego jaglanego sceptyka. Jeżeli w trakcie Jaglanego Detoksu zaskoczą was goście lub wypadną urodziny najbliższych, nie będziecie już mieli kłopotu, co podać!

♥ ♥

Składniki na tortownicę średnicy 24 cm

Na spód

- 1 ½ szklanki kaszy jaglanej ugotowanej ze szczyptą kurkumy
- 1 łyżka sezamu (opcjonalnie)
- ⅓ szklanki mąki kukurydzianej lub kasztanowej
- ⅓ szklanki oleju kokosowego lub innego tłoczonego na zimno
- ⅓ szklanki mleka migdałowego lub wody źródlanej

Do musu jabłkowego

- 2 kg słodko-kwaśnych jabłek
- 1 łyżeczka cynamonu
- ⅓ łyżeczki kardamonu (opcjonalnie)
- ½ szklanki suszonej żurawiny
- 8–10 daktyli

Na wierzch

- ½ szklanki orzechów włoskich
- ½ szklanki płatków migdałowych
- płatki róży do dekoracji (opcjonalnie)

Przygotowanie

Daktyle potnij w cienkie paseczki i namocz w gorącej wodzie na około 10 minut.

Jabłka obierz ze skóry, usuń gniazda nasienne i pokrój w kostkę. Podsmaż je na patelni wraz z żurawiną, szczyptą cynamonu oraz kardamonu, a na koniec dodaj namoczone daktyle. Odparuj mus, mieszając od czasu do czasu. Odstaw do ostygnięcia.

Ugotowaną, najlepiej jeszcze ciepłą kaszę jaglaną wymieszaj z mąką kukurydzianą lub kasztanową. Dodaj łyżkę sezamu, trochę roślinnego mleka lub wody oraz olej kokosowy albo inny tłoczony na zimno. Wyrób zwarte ciasto i wylep nim wyłożoną pergaminem tortownicę, dociskając na brzegach. Zapiekaj około 10 minut w piekarniku rozgrzanym do temperatury 180°C. Wyciągnij i po chwili rozłóż na wierzchu mus jabłkowy.

Posyp płatkami migdałów i posiekanymi orzechami włoskimi, przykryj folią aluminiową. Wstaw do piekarnika na około 35 minut, a potem zdejmij folię i zapiekaj jeszcze 5 minut.

MOJA RADA

Jaglana szarlotka jest doskonałym pomysłem na detoks party oraz na pierwsze dni po zakończeniu diety oczyszczającej – szczególnie, kiedy poczujecie chęć na słodkie grzeszki. Ta kombinacja ma doskonałe działanie nawilżające. Jeżeli dodacie kardamon i mąkę kasztanową, smak będzie obłędny! Zaufajcie i czym prędzej przygotujcie ten wyjątkowy deser. Teraz, kiedy macie już świadomość, dlaczego warto szukać pomysłów na zdrową kuchnię, musicie ten przepis dobrze zapamiętać i przygotowywać szarlotkę nawet jako urodzinowy torcik na jaglany kinderbal dla swoich dzieci!

JAGLANE CIASTECZKA, KREM DAKTYLOWY Z AWOKADO I KAROBEM

Te kolorowe jaglane ciasteczka z daktylowym kremem i owocami to doskonały pomysł na przyjęcie podczas diety detoksykacyjnej. Program Jaglany Detoks ma być przecież radosny – od teraz cieszmy się zdrowym gotowaniem każdego dnia!

♥ ♥

Składniki na 8–10 ciasteczek

2 szklanki ugotowanej kaszy jaglanej (najlepiej jeszcze ciepłej)
1 łyżka mąki kasztanowej lub kukurydzianej
2 łyżki oleju kokosowego lub oliwy
około ⅓ szklanki posiekanych płatków migdałów
około ⅓ szklanki posiekanych orzechów włoskich
⅓ szklanki sezamu
½ szklanki posiekanej żurawiny
½ szklanki ciepłej wody

Do kremu daktylowego

1 dojrzale awokado
3 daktyle
⅓ szklanki mleka roślinnego
2 łyżki karobu
sok z ½ małej cytryny
szczypta kardamonu (opcjonalnie)

Przygotowanie

Rozgrzej piekarnik do temperatury 180°C. Ciepłą kaszę przełóż do naczynia, w którym będziesz przygotowywać ciasto. Dodaj mąkę i wyrabiaj ręką jak tradycyjne. Powoli dodawaj olej oraz wodę i cały czas wyrabiaj do momentu, kiedy ciasto będzie zwarte. Dodaj wszystkie pozostałe składniki i wyrabiaj jeszcze chwilkę. Formuj ciasto w kulki, a następnie w ciasteczka grubości około 0,5 cm. Jeśli będą nieco kleiste, zmocz dłonie zimną wodą. Blaszkę wyłóż pergaminem i posmaruj tłuszczem kokosowym lub innym roślinnym. Ułóż ciasteczka i wstaw do nagrzanego piekarnika. Piecz około 25 minut.

Jak przygotować krem daktylowy?

Włóż wszystkie składniki do naczynia i miksuj ręcznym blenderem do uzyskania jednolitej masy. Krem wyłóż na ciasteczka, posyp migdałami, orzechami lub sezonowymi owocami. Resztę kremu możesz przechowywać w lodówce przez kilka dni.

MOJA RADA

Któż z nas nie lubi łakoci?! Żyjemy w szybkim tempie, więc aby napełnić się choć odrobiną „szczęścia", najczęściej sięgamy właśnie po słodycze. Nie zawsze jednak jest to dla nas zdrowe. Przygotujcie te ciasteczka, a przekonacie się, że kaszę jaglaną można przemycić nawet w tak niezwykły sposób! Polecam na poczęstunek podczas kinderbalu!

SORBET MALINOWY Z AWOKADO

Lody to zawsze kusząca propozycja. Nie trzeba się ograniczać w trakcie detoksu – jeśli akurat zaplanowaliście przyjęcie, możecie z dumą zaserwować ten błyskawiczny sorbet. Gwarantuję, że goście oniemieją i na pewno nie zgadną, że jest w nim awokado!

♥ ♥

Składniki na 4–6 porcji

250 g zamrożonych malin
½ dojrzałego awokado
4–6 łyżek syropu daktylowego
2–3 listki bazylii (opcjonalnie)
mango (do dekoracji)
listki mięty (do dekoracji)

Przygotowanie

Jeżeli masz blender o większej mocy lub duży mikser kuchenny, możesz śmiało miksować wszystkie składniki, aż uzyskasz jednolitą konsystencję sorbetu.

Jeśli jednak twój sprzęt miksujący nie ma wystarczającej mocy, poczekaj 10–15 minut, aż maliny po wyciągnięciu z zamrażarki trochę zmiękną.

Sorbet serwuj z kawałkami świeżego mango i listkiem mięty.

MOJA RADA

Jak widzicie, detoks nie musi być przygnębiający i stresujący. Teraz nie ma wymówek, że zaplanowaliście imprezę, więc przekładacie swój plan oczyszczania na później. Macie już wszystko, nawet przepisy na jaglane Detoks Party! Nie zastanawiajcie się więc i jak najszybciej wybierzcie sobie jeden z gotowych siedmiodniowych planów lub ułóżcie własny, oparty na waszych ulubionych smakach. Pamiętajcie, że ten sorbet jedzony każdego dnia nie będzie wspomagał procesów detoksykacji, ale jeśli przygotujecie go raz w ciągu tego tygodnia, możecie być spokojni. Jedna gałka sorbetu nie zniweczy waszego trudu, a wy poczujecie się przez krótką chwilę jak w niebie!

UTRWALAJ ZDROWE NAWYKI

Jeżeli przeprowadziliście już swój pierwszy Jaglany Detoks, z pewnością poczuliście, jak w kilka dni może zmienić się wasze samopoczucie. A przecież tylko ograniczyliście spożycie niektórych produktów spożywczych. Być może zwiększyliście również nieco swoją „uśpioną" aktywność fizyczną. Jeżeli dokładnie przeczytaliście rozdział **Świadomość** i udało się wam odszukać w duszy pragnienie obudzenia w sobie miłości, to mam dla was dobrą nowinę: jesteście już daleko poza obszarem destrukcyjnego działania obecnego systemu „profilaktyki zdrowotnej". Teraz to wy zaczynacie być dla siebie lekarzami, ponieważ przeprowadzając program Jaglany Detoks, w pełni świadomie uwierzyliście, że jesteście tym, co jecie!

Dokonując powyższych kroków i włączając do odżywiania wiele nowych przepisów o działaniu odkwaszającym, będziecie mogli w przyszłości bardziej świadomie wpływać na swoją równowagę kwasowo-zasadową, a dzięki zmianie waszego nastawienia do zdrowej kuchni również wasze otoczenie poczuje mocny dotyk zdrowia!

Wyobraźcie więc sobie, jak poczujecie się, stosując poznane przepisy i wskazania przez resztę życia. Jak bardzo zmieni się wasze nastawienie i nastrój, które od teraz będą zasilane w zupełnie inny sposób. Nawet jeśli zagubicie się w gąszczu życiowych wyborów, zawsze będziecie mogli wrócić do sprawdzonej i skutecznej diety opartej na kaszy jaglanej.

Teraz, kiedy macie już ugruntowane przekonanie, że chcecie być zdrowi, wystarczy zapamiętać przepisy, które podczas programu najbardziej wam smakowały i wyprowadzić je do codziennej diety, rozwijając i utrwalając zdrowe nawyki, i pamiętając o tym, że dieta detoksykacyjna może być dla nas wszystkich doskonałą formą profilaktyki zdrowia oraz holistyczną medycyną przyszłości!

Jeżeli pojawiły się podczas programu pewne dolegliwości trawienne, niekoniecznie muszą wynikać z niewłaściwego skomponowania dań. Wiele z nich ma bowiem związek z reakcją na stres, którego obecnie nam przecież nie brakuje. To ważny czynnik, którego nie można bagatelizować. Szybkie życie raczej nie zwolni – lepiej podnosić swoją odporność poprzez regularne programy detoksykacji, aktywność fizyczną, odnowę kultury stołu oraz postu i większe zaangażowanie w zdrowe gotowanie z łatwo dostępnych, najlepiej sezonowych i świeżych produktów. To pozwoli iść przez życie, realizując marzenia i dokonując lepszych wyborów, a kontynuując zdrową dietę każdego dnia, będziecie utrwalać zdrowe nawyki!

Pragnę pogratulować wam wspaniałej decyzji przystąpienia do programu Jaglany Detoks, który każdego dnia przeprowadza coraz więcej osób – i to nie tylko w Polsce! Zapraszam was na mój blog www.gotujzdrowo.com, gdzie znajdziecie kolejne kulinarne inspiracje oraz dodatkowe informacje o zdrowszym odżywianiu. W duchu holistycznej medycyny, której podłożem jest umiarkowanie, kultura stołu oraz poszukiwanie wzajemnej miłości, dziękuję wam za zaufanie i życzę błogosławionego życia i Bożej opatrzności.

Bielsko-Biała, lipiec 2015

JAGLANA REAKTYWACJA DR MOREŃ

Od kilku lat zmagałam się z dolegliwościami przewodu pokarmowego (wzdęcia, odbijania praktycznie po każdym posiłku), przybywało mi kilogramów, czułam się ociężała, ospała i ciągle zmęczona.

Dokładnie 15 grudnia odebrałam wyniki badania krwi. Były nieprawidłowe, zwłaszcza parametry wątrobowe. Moje przerażenie było tym większe, że jako lekarz doskonale zdawałam sobie sprawę z tego, że nie jest dobrze. Byłam załamana.

Postanowiłam pójść do hepatologa. Tam po wykonaniu USG jamy brzusznej polecono mi przeprowadzenie biopsji diagnostycznej. Po wizycie całe życie „przeleciało mi przed oczami". Całkowicie zwątpiłam, że jeszcze kiedykolwiek będzie dobrze. Myśl o biopsji tak bardzo zaprzątała mi głowę, że nie mogłam się skupić na niczym innym.

Pewnego dnia odwiedziła mnie w pracy pani Justyna, która widząc, że jestem strasznie przybita, zapytała, co się stało. Po krótkiej rozmowie na temat mojego zdrowia postanowiła mi pomóc. Dała mi numer telefonu do pana Marka. Po umówieniu się na konsultację pozostało mi tylko oczekiwanie. Bardzo się bałam. Jednak podczas rozmowy z panem Markiem zaświtała w mojej głowie myśl, że chyba nie będzie aż tak źle, że jednak coś da się jeszcze zrobić. Uwierzyłam mu i zaufałam. Ponieważ był to okres świąteczno-noworoczny, nie było łatwo tak od razu zmienić pielęgnowane od lat nawyki żywieniowe. Kusiły mnie ciasta i inne smakołyki, ale postanowiłam, że albo teraz, albo nigdy. Otrzymałam od pana Marka wskazówki i przepisy, które powoli wdrażałam.

Na prywatkę w sylwestra poszłam z własnym prowiantem. Ponieważ każdy miał coś ze sobą przynieść, ja przygotowałam dla wszystkich gości carpaccio z buraka z dressingiem, miksem sałat i prażonymi ziarnami słonecznika oraz upiekłam szarlotkę z kaszą jaglaną. Moje dania cieszyły się sporym zainteresowaniem. Znajomi pytali o przepisy, a ja opowiadałam im początki mojej przygody z kaszą jaglaną.

Po około 2–3 miesiącach stosowania się do nowego sposobu żywienia moja waga stopniowo, ale systematycznie zmniejszała się, samopoczucie diametralnie się poprawiło, poczułam wewnętrzną siłę, a wygląd skóry i włosów zdecydowanie się polepszył, co zauważyła nawet moja fryzjerka, pytając, jakiej odżywki używam. Włosy stały się grubsze, zdrowsze, jakby było ich więcej. Znajomi i pacjenci zauważyli zmianę w moim wyglądzie – wyszczuplałam. Najważniejsze jest jednak to, że moje bardzo dobre samopoczucie miało też swoje odbicie w wynikach badań krwi, które wróciły do normy bez stosowania leków.

Mimo że jestem lekarzem, nie zdawałam sobie sprawy, że to, co jemy, jest tak ogromnie ważne dla naszego zdrowia i samopoczucia. Utwierdziłam się w przekonaniu, że pewne choroby możemy leczyć właściwą dietą, bez konieczności zażywania leków. Co więcej, jest to na pewno najlepsza profilaktyka poważnych schorzeń.

Jestem ogromnie wdzięczna mojej znajomej, Pani Justynie K., za to, że zachęciła mnie i umożliwiła kontakt z Panem Markiem Zarembą, a Panu, Panie Marku, bardzo dziękuję, że pokazał mi Pan drogę do zdrowia i zachęcił do pójścia właśnie nią.

Panie Marku, bardzo dziękuję!
lek. med Jolanta Moreń

BIBLIOGRAFIA

Bennett Peter, Barrie Stephen, Faye Sarah, *Dieta oczyszczająca*, przeł. Robert Drachal, Warszawa, Wydawnictwo Diogenes, 2003

Campbell T. Colin, Campbell II Thomas M., *Nowoczesne zasady odżywiania*, przeł. Marta Paciorkowska, Łódź, Wydawnictwo Galaktyka, 2011

Coelho Paulo, *Alchemik*, przeł. Basia Stępień, Andrzej Kowalski, Wydawnictwo Drzewo Babel, 1995

Dr George Malkmus, *Dieta Alleluja*, przeł. Jarosław Zachwieja, Oficyna Wydawnicza VOCATIO, Warszawa 2011

Corrett Natasha, Edgson Vicki, *Honestly Healthy*, London, Wydawnictwo Jacqui Small, 2012

Czasopismo „Nowy List" (03/2015), Boudet Paulette, „Sześć etapów uzdrawiania", fragment książki *Przebaczenie odmienia życie*, Kraków, Wydawnictwo List, 2010

Czerniecki Stanisław, *Compendium Ferculorum albo zebranie potraw*, Warszawa, Muzeum-Pałac w Wilanowie, 2009

Holford Patrick, McDonald Joyce Fionna, *Oczyszczanie wątroby*, przeł. Marek Czekański, Warszawa, Wydawnictwo Klub dla Ciebie, 2010

Honoré Carl, *Pochwała powolności. Jak zwolnić tempo i cieszyć się życiem*, przeł. Krzysztof Umiński, Warszawa, Wydawnictwo Drzewo Babel, 2011

Jäger Willigis, *O miłości*, przeł. Zenon Mazurczak, Krystyna Podhajska, Warszawa, Wydawnictwo Czarna Owca, 2010

Jentschura Peter, Lohkämper Josef, *Oczyszczanie drogą do zdrowia*, Niemcy, Verlag Peter Jentschura, 1998

Junger Alejandro, *Clean*, przeł. Magda Witkowska, Warszawa, Wydawnictwo Laurum, 2011

Kastner Joerg, *Terapia pożywieniem*, przeł. Marta Nizioł-Wojniusz, Łódź, Wydawnictwo Galaktyka, 2014

Krzemińska Agnieszka, *Dietetyka profilaktyczna i lecznicza medycyny chińskiej*, Kraków, Instytut Medycyny Chińskiej i Profilaktyki Zdrowia, 2012

Olko Stanisława, *Makrobiotyka w polskiej kuchni*, Pabianice, Wydawnictwo Książka i Wiedza, 2011

Pape Detlef, Cavelius Anna, Ilies Angelika, *Schlank im Schlaf Das Basisbuch*, Gräfe und Unzer Verlag GmbH, 2014

Pitchford Paul, *Odżywianie dla zdrowia: tradycje wschodnie i nowoczesna wiedza o żywieniu*, przeł. Iwana Zagroba, Łódź, Wydawnictwo Galaktyka, 2008

Piovano Adalberto, *Wartość postu dla zdrowia duszy i ciała*, przeł. Jolanta Kornecka-Kaczmarczyk, Kraków, Wydawnictwo OO. Franciszkanów „Bratni Zew", 2013

Prado Flores José H., *Dlaczego Bóg nie uzdrawia swoich przyjaciół?*, przeł. Bronisław Krzysztof Jakubowski, Poznań, Wydawnictwo Święty Wojciech, 2014

Rick Warren, dr Daniel Amen, dr Mark Hyman, *Plan Daniela*, przeł. Magdalena Filipczuk, Wydawnictwo Esprit, Kraków 2014

Strehlow Wighard, *Wiedza lecznicza św. Hildegardy z Bingen od A do Z – jak być zdrowym „od stóp do głów"*, przeł. Edyta Panek, Kraków, Wydawnictwo Esprit, 2010

Strehlow Wighard, *Św. Hildegarda z Bingen – Leczenie chorób duszy.* Terapia Hildegardowa dla cierpiących na depresję, lęki, napięcia i stres, przeł. Edyta Panek, Kraków, Wydawnictwo Esprit, 2014

Ventriglia Giuseppe, Murgia Vitalia, Di Maurizio Paolo, Giovagnoni Emiliano, Santoro Stefania, *Zrozumieć zaparcia*, Wydawnictwo Aboca, 2012

Zaremba Marek, *Gotuj zdrowo!* [online], Dostępny w internecie: www.gotujzdrowo.com

Żak-Cyran Bożena, *Energia życia, energia pożywienia*, Łódź, Wydawnictwo Galaktyka, 2008

Żak-Cyran Bożena, *Jedz i żyj zgodnie z porami roku*, Łódź, Wydawnictwo Galaktyka, 2007

Żebrowska Małgorzata, *Jan Paweł II o modlitwie*, „Głos Ojca Pio" (nr 29/2004)

PODZIĘKOWANIA

Dziękuję Panu Bogu za wielki dar życia oraz za wspaniałych rodziców, którzy niestety tak szybko odeszli. Jezusowi, który mnie uzdrowił, usłyszał moje pragnienie życia w miłości oraz natchnął do napisania książki o tym, jak nawet w siedem dni można dokonać wielkiej życiowej przemiany.

Dziękuję mojej ukochanej żonie Adrianie za jej nieprzeciętną cierpliwość, miłość, mądrość i ogromne wsparcie, bez którego nie mógłbym napisać tej książki.

Dziękuję naszym kochanym córkom Klaudii i Julii, które dzielnie nam pomagały i często po sesjach zdjęciowych musiały zmywać góry naczyń.

Dziękuję wszystkim uczestnikom naszych warsztatów gotowania i turnusów postu jaglanego, czytelnikom mojego bloga oraz wszystkim „jaglanym bohaterom", którzy podjęli wyzwanie programu Jaglany Detoks. Bez Was ta książka nigdy by nie powstała.

Dziękuję wszystkim szefom kuchni, którzy pokazali mi prawdziwy warsztat kulinarny, szczególnie Grzegorzowi Łapanowskiemu, który kilka lat temu dał mi szansę stanąć u swojego boku i obudził wielką radość do gotowania.

Dziękuję naszym wspaniałym przyjaciołom – ks. Mirkowi, ks. Janowi, Karolowi, Małgosi Grzybek za ich zaufanie i wielką pomoc, a także Fundacji Drachma za zaangażowanie w projekt Kulinarna Piaskownica, który również stał się inspiracją do napisania tej książki.

Dziękuję całemu Wydawnictwu Pascal za ogromne zaufanie oraz profesjonalizm w najdrobniejszych szczegółach. Pani Agnieszce Góreckiej, bez której nie dokonalibyśmy tego szalonego projektu, oraz Pani Ewie, która z wielką uwagą i delikatnością redagowała moje teksty. Sławkowi Brudnemu za jego szczerość, opanowanie i wielkie wsparcie.

Dziękuję ks. Piotrowi Markowi, który napełnił mnie światłem do życia w Prawdzie i pokazał drogę do twórczości opartej na poszukiwaniu Boga oraz budowaniu wzajemnej miłości, bez której nie powstałby ten holistyczny program odnowy.

Dziękuję Adamowi za to, że pewnego dnia opowiedział mi o kaszy jaglanej. To dzięki niemu rozpoczęła się moja jaglana przygoda.

Nie wystarczy mi miejsca, aby wypisać tutaj wszystkie osoby, które mnie uformowały, doprowadziły moje życie do obecnego kształtu i umożliwiły powstanie programu Jaglany Detoks, dlatego składam szczere podziękowania każdemu, z kim mogłem pracować oraz wszystkim, którzy okazali mi w życiu wielką życzliwość, wsparcie i przebaczenie.

Marek Zaremba

Redakcja: Ewa Lewandowska
Korekta: Katarzyna Zioła-Zemczak
Projekt graficzny okładki: Studio KARANDASZ
Skład: Ilona i Dominik Trzebińscy Du Châteaux
Zdjęcia na okładce: Marek Zaremba, Grzegorz Gołębiowski
Pozostałe zdjęcia:
Marek Zaremba: s. 21, 22, 24, 42, 138, 212–213, 215, 217, 219, 221, 223, 225, 227, 229, 230–231, 233, 235, 237, 239, 241, 243, 245, 247, 249, 250–251, 253, 255, 257, 259, 261, 262–263, 265, 267, 269, 271, 273, 275, 277, 279, 281, 283, 285, 287, 289, 291, 293, 294–295, 297, 299, 301, 303, 305, 306–307, 309, 311, 313, 315, 317, 319, 321, 322–323, 325, 327, 329.
Grzegorz Gołębiowski: s. 6, 13, 29, 34, 202, 332.
iStock: s. 4–5, 36, 82, 150, 156, 170, 178, 196, 206, 330 (Sorendls), 8 (Superoke), 11, 27, 30, 46, 93,112 (Vicuschka), 14 (LeeJianbing), 16 (Gardendata), 33 (LianeM), 39 (Cehwiedel), 55 (Kevinr4), 62 (Docbombay), 65 (Lecic), 66 (Casadaphoto), 68 (Bunyos), 71 (Stieglitz), 73 (Seraficus), 75 (AlexSava), 76, 114, 124 (projekt: studio KARANDASZ, zdjęcia: Sylverarts, Sorendls), 78 (Jasmina007), 81 (Marekuliasz), 85 (Venturecx), 86 (Imgorthand), 94 (Andrew Mayovskyy), 99 (Trout55), 101 (Borut Trdina), 103 (Natalie B), 118 (Blyjak), 121 (Gbh007), 122 (Cathy Yeulet), 126 (Dulezidar), 129 (Steve Debenport), 131, 135 (Egal), 132 (Ivan Bliznetsov), 137 (Rez–art), 140 (Chinaface), 142 (Annebaek), 145 (Djura Topalov), 146 (Aleaimage), 153 (Eraxion), 154 (Kasto80), 159 (Ehaurylik), 160 (Lavagirl03), 169 (Kaewphoto), 173 (Markus Schieder), 174 (Lecic), 181 (Nullplus), 182 (Alphaspirit), 185 (Alexander Chernyakov), 189 (Gabrielasauciuc), 190 (Coramueller), 193 (Ivan Bajic), 198 (Jan Otto), 211 (Fotohunter).
Shutterstock: s. 40 (Paul S. Wolf), 44, 53 (Gayvoronskaya Yana), 48 (Natasha Breen), 51 (Kate Capture), 58 (Wuttichok Painichiwarapun), 61 (Andrew Hagen), 117 (Oliveromg).

Redaktor prowadzący: Agnieszka Górecka
Redaktor naczelna: Agnieszka Hetnał

Bielsko-Biała 2015
Wydawnictwo Pascal sp. z o.o.
ul. Zapora 25
43-382 Bielsko-Biała
tel. 338282828, fax 338282829
pascal@pascal.pl, www.pascal.pl

ISBN 978-83-7642-589-4 (oprawa twarda)
ISBN 978-83-7642-638-9 (oprawa miękka)